Enciclopedia Ilustrada de Ciencia y Naturaleza

Espacio y planetas

TIME LIFE
ALEXANDRIA, VIRGINIA

ÍNDICE

1 El sistema solar — 4
- ¿Cómo se inició el sistema solar? — 6
- ¿Por qué la superficie de Mercurio tiene cráteres? — 8
- ¿Qué tipo de planeta es Venus? — 10
- ¿Hay señales de vida en Marte? — 12
- ¿Qué es la gran mancha roja de Júpiter? — 14
- ¿Podría Júpiter haberse convertido en una estrella? — 16
- ¿Cómo se formaron los volcanes en Io? — 18
- ¿Cómo se formaron los anillos de Saturno? — 20
- ¿Hay vida en Titán, una de las lunas de Saturno? — 22
- ¿Por qué Urano da vueltas de lado? — 24
- ¿Cómo es Neptuno? — 26
- ¿Qué son los planetas gaseosos? — 28
- ¿Cómo se formaron los asteroides? — 30
- ¿Qué es un cometa? — 32
- ¿Qué son las estrellas fugaces? — 34

2 El Sol — 36
- ¿De dónde procede el Sol? — 38
- ¿De qué está hecho el Sol? — 40
- ¿Cuál es la causa de las manchas solares? — 42
- ¿Qué hace brillar al Sol? — 44
- ¿Durante cuánto tiempo brillará el Sol? — 46
- ¿Cómo afecta el Sol a la Tierra? — 48

3 El movimiento de la Tierra — 50
- ¿Cómo se sabe que la Tierra gira sobre sí misma? — 52
- ¿Cuál es la órbita de la Tierra? — 54
- ¿Por qué se producen estaciones? — 56
- ¿Dónde brilla el Sol de medianoche? — 58
- ¿Varía de posición la estrella del Norte? — 60
- ¿Qué origina los eclipses? — 62

4 La Luna — 64
- ¿Cómo se formó la Luna? — 66
- ¿Cómo se formaron los cráteres y mares de la Luna? — 68
- ¿Por qué sólo vemos una cara de la Luna? — 70
- ¿Se está alejando la Luna de la Tierra? — 72
- ¿Pueden vivir en la Luna los seres humanos? — 74

5 Las estrellas — 76

- ¿Por qué las estrellas tienen colores? — 78
- ¿Por qué algunas estrellas son muy brillantes? — 80
- ¿Qué son las estrellas variables? — 82
- ¿Qué es una supernova? — 84
- ¿Qué es una Nebulosa? — 86
- ¿Cómo se formó el cúmulo de las Pléyades? — 88
- ¿Varían las constelaciones? — 90
- ¿De qué depende la duración de las estrellas? — 92
- ¿Qué es un agujero negro? — 94
- ¿Qué son las estrellas de neutrones? — 96

6 Las galaxias y el universo — 98

- ¿Qué es la Vía Láctea? — 100
- ¿Cuál es la estructura de la galaxia? — 102
- ¿Cómo es el centro de la galaxia? — 104
- ¿Por qué es una espiral la Vía Láctea? — 106
- ¿Cómo se formó el universo? — 108
- ¿Cuál es la estructura del universo? — 110
- ¿Qué son los quásars? — 112
- ¿Se está expandiendo el universo? — 114

7 Observando el firmamento — 116

- ¿Cómo funcionan los telescopios ópticos? — 118
- ¿Cómo funcionan los radiotelescopios? — 120
- ¿Cómo estudian el Sol los astrónomos? — 122
- ¿Qué ven los satélites? — 124
- ¿Qué es un planetario? — 126

8 La vida en el espacio — 128

- ¿Cómo vuela el transbordador espacial? — 130
- ¿Es difícil vivir sin gravedad? — 132
- ¿Cómo protegen a los astronautas los trajes espaciales? — 134
- ¿Cómo se entrenan los astronautas? — 136
- ¿Adónde viajan las sondas espaciales? — 138
- ¿Cómo se vería la colonización del espacio? — 140
- ¿Pueden los humanos llegar a otros planetas? — 142
- ¿Cuál será el siguiente paso? — 144

Glosario — 145

1 El sistema solar

En el inmenso y misterioso universo giran cientos de miles de millones de galaxias; cada una de ellas agrupa miles de millones de estrellas. Una de estas galaxias es la nuestra, la Vía Láctea, y en un lado de ella está situada la estrella que llamamos Sol. Desde su posición, en el centro del sistema solar *(derecha)*, el Sol nos proporciona luz y calor.

La Tierra y ocho planetas más, algunos con satélites o lunas, se mueven alrededor del Sol. Ordenados según la distancia a la que están del Sol, los planetas son Mercurio, Venus, la Tierra, Marte, Júpiter, Saturno, Urano, Neptuno y Plutón. Además de los asteroides y otros trozos más pequeños de materia que giran entre Marte y Júpiter, varios cometas también tienen su órbita alrededor del Sol.

La figura de la derecha muestra cómo es el sistema solar visto desde un poco más allá de Plutón. Neptuno está abajo a la derecha. Desde esta gran distancia, el Sol, a pesar de ser el astro más grande del sistema solar, se ve pequeño y débil. Los cometas tienen las órbitas más singulares del sistema solar, periódicamente viajan cerca del Sol. Algunos cometas viajan también hasta el límite del sistema solar, donde pueden acumular trozos de la materia original que lo formó.

Este libro estudia el Sol, los cuerpos visibles por la noche en el cielo —los planetas, los satélites, las estrellas, la Vía Láctea y otras galaxias— y las exploraciones espaciales que ayudan a los científicos a lograr un mejor entendimiento del universo. Este capítulo considera cómo se formó el sistema solar.

Una perspectiva artística del sistema solar que muestra los nueve planetas, los asteroides y un cometa, en sus órbitas alrededor del Sol.

¿Cómo se inició el sistema solar?

Aunque el sistema solar es pequeño cuando se mide con relación al universo, resulta inmenso desde la perspectiva de la Tierra. La luz del Sol, que viaja a 299.793 kilómetros por segundo, tarda ocho minutos y medio en llegar a la Tierra, y cinco horas y dieciocho minutos más en viajar hasta Plutón. A distancias tan enormes es difícil ver muchas cosas. Pero mediante observaciones laboriosas, telescopios y exploraciones espaciales, los astrónomos han recopilado información que ayuda a explicar el origen del sistema solar. Los científicos creen que, hace alrededor de cinco mil millones de años, el sistema solar se formó según las etapas que se describen a continuación.

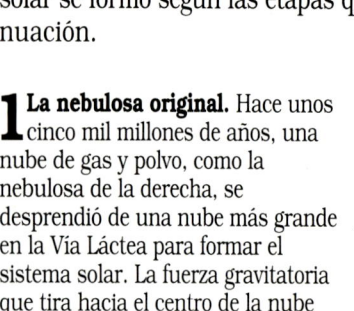

La Gran Nebulosa de Orión es un lugar de formación de estrellas.

1 La nebulosa original. Hace unos cinco mil millones de años, una nube de gas y polvo, como la nebulosa de la derecha, se desprendió de una nube más grande en la Vía Láctea para formar el sistema solar. La fuerza gravitatoria que tira hacia el centro de la nube arrastró la materia hacia su interior y provocó que la nube se contrajera y girara.

2 Un disco giratorio. A medida que la nube giraba, la materia central se comprimió, volviéndose más densa, y se calentó enormemente, formando el precursor del Sol. El gas y el polvo que rodeaba el engrosamiento central de la nube se aplanó, depositándose en un enorme disco.

3 Formación de los planetesimales. Mientras el centro del disco continuaba calentándose, el borde exterior se enfriaba. Gas y polvo se condensaron en partículas que comenzaron a agruparse. Los grupos se convirtieron en planetesimales —pequeños cuerpos parecidos a los planetas— de hierro, níquel, roca y hielo. Quizás un billón de planetesimales pululaban alrededor del protosol.

Planetas de roca o gas

Los planetas rocosos —la Tierra, Venus, Mercurio y Marte— están constituidos por materia sólida y se formaron de planetesimales que colisionaron. En los límites más extremos y fríos del sistema solar, los planetas gaseosos —Júpiter, Saturno, Urano y Neptuno— se formaron principalmente de los gases restantes. Plutón es un caso especial, puede ser una luna rocosa que escapó de la órbita de Neptuno, aunque esta teoría ha perdido aceptación.

Formación de un planeta rocoso

Formación de un planeta gaseoso

4 Choque de los planetesimales. Cuando los planetesimales colisionaron unos con otros, muchos se rompieron, pero algunos se fundieron en un solo cuerpo. Los planetesimales grandes absorbieron a los pequeños, y desde el momento en que un planetesimal empezaba a crecer, cada nueva colisión lo agrandaba.

5 Formación de los protoplanetas. Algunos de los planetesimales más grandes con el tiempo reunieron suficiente materia para llegar a ser protoplanetas, que luego evolucionaron hasta convertirse en los nueve planetas. Durante este tiempo, el protosol continuó acumulando materia en su núcleo y se hizo más denso y caliente.

6 Formación de lunas. Algunos de los planetesimales pequeños se establecieron en órbitas alrededor de los planetas, convirtiéndose en lunas y anillos. El protosol encendió su núcleo interno y ardió vivamente. En el proceso arrastró lejos de sí los restos de materia en una ráfaga de viento solar, viento que continúa hoy.

¿Por qué la superficie de Mercurio tiene cráteres?

Mercurio, el planeta más cercano al Sol, es pequeño, caliente, seco y sin aire. Su campo gravitatorio es demasiado débil, comparado con la inmensa atracción del Sol, para retener gases, por lo que no tiene atmósfera. La ausencia de atmósfera significa falta de protección contra los meteoros y cometas, que, al chocar continuamente sobre la superficie rocosa del planeta, han excavado cráteres de todos los tamaños. En Mercurio, el Sol, que se ve dos veces mayor a como se ve desde la Tierra, deslumbra durante el día; la duración de un día en Mercurio es de 58,6 días de la Tierra. Al mediodía, la temperatura de la superficie de Mercurio es de 420 °C, y a medianoche desciende a –180 °C. Éste es el cambio de temperatura más grande que se produce en los planetas del sistema solar. Un año de Mercurio equivale a 88 días de la Tierra.

La superficie de Mercurio está llena de cráteres

La cara iluminada del planeta fotografiada desde el espacio por la sonda espacial *Mariner 10* en 1974. La superficie de Mercurio es áspera y está llena de cráteres.

Esta posible imagen artística describe el paisaje desnudo y seco de Mercurio —con la Tierra y Venus en el cielo— y muestra cómo el polvo y la roca saltan en pedazos por los impactos de los meteoritos. En la Tierra, el polvo procedente del choque habría formado una gran nube. Pero en Mercurio, sin aire, el polvo y las rocas caen de nuevo en el suelo, donde los grandes pedazos de roca hacen cráteres en un círculo alrededor de un cráter central. Tales colisiones causan vibraciones, pero, al no haber aire para transmitirlas, no producen sonido alguno.

1 Caída de un meteorito. Al no existir atmósfera alguna, un meteorito se estrella contra la superficie de Mercurio sin perder velocidad. En el impacto, lanza al aire polvo y rocas, como las salpicaduras de agua que se forman cuando se tira una piedra a un estanque.

2 Un descenso a gran velocidad. Como no hay aire que les oponga resistencia o que se los lleve, los fragmentos son lanzados hacia lo alto sobre el planeta. Los meteoritos más grandes y veloces son los que hacen los cráteres mayores. Su impacto lanza al aire gran cantidad de rocas y las esparce muy lejos.

3 Cráteres grandes y pequeños. La gravedad hace que disminuya la velocidad de los fragmentos; el polvo y las rocas caen de nuevo en el planeta. Se estrellan en la superficie, formando un anillo alrededor del primer cráter; al chocar, los fragmentos más grandes de materia abren sus propios cráteres.

4 Líneas radiales producidas por el impacto. El polvo y las rocas lanzados al espacio por el impacto caen sobre el suelo formando líneas radiales. Los fragmentos que caen más lejos del centro forman sus propias líneas radiales. Los más grandes y más pesados son los más distantes del punto de impacto.

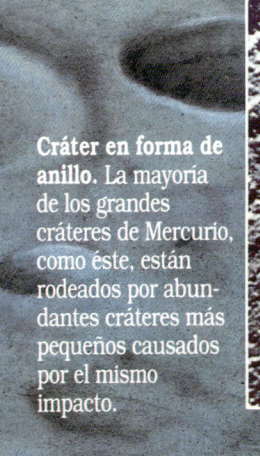

Cráter en forma de anillo. La mayoría de los grandes cráteres de Mercurio, como éste, están rodeados por abundantes cráteres más pequeños causados por el mismo impacto.

¿Qué tipo de planeta es Venus?

El segundo planeta más cercano al Sol, Venus, es el más próximo a la Tierra y tiene casi su mismo tamaño. Los primeros astrónomos imaginaban Venus como un paraíso exuberante, y lo llamaron el hermano gemelo de la Tierra. Pero las sondas espaciales recientes han mostrado una imagen distinta. Dentro de su atmósfera nublada y espesa, Venus es el planeta más caliente del sistema solar, y está bañado por una llovizna de ácido sulfúrico, una mezcla corrosiva de azufre, hidrógeno y oxígeno. A ras de suelo, la atmósfera es tan pesada y densa como el agua en el fondo del océano a una profundidad de 900 metros. Pero Venus no tiene mares, ya que hace mucho tiempo que el agua se evaporó debido al fuerte calor. Los científicos dudan que en Venus se pueda encontrar forma alguna de vida.

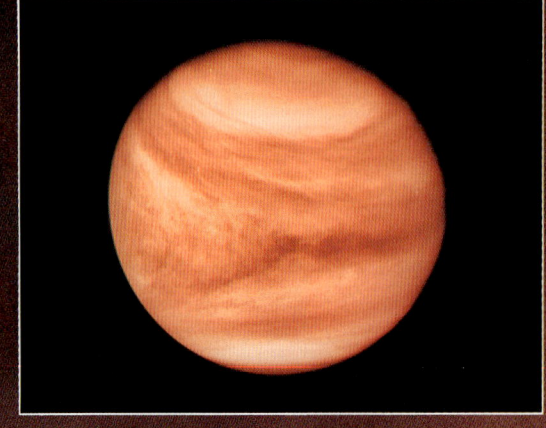

Venus, fotografiado por la sonda espacial estadounidense *Pioneer Venus Orbiter*, se muestra envuelto en nubes espesas.

Un mundo agresivo y turbulento

Nada parecido a un paraíso. Con los datos recogidos en misiones espaciales, los científicos han podido reconstruir una imagen del paisaje árido de Venus. Arriba puede verse un terreno sin vida, desnudo, moldeado por erupciones volcánicas. El cielo es de un color naranja profundo y nubes espesas esconden el Sol. Rayos, truenos y una lluvia de ácido sulfúrico destacan en su atmósfera; ésta no tiene apenas nitrógeno ni oxígeno, que son los gases que sustentan la vida en la Tierra. En su lugar, contiene dióxido de carbono, el gas que los humanos y los animales de la Tierra expelen en la respiración. A 480 °C, su atmósfera caliente y seca puede fundir el plomo y encender el papel, incluso por la noche. En Venus, las noches duran cuatro meses de la Tierra, ya que el planeta, en su tormentoso manto de nubes, gira muy despacio.

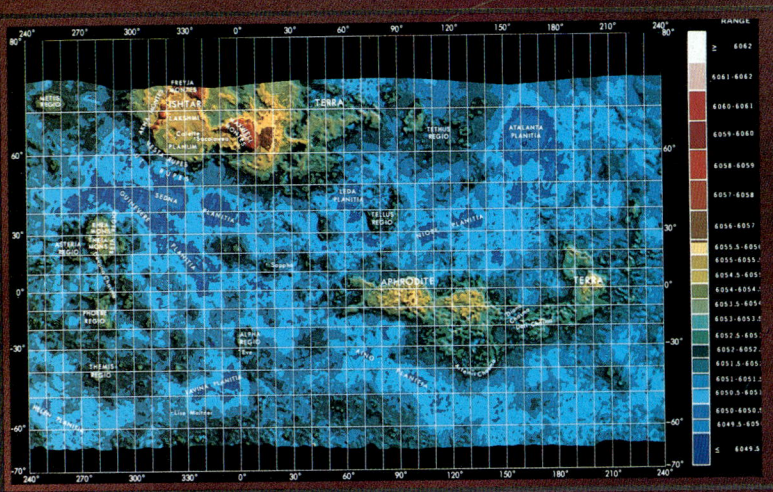

Un mapa de Venus por radar

En una fotografía por radar de la superficie de Venus obtenida por la nave *Pioneer Venus Orbiter* se aprecian colinas y crestas bajas. En otro punto del planeta se observan montañas más altas, parecidas a las cadenas montañosas de la Tierra que se produjeron por plegamientos, como el Himalaya. Éstas últimas se formaron durante terremotos, cuando las placas tectónicas o secciones de la corteza del planeta se desplazaron, doblaron y plegaron. Los científicos piensan que el caso de Venus podría haber sido similar, formándose sus montañas por violentos seísmos.

El "efecto invernadero" de Venus

Tres capas de nubes en la atmósfera de Venus *(derecha)* retienen el calor y mantienen la superficie caliente. La mayor parte del calor que produce el Sol rebota en la capa exterior de nubes. El resto entra en la atmósfera, calienta el planeta y no puede escapar. La densa atmósfera de carbono mantiene la superficie caliente incluso durante los cuatro meses que dura la noche.

El interior de Venus

La estructura de Venus *(abajo)* es muy parecida a la de la Tierra. La corteza es delgada y envuelve un manto de elementos ligeros, como silicatos, y un núcleo pesado de metal.

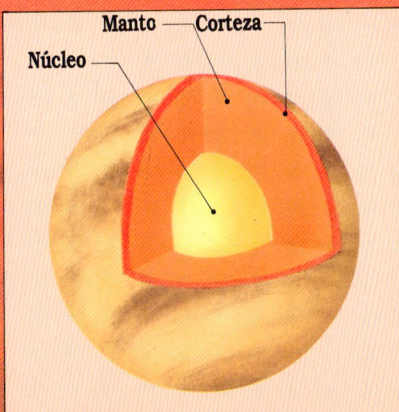

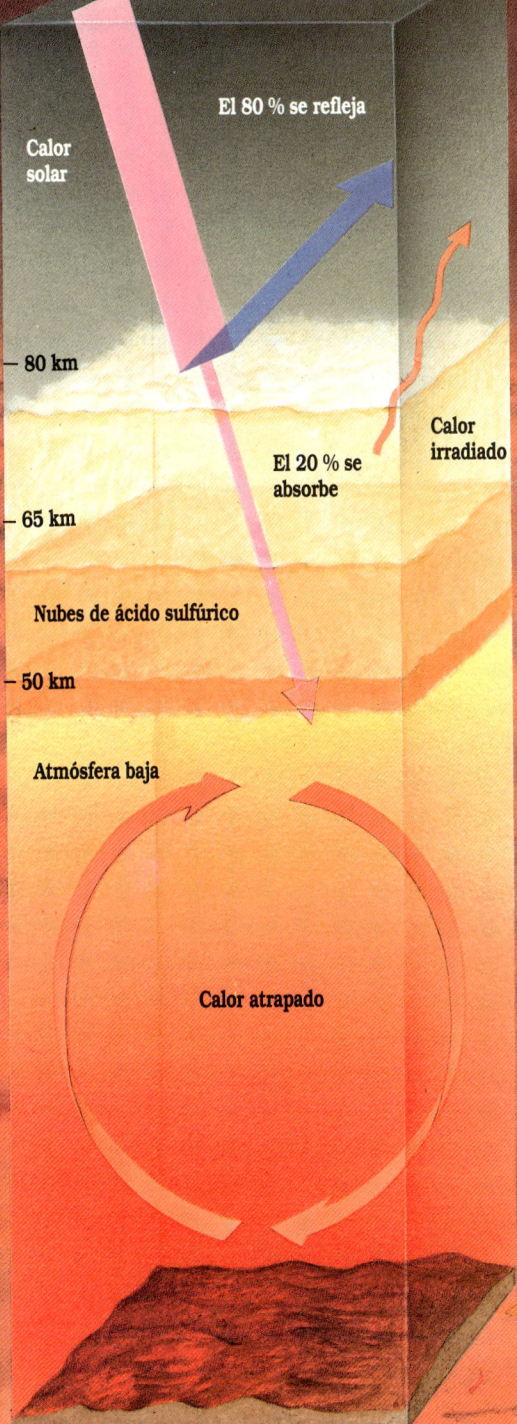

¿Hay señales de vida en Marte?

Marte, el cuarto planeta a partir del Sol, y otro de los vecinos de la Tierra, brilla con luz rojiza en el cielo nocturno. Desde tiempos antiguos, los astrónomos le han llamado el "Planeta Rojo" y se han preguntado si puede haber vida allí. Aunque sólo es la mitad de grande que la Tierra, el día de Marte es 37,5 minutos más largo porque la rotación es más lenta. Su eje está inclinado, como en el caso de la Tierra, por lo que Marte también tiene verano e invierno. Pero su atmósfera es muy fina y, además, contiene dióxido de carbono. Su superficie se encuentra muy por debajo del punto de congelación. Las muestras del suelo que se recogieron en las dos misiones *Viking*, en 1976, mostraron que el óxido de hierro es la causa del color rojo del planeta. Pero no se encontraron señales de vida.

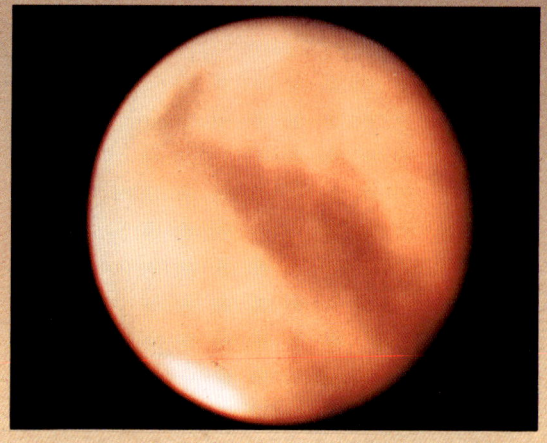

Los casquetes de hielo polares. En forma de manchas blancas, los casquetes polares de Marte se reducen o crecen según las estaciones. Los astrónomos creen que hay agua helada y hielo seco, es decir, dióxido de carbono helado.

El monte Olympus

El monte Olympus de Marte *(arriba, izquierda)*, con 25 kilómetros de altura y 500 de anchura, es el volcán más grande del sistema solar. Descubierto por el *Mariner 9* en 1971, es uno de los cuatro volcanes grandes de Marte; cada uno dobla en altura y anchura a la isla de Hawai. Actualmente, los cuatro volcanes de Marte parecen estar apagados. Sus laderas llanas, ligeramente inclinadas, se formaron hace cientos de millones de años por el flujo de lava caliente.

El interior de Marte. La estructura de Marte es similar a la de la Tierra. Las erupciones volcánicas llevaron la roca fundida desde el manto a la corteza.

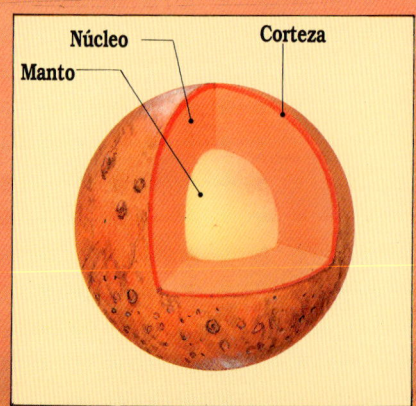

El monte Everest *(blanco)* comparado con el monte Olympus *(gris)* de Marte

Primeros planos de Marte. El suelo rojo y las rocas *(arriba)*, bajo el cielo naranja de Marte, fueron fotografiados en 1976 por el módulo de aterrizaje del *Viking 1*. En la fotografía se aprecia uno de los brazos articulados del vehículo. Un inmenso cañón, llamado Valles Marineris *(derecha)*, tiene 240 kilómetros de anchura y 5.000 kilómetros de longitud; fue fotografiado en 1971 por el *Mariner 9*.

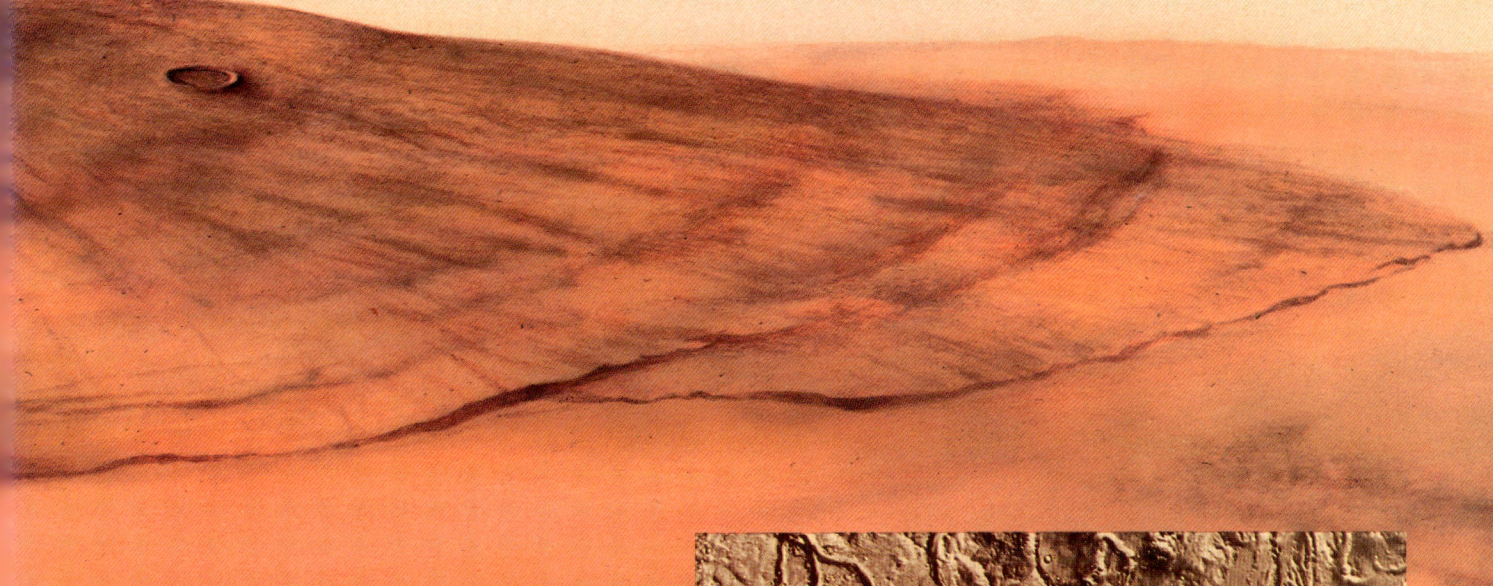

Lechos secos. Los canales ramificados en la superficie de Marte se parecen a los sistemas de riachuelos y ríos de la Tierra. Los científicos creen que el agua fluía libremente cuando Marte era más caliente.

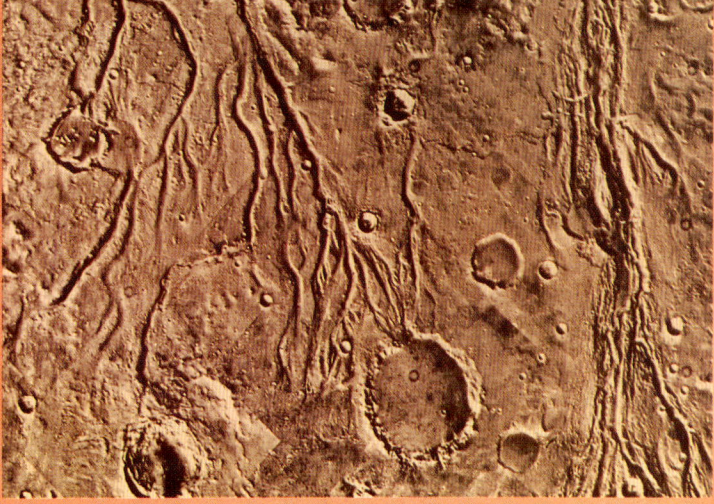

¿Qué es la gran mancha roja de Júpiter?

Júpiter, el quinto planeta, es el primero de los planetas gaseosos. Es el gigante del sistema solar, más del doble de grande que todos los otros planetas juntos. Los gases más ligeros, hidrógeno y helio, constituyen el 99 % del planeta; el 1 % restante lo forma un núcleo rocoso que tiene un tamaño similar al de la Tierra. Dando vueltas alrededor de su eje cada 10 horas, este inmenso planeta tiene el día más corto del sistema solar. Su atmósfera de hielo y amoníaco encierra uno de los misterios de Júpiter: la gran mancha roja *(derecha)*. Este rasgo característico ha desconcertado a los astrónomos desde que la vieron por primera vez hace 300 años, pero ahora saben que se trata de una inmensa tormenta de larga duración; sin embargo, nadie sabe cómo empezó.

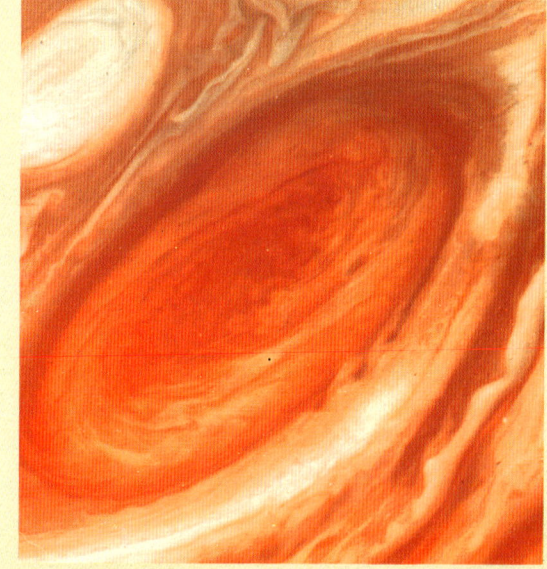

Gases arremolinados. Una fotografía de la gran mancha roja realizada por el *Voyager* muestra un remolino de gases tan grande como dos o tres veces el tamaño de la Tierra.

Júpiter

● Vientos arremolinados forman la gran mancha roja de Júpiter

Movimiento de las nubes

Banda de baja presión

Flujo de gas descendente

● **Una tormenta en un cielo turbulento**

La atmósfera de Júpiter está en constante movimiento. En sus capas más altas, los gases de distintos colores muestran la circulación del viento con bandas de colores y espirales *(arriba)*. Más al interior de la atmósfera, se alternan zonas de gases ascendentes y descendentes, circulando en direcciones opuestas por todo el planeta y pasando unas delante de otras sin dispersarse. La gran mancha roja *(centro, derecha)* es una inmensa tormenta situada entre dos flujos o corrientes ascendentes. Su color se lo confiere una sustancia química que asciende de la atmósfera baja y se vuelve roja con la luz del Sol.

← Sur

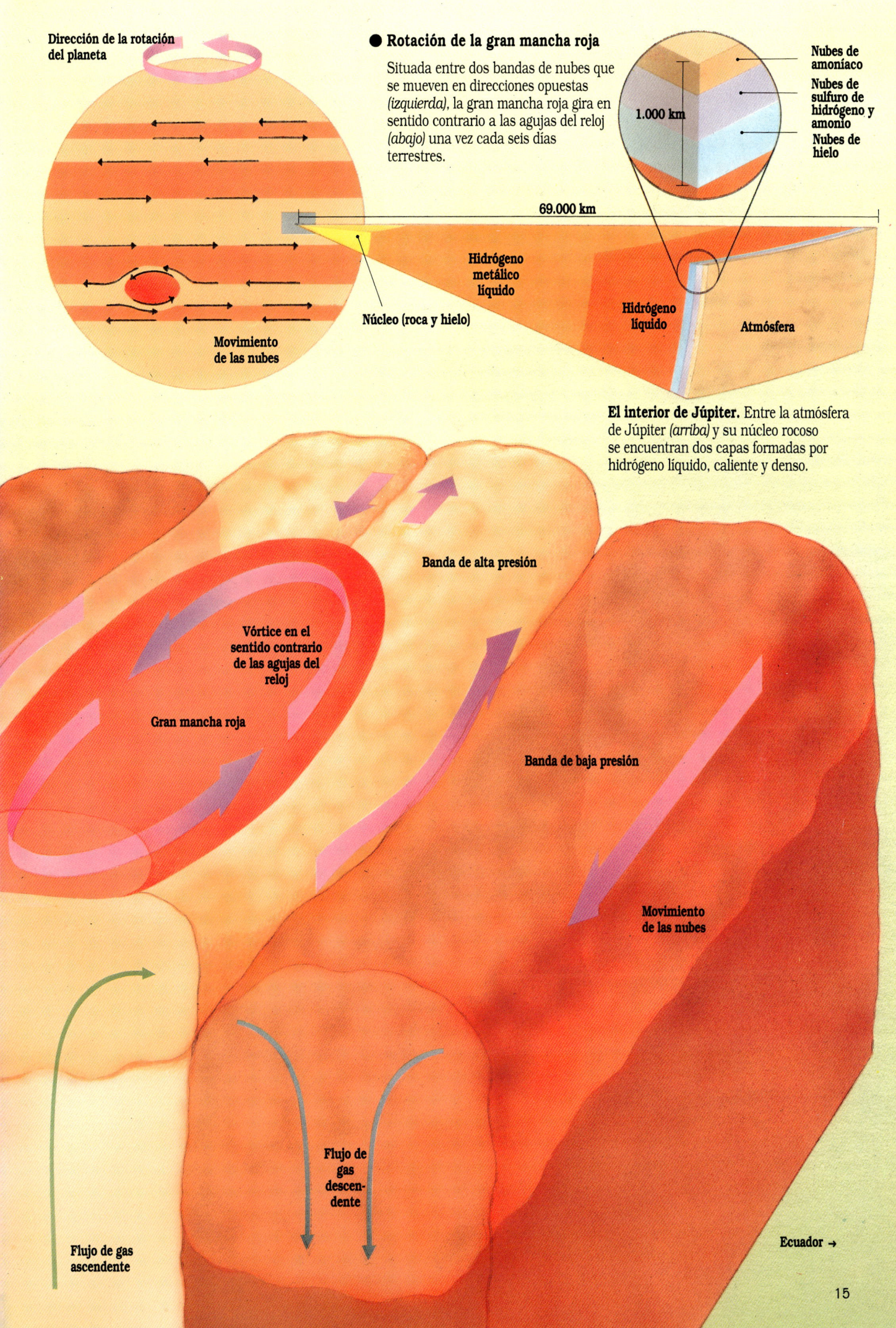

¿Podría Júpiter haberse convertido en una estrella?

Júpiter es el planeta más grande del sistema solar, aunque el Sol es mil veces mayor. En realidad, estos dos astros están formados por materiales parecidos; principalmente hidrógeno; sólo debido a su diferencia de tamaño han tenido un distinto desarrollo. Los científicos calculan que, con cien veces más de materia, el núcleo de Júpiter habría sido suficientemente caliente como para iniciar una reacción termonuclear, liberando energía atómica, al igual que el Sol y las estrellas. Si hubiera sido una estrella, Júpiter habría hecho del sistema solar un lugar distinto. Pero al no alcanzar el tamaño ideal, se convirtió en un planeta, siguiendo las fases que se muestran en estas páginas.

La atmósfera tormentosa de Júpiter, con sus corrientes arremolinadas y la gran mancha roja, fue fotografiada en 1979 por los *Voyager 1* y *2*.

4 **Todavía está enfriándose.** El gigante Júpiter *(abajo)* empequeñece cualquier otro astro del sistema solar, excepto el Sol, como se ve en la página de la derecha. El anillo de Júpiter aparece como una franja delgada a lo largo de su ecuador.

El joven Júpiter brilla

Júpiter en la actualidad

3 **Con una temperatura** en el núcleo alrededor de los 40.000 °K, el joven Júpiter comenzó a brillar tomando un color rojo oscuro. A medida que el planeta se fue enfriando, el brillo cesó.

El Sol en desarrollo

Júpiter en desarrollo

1 Hace unos 4.600 millones de años, cuando se formó el sistema solar, el núcleo que se convirtió en Júpiter empezó a crecer a partir de planetesimales de hielo y roca. A medida que el núcleo *(izquierda)* se agrandaba, fue acumulando más gas, hasta que una gran cantidad lo rodeó.

El Sol joven

Júpiter joven

2 Al igual que el Sol, Júpiter fue una inmensa nube de gas que empezó a contraerse y a calentarse. Pero la masa de Júpiter, el total de su materia, era mucho menor que la del Sol. Con menos presión en su núcleo, Júpiter no generó el calor necesario para provocar la fusión nuclear.

El Sol en la actualidad

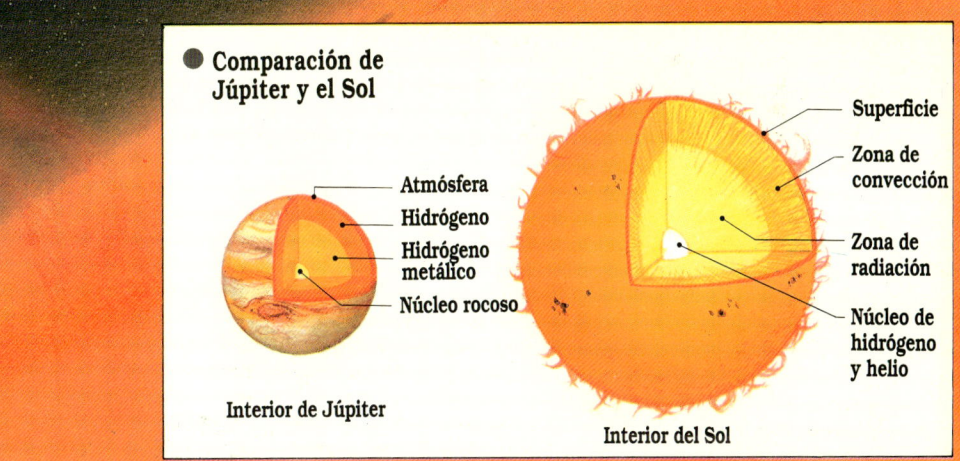

● Comparación de Júpiter y el Sol

Atmósfera
Hidrógeno
Hidrógeno metálico
Núcleo rocoso

Superficie
Zona de convección
Zona de radiación
Núcleo de hidrógeno y helio

Interior de Júpiter

Interior del Sol

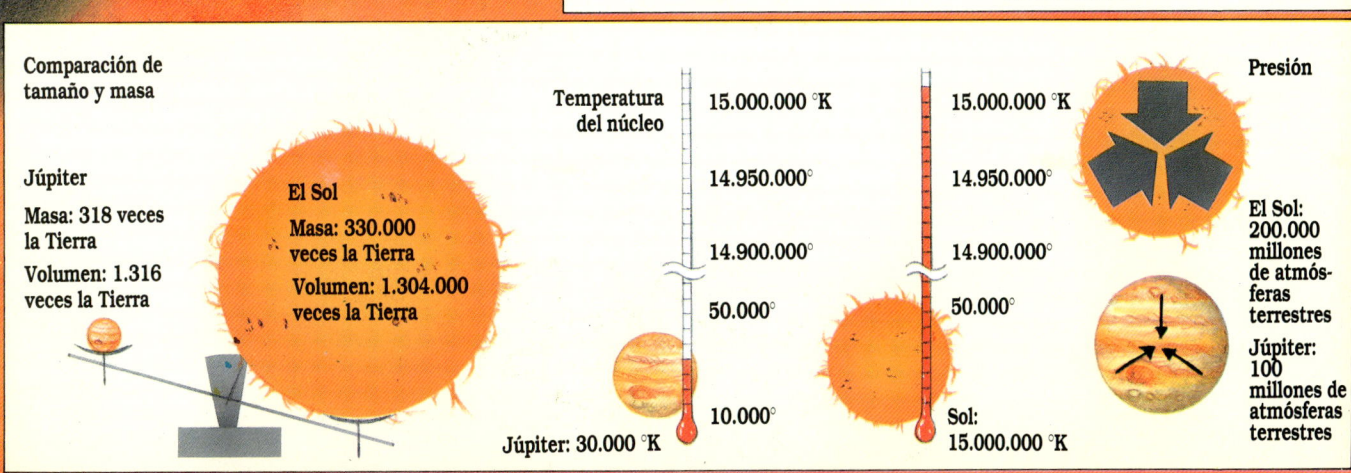

Comparación de tamaño y masa

Júpiter
Masa: 318 veces la Tierra
Volumen: 1.316 veces la Tierra

El Sol
Masa: 330.000 veces la Tierra
Volumen: 1.304.000 veces la Tierra

Temperatura del núcleo
15.000.000 °K
14.950.000°
14.900.000°
50.000°
10.000°
Júpiter: 30.000 °K

15.000.000 °K
14.950.000°
14.900.000°
50.000°
Sol: 15.000.000 °K

Presión

El Sol: 200.000 millones de atmósferas terrestres

Júpiter: 100 millones de atmósferas terrestres

¿Cómo se formaron los volcanes en Io?

De las 16 lunas conocidas de Júpiter, Io es una de las mayores, un poco más pequeña que la de la Tierra. Las fotografías de Io tomadas en las misiones espaciales *Voyager*, sorprendieron a los científicos, al mostrar la existencia de diez volcanes activos, algunos de ellos en erupción. Mientras que Marte, Mercurio y la Luna tienen volcanes apagados, solamente Io, en todo el sistema solar, tiene más actividad volcánica que la Tierra. Ceniza y lava volcánica cubren los cráteres de las colisiones de antiguos meteoritos, y ninguna parte de su superficie tiene menos de un millón de años. Se cree que las presiones de las mareas que se producen en Io, en su órbita alrededor de Júpiter, son la causa de las erupciones volcánicas tan violentas de esta luna.

Erupciones en Io. Un penacho volcánico es arrojado a 27 kilómetros en el espacio. Fotografía de Io tomada por la sonda espacial *Voyager 1*.

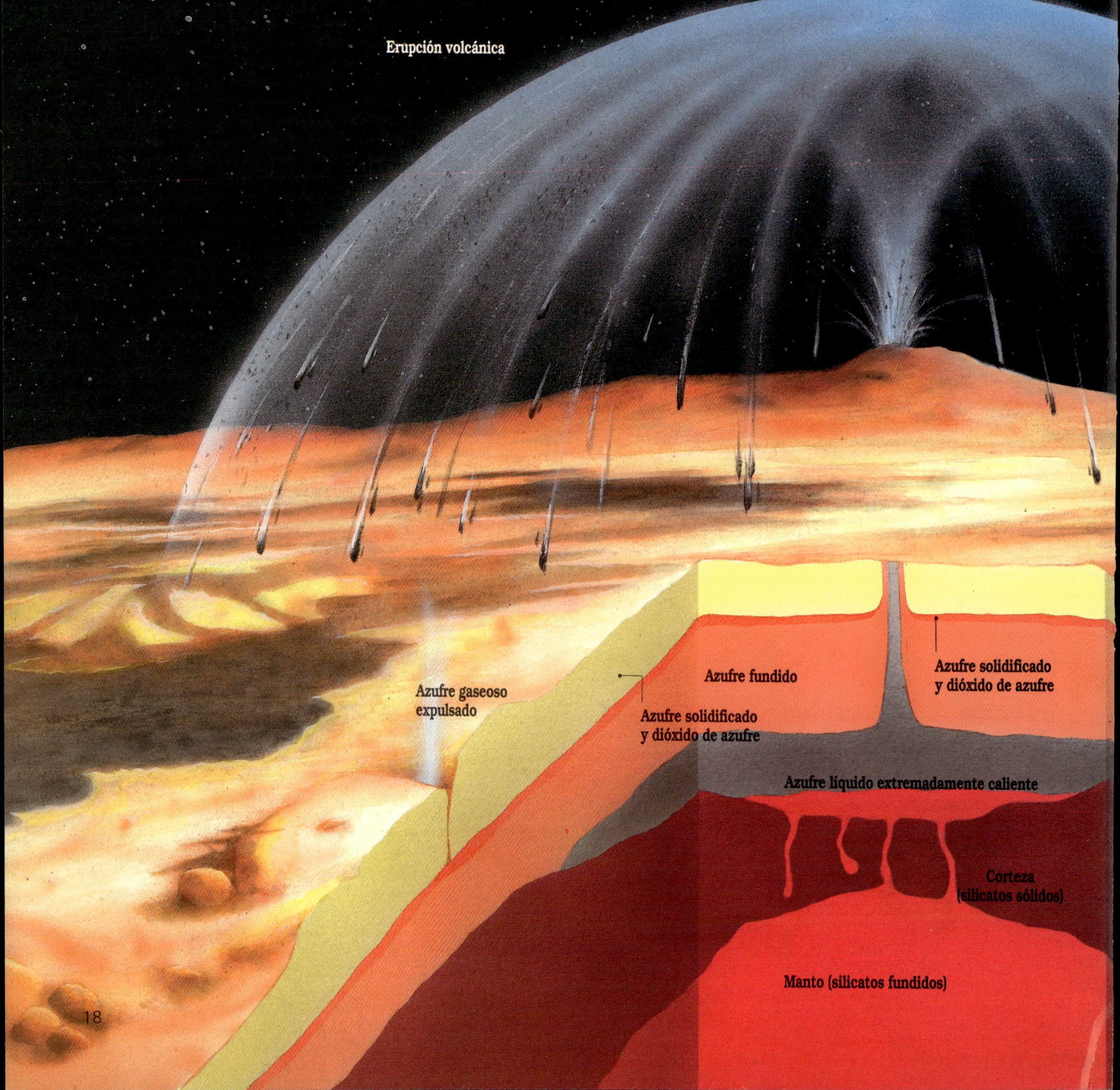

Erupción volcánica

Azufre gaseoso expulsado

Azufre fundido

Azufre solidificado y dióxido de azufre

Azufre solidificado y dióxido de azufre

Azufre líquido extremadamente caliente

Corteza (silicatos sólidos)

Manto (silicatos fundidos)

Alteraciones en la órbita de Io

Io da una vuelta alrededor de Júpiter cada 43 horas, mostrando siempre al planeta la misma cara. Esta luna es afectada en cada translación por las enormes mareas gravitatorias que provoca Júpiter. La superficie de Io se deforma precisamente en dirección a Júpiter cuando pasa por el punto de su órbita más cercano al planeta, y recupera de nuevo su forma al pasar por el punto más lejano. El movimiento interior de roca y metal de Io genera un fuerte calor que alimenta los volcanes.

La superficie volcánica de Io

Un chorro volcánico de azufre fundido *(izquierda)* emerge a la superficie desde una bolsa subterránea *(abajo, izquierda)* y se esparce sobre Io en un amplio arco. Las fotografías de Io tomadas por el *Voyager* muestran una confusa multitud de manchas blancas y naranjas de azufre, procedentes de erupciones, en medio de pequeñas manchas negras de rocas de silicatos fundidas, lanzadas hacia arriba desde las profundidades. Los volcanes de Io no han originado montañas volcánicas en forma de cono, como en la Tierra. En su lugar, los líquidos ardientes y los gases han penetrado en las grietas y hendiduras de la superficie *(abajo)*. Algunas erupciones llegan a alcanzar los 300 kilómetros de altura.

¿Cómo se formaron los anillos de Saturno?

Saturno, el sexto planeta, está rodeado por una banda de anillos giratorios, de 400.000 kilómetros de ancho, que, en algunas partes, son tan finos como el tamaño de las partículas de polvo. Los anillos son el aspecto más curioso de este gigantesco planeta, que es nueve veces más grande que la Tierra. Los científicos no están seguros de qué fue lo que provocó los anillos, pero creen que aparecieron al mismo tiempo que se originó el planeta, hace unos 4.000 millones de años. Cuando Saturno comenzó a tomar forma a partir de una nube giratoria de gas y polvo, algunas de las partículas de polvo no fueron arrastradas hacia dentro de la masa en formación, quizá por ser demasiado ligeras. Continuaron dando vueltas alrededor del planeta, como lo hacen hoy, en forma de fragmentos de roca.

Los anillos de Saturno, fotografiados por el *Voyager 2*, dando vueltas por separado alrededor del planeta.

1 **Demasiado lejos del Sol** para beneficiarse de su calor, las partículas del remolino que formaron Saturno *(arriba)* fueron en su mayoría encerradas en hielo. Al chocar entre sí, mientras daban vueltas en el espacio, se fueron juntando de forma gradual, formando una gran masa, de manera muy similar a los copos de nieve que bajo presión configuran una bola de nieve.

2 **Al mismo tiempo** que nacía Saturno lo hacían sus anillos *(derecha)*. Atrapados cerca del planeta por su atracción gravitatoria, parte del polvo envuelto en hielo continuó dando vueltas alrededor del planeta, situándose por sí solo en anillos concéntricos.

Planeta con anillos

Durante muchos años, los astrónomos pensaron que sólo Saturno tenía anillos. Ahora se sabe que también los tienen al menos tres planetas más (Júpiter, Urano y Neptuno). Los anillos de Júpiter *(izquierda)* son extremadamente delgados. Las delgadas bandas de Urano tienen un total de 11 anillos *(derecha, arriba)*. Neptuno *(derecha, abajo)* tiene cuatro.

3 **En cierto momento,** los anillos se concentraron alrededor del ecuador de Saturno. Nunca se ha contado el número de anillos, pero a juzgar por las pequeñas variaciones de color que se observan de una banda a otra, debe tratarse de varios centenares.

4 **El tamaño de los cristales** de hielo y de las rocas a partir de los cuales se formaron los anillos de Saturno *(abajo)* varía desde los que son como copos de nieve hasta los que son como rocas del tamaño de una casa. Los científicos creen que, en cada uno de los anillos, los cristales se juntan y separan continuamente. Pero, en conjunto, los anillos no parecen cambiar de posición.

¿Hay vida en Titán, una de las lunas de Saturno?

Titán es la mayor de las 18 lunas de Saturno, y la única del sistema solar que tiene atmósfera. No se ha encontrado evidencia de vida, a pesar de que los científicos que planificaron las misiones espaciales *Voyager* en 1978 esperaban averiguar si en dicha atmósfera la había. Algunos creían que el aire era igual que la atmósfera que existía en la Tierra cuando la vida comenzó hace 4.000 millones de años. La sonda espacial encontró una mezcla de diferentes gases, pero no agua líquida. La temperatura en la superficie de Titán es aproximadamente de −178 °C y mantiene el agua helada. Sin embargo, la atmósfera es rica en algunos productos químicos que originaron la vida en la Tierra. No obstante, se podría encontrar algún tipo de vida en el fondo de los mares, donde la temperatura es más alta.

Luna brumosa. Una neblina de color naranja, que tiene varios cientos de kilómetros de profundidad, oculta la superficie de Titán en esta fotografía que se tomó en la misión espacial *Voyager 1*. Los científicos exploraron la superficie con radar.

Un mundo frío de color naranja. Bajo su densa atmósfera de nitrógeno, Titán tiene probablemente continentes de roca, hielo y dióxido de carbono helado en medio de mares de etanol líquido, fluido viscoso de color marrón rojizo que cae en forma de lluvia desde nubes de metano. A veces, la silueta de Saturno y sus anillos *(arriba, derecha)* se puede ver entre la bruma anaranjada.

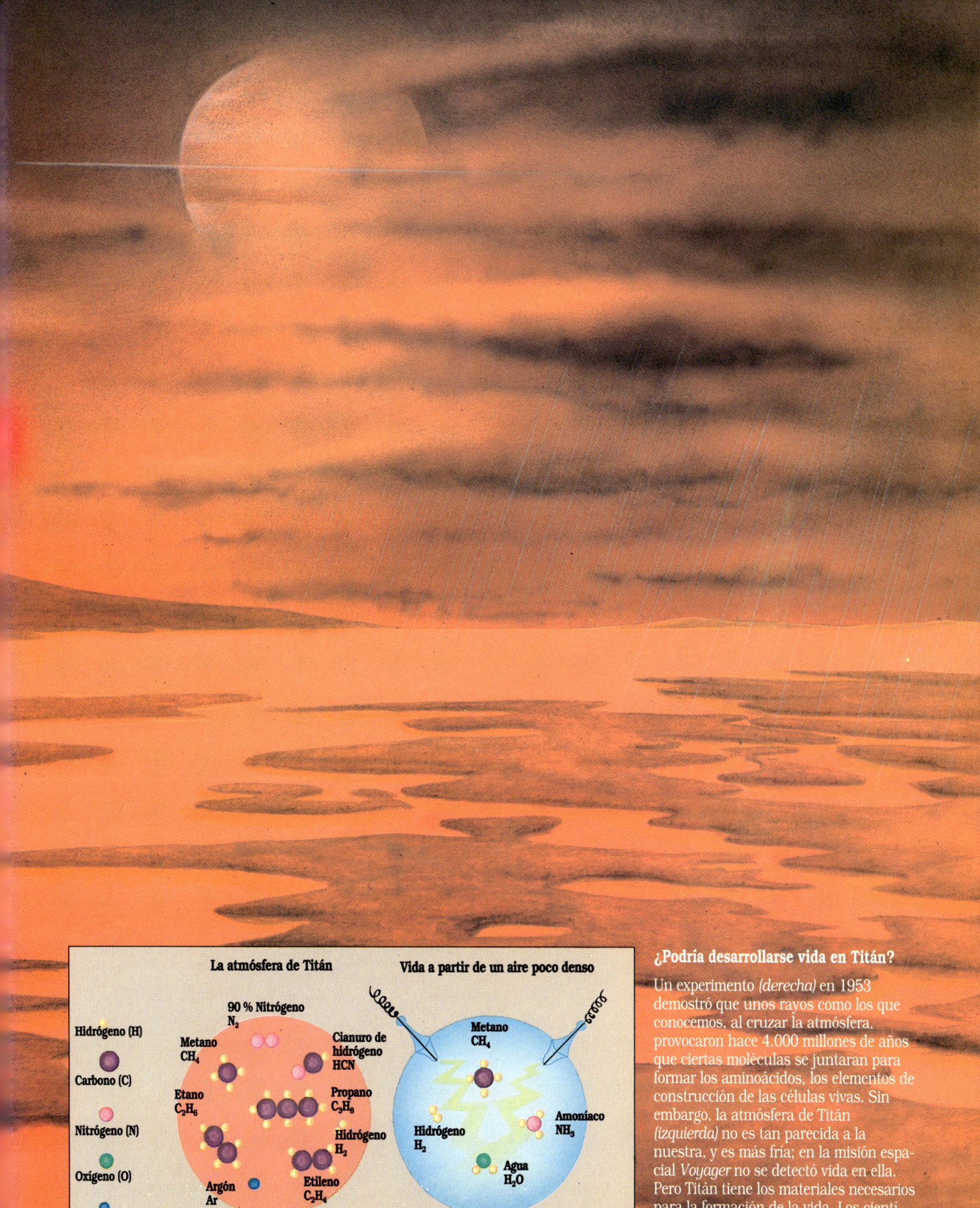

La atmósfera de Titán

Hidrógeno (H)
Carbono (C)
Nitrógeno (N)
Oxígeno (O)
Argón (Ar)

90 % Nitrógeno N_2
Metano CH_4
Cianuro de hidrógeno HCN
Etano C_2H_6
Propano C_3H_8
Hidrógeno H_2
Argón Ar
Etileno C_2H_4

El aire de Titán difiere del nuestro, pero contiene compuestos orgánicos (etano, metano, propano y etileno).

Vida a partir de un aire poco denso

Metano CH_4
Hidrógeno H_2
Amoníaco NH_3
Agua H_2O

Una chispa parecida a un rayo, en una simulación de laboratorio de la atmósfera inicial de la Tierra, produjo aminoácidos, compuestos fundamentales para la vida.

¿Podría desarrollarse vida en Titán?

Un experimento *(derecha)* en 1953 demostró que unos rayos como los que conocemos, al cruzar la atmósfera, provocaron hace 4.000 millones de años que ciertas moléculas se juntaran para formar los aminoácidos, los elementos de construcción de las células vivas. Sin embargo, la atmósfera de Titán *(izquierda)* no es tan parecida a la nuestra, y es más fría; en la misión espacial *Voyager* no se detectó vida en ella. Pero Titán tiene los materiales necesarios para la formación de la vida. Los científicos tienen la esperanza de que experimentos realizados en Titán puedan mostrar cómo empezó la vida en la Tierra.

¿Por qué Urano da vueltas de lado?

En el sistema solar, casi todos los ejes de rotación de los planetas (*líneas rojas*) apuntan más o menos hacia el norte celeste, tal como lo hace el eje de la Tierra. El séptimo planeta, Urano, es distinto. Recorre su camino en el espacio dando vueltas de lado. Su eje de rotación es casi perpendicular al plano de su órbita. Una posible explicación de esta extraña inclinación es que Urano cayó de lado hace muchísimos años, cuando otro cuerpo chocó con él. De los restos de este choque pudieron formarse las lunas y los anillos de Urano, según las fases que se muestran en estas páginas. Sin embargo, la misión espacial *Voyager 2* no encontró evidencia alguna para demostrar esta teoría, o sugerir otra.

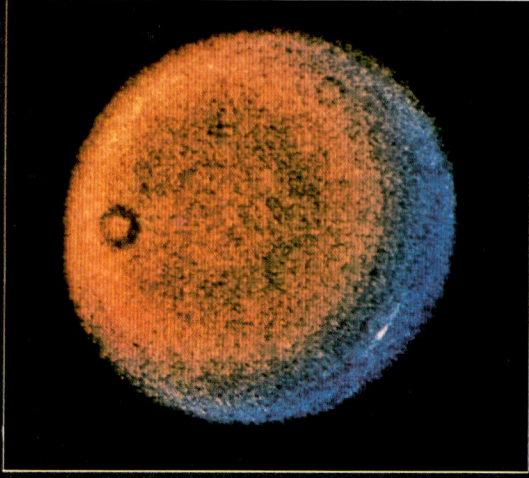

Imagen computadorizada de Urano. El *Voyager 2* realizó esta fotografía, que ha sido coloreada para mostrar las estructuras de la atmósfera de Urano. A través de la neblina, uno de los polos del planeta está frente al Sol.

1 **Una colisión violenta.** El planeta Urano, en pleno desarrollo, fue golpeado hace muchísimos años por un cuerpo del tamaño de un planeta tan grande como la Tierra. El choque se produjo cerca de uno de los polos de Urano, desplazando su eje de rotación.

4 Urano en la actualidad. El *Voyager 2* descubrió dos bandas estrechas, además de los nueve anillos que se pueden ver desde la Tierra. También pudo captar diez lunas menores, además de las cinco mayores ya conocidas.

3 Las nubes se convirtieron en anillos. Las nubes de vapor de agua, rocas y gas que envolvían Urano se compactaron de forma gradual en una órbita alrededor del ecuador del planeta. Estos fragmentos en órbita se transformaron en las lunas y los anillos de Urano.

Anillos y una luna. Los anillos de Urano y una luna desconocida con anterioridad fueron fotografiados por primera vez por el *Voyager 2*.

2 Nubes de cascotes. El gran impacto hizo que el eje de rotación de Urano se desplazara, pulverizó el cuerpo impactante y sumió al planeta en una nube de vapor de agua y escombros.

● **Ejes bien colocados**

Excepto en lo que se refiere a Plutón (no aparece en la ilustración), los planetas dan vueltas alrededor del Sol aproximadamente en el mismo plano, y sus ejes *(líneas rojas)* tienen una desviación inferior a 30°. Pero Urano *(en verde)* tiene una desviación de casi 90°.

Venus 2° 42'
Mercurio 0°
Tierra 23° 27'
Saturno 26° 44'
Marte 25° 12'
Júpiter 3° 07'
Urano 82° 08'
Neptuno 29° 34'

¿Cómo es Neptuno?

El *Voyager 2* navegó sobre Neptuno el 24 de agosto de 1989. Tomó cientos de fotografías del octavo planeta y de su luna más grande. Tritón es como tres cuartas partes de nuestra Luna. Antes de finalizar su viaje espacial y desaparecer en el espacio exterior, el *Voyager* mandó las fotografías a la Tierra desde unos 4.300 millones de kilómetros. Los datos del *Voyager* mostraron que Neptuno es el planeta del sistema solar en el que hace más viento y hay grandes tormentas. Las sondas espaciales detectaron también nubes blancas de metano, cuatro anillos delgados y seis lunas pequeñas, además de las ya conocidas, Tritón y Nereida. Pero la auténtica sorpresa fue Tritón. Las imágenes mostraron que no existía ningún cráter en la superficie producido por impactos, aunque su paisaje era accidentado. Los astrónomos vieron que una de sus zonas se parecía a la piel de un melón. Lo más asombroso de Tritón es que tiene la superficie más fría (–234 °C) del sistema solar, con volcanes en actividad.

La superficie de Tritón

● La superficie más fría

En Tritón, el *Voyager* encontró muchos lagos helados con acantilados, muy posiblemente cráteres de volcanes. Montones de nitrógeno helado y metano se acumulan en la superficie. El polo sur de la luna está cubierto con una capa de nitrógeno helado.

Neptuno visto desde Tritón

De color azul, visto desde una distancia de 355.500 kilómetros, Neptuno es el planeta con más tormentas del sistema solar; los vientos superan los 2.400 kilómetros por hora. Las zonas ovaladas más oscuras son grandes tormentas, mayores que las de la Tierra. El planeta tiene cuatro anillos delgados y ocho lunas.

● **Los volcanes fríos de Tritón**

Al contrario de los volcanes de la Tierra, que expelen calor y roca fundida, los volcanes fríos de Tritón parecen arrojar nitrógeno líquido. El nitrógeno es el gas más abundante en la atmósfera terrestre, pero en las temperaturas extremadamente frías de Tritón se licúa. Los científicos creen que parte del nitrógeno emerge del suelo en forma gaseosa *(arriba)* y cae de nuevo en forma líquida.

▲ **La "gran mancha oscura".** En la atmósfera de Neptuno, esta mancha ovalada es una inmensa tormenta.

▲ **Anillos enteros.** El *Voyager* vio cuatro anillos completos alrededor de Neptuno, pero éstos no se ven desde la Tierra.

▲ **Un misterioso cráter en Tritón.** Debe de tratarse de la abertura de un volcán que alguna vez expelió nitrógeno.

¿Qué son los planetas gaseosos?

¿Cómo es que los astrónomos conocen tanto de los planetas si nunca los han visitado? Los astrónomos observan el movimiento de los planetas desde la Tierra o desde sondas espaciales, como el *Voyager*, entonces aplican principios matemáticos y físicos a los datos. A partir del volumen de un planeta, cuánto espacio ocupa, y de su masa, cuánta materia contiene, los astrónomos pueden calcular su densidad. La densidad es una medida que relaciona la masa con el volumen de un cuerpo. La densidad del agua es la medida estándar, y se le asigna el valor 1, la densidad de la roca es mayor, y la del aire, menor. La densidad de la Tierra es de 5,52. Los planetas pueden tener una densidad parecida a la Tierra (tipo rocoso) o a Júpiter (tipo gaseoso). Como muestra la ilustración de abajo, los planetas del tipo gaseoso son cientos de veces más grandes que la Tierra, pero están hechos de materiales muy poco compactos.

Observatorio astronómico. Este telescopio gigante se usa para estudiar mediante espectroscopia infrarroja la composición de los planetas y las estrellas, y está en Mauna Kea, Hawai. Los observatorios están situados en zonas de poca contaminación atmosférica.

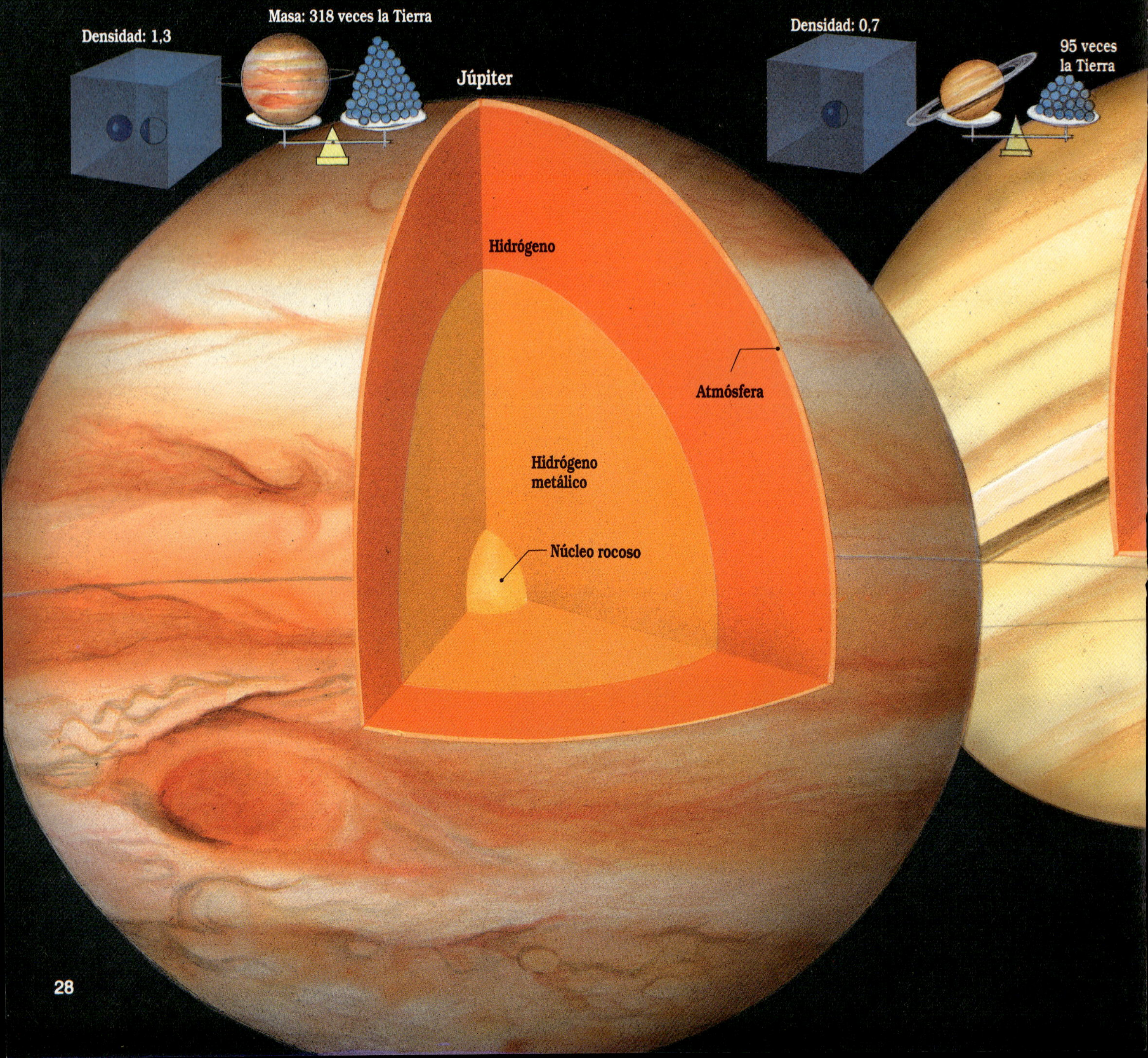

Densidad: 1,3
Masa: 318 veces la Tierra
Júpiter

Densidad: 0,7
95 veces la Tierra

- Hidrógeno
- Atmósfera
- Hidrógeno metálico
- Núcleo rocoso

● **Espectroscopia infrarroja**

Analizando la radiación de una estrella o un planeta, los astrónomos pueden averiguar de qué está hecho su núcleo. Usan un espectrógrafo, el cual da luz a todo el espectro de longitudes de onda *(arriba)*. Las líneas oscuras, llamadas líneas de absorción, se forman cuando un elemento absorbe luz entre el observador y la fuente. Cada elemento tiene su firma en forma de una secuencia de líneas. Los astrónomos identifican estas "huellas" comparándolas con el espectro producido en el laboratorio. El espectro de Júpiter tiene muchas líneas de absorción, lo que indica la presencia de una variedad de elementos y moléculas, incluyendo hidrógeno y amoníaco. El gráfico muestra los mismos datos con las depresiones, donde la luz es absorbida, del hidrógeno y del amoníaco.

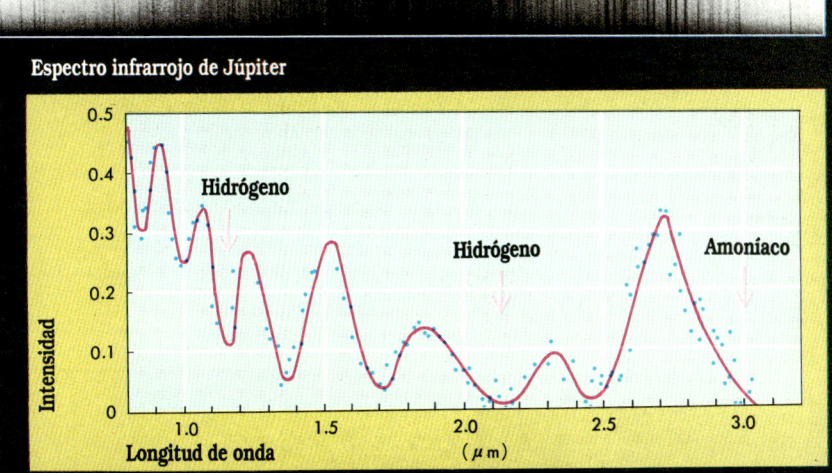
Espectro infrarrojo de Júpiter

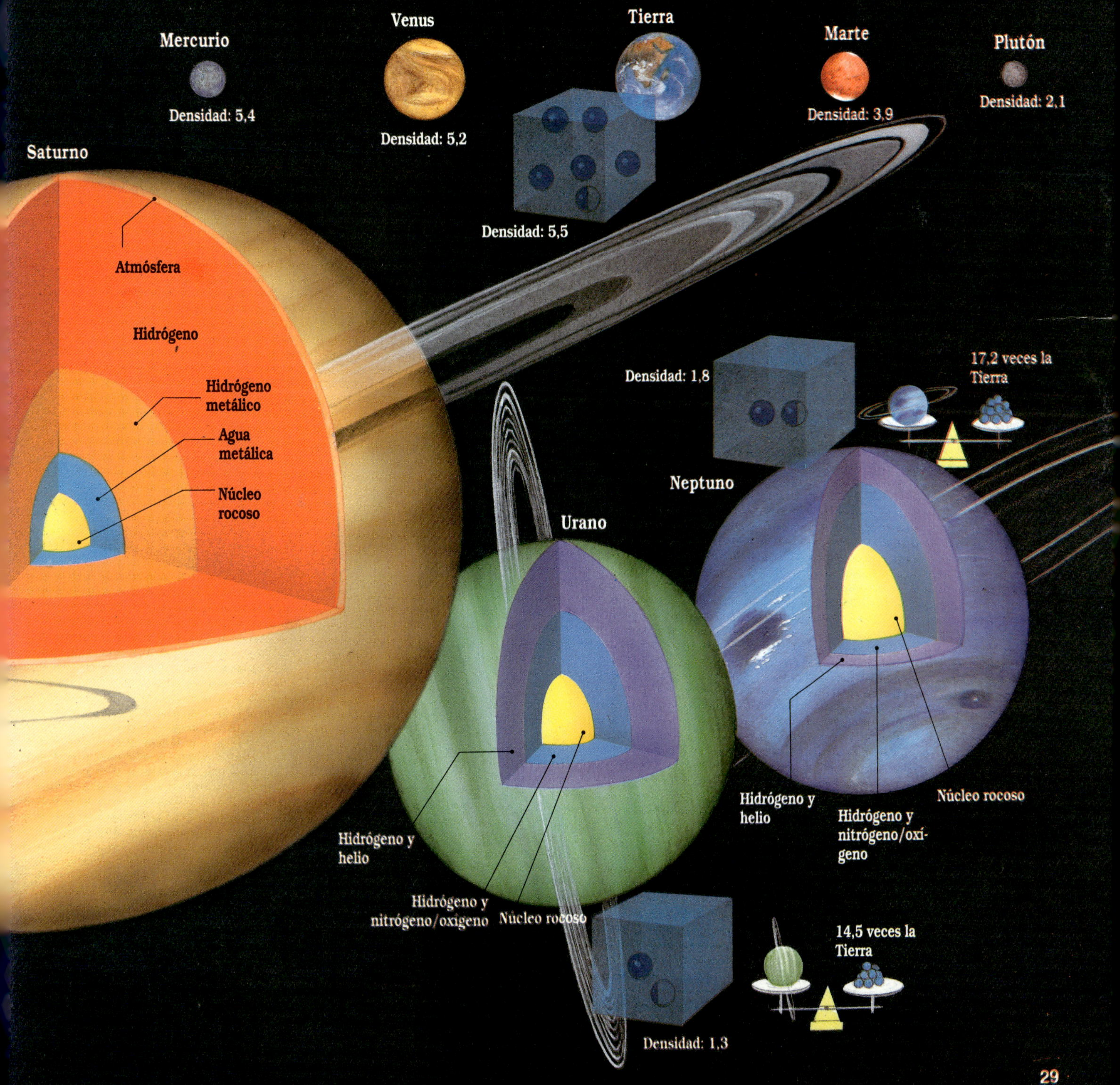

¿Cómo se formaron los asteroides?

Entre Marte y Júpiter se encuentra el cinturón de asteroides, una región en la cual miles de pedazos de rocas dan vueltas alrededor del Sol. Hacia 1990, los astrónomos habían registrado y calculado las órbitas de más de 3.300 asteroides. Debe de haber cientos de miles más, incluyendo aquellos que son demasiado pequeños para ser visibles desde la Tierra. Los astrónomos que descubrieron el cinturón de asteroides creyeron que se había creado cuando un planeta que estaba en una órbita entre Marte y Júpiter se rompió en pedazos a causa del potente campo gravitatorio de Júpiter, quedando los fragmentos situados en la misma órbita. Sin embargo, actualmente los científicos creen que la fuerte gravedad de Júpiter impidió que los asteroides se unieran a otros planetas. Como pueden ser restos de materias originarias de las primeras etapas de la formación de los planetas, los asteroides pueden revelar muchas cosas sobre la historia del sistema solar.

Fobos, un antiguo asteroide. Esta pequeña luna de Marte pudiera ser un asteroide atraído por Marte. Hasta hace poco tiempo no se habían podido conseguir buenas fotografías de los asteroides.

¿Por qué son pequeños los asteroides?

La gravedad de Júpiter obligó a los asteroides a moverse a grandes velocidades. Cuando chocaban, rara vez se unían *(derecha)*. A menudo se formaba un cráter, saltaban pedacitos *(abajo)* o se destruían *(abajo, izquierda)*.

Las órbitas de los asteroides

La mayoría de los asteroides dan vueltas alrededor del Sol en el cinturón de asteroides, una zona *(abajo)* que tiene aproximadamente 1.500.000 kilómetros de anchura y que se extiende entre las trayectorias de Marte y Júpiter. Algunos, sin embargo, se desplazan en órbitas mucho más alargadas (excéntricas) que los llevan cerca del Sol *(derecha)*, y a veces cerca de la Tierra. Apolo viaja conjuntamente con otros asteroides *(página 34)* que pasan regularmente cerca de la Tierra. En 1972, un pequeño asteroide incluso irrumpió en la atmósfera de la Tierra, apareciendo como un destello que cruzó el cielo. La probabilidad de que un gran asteroide se estrelle sobre la superficie de la Tierra es remota. Puede ocurrir una vez cada 250.000 años.

Sistema solar

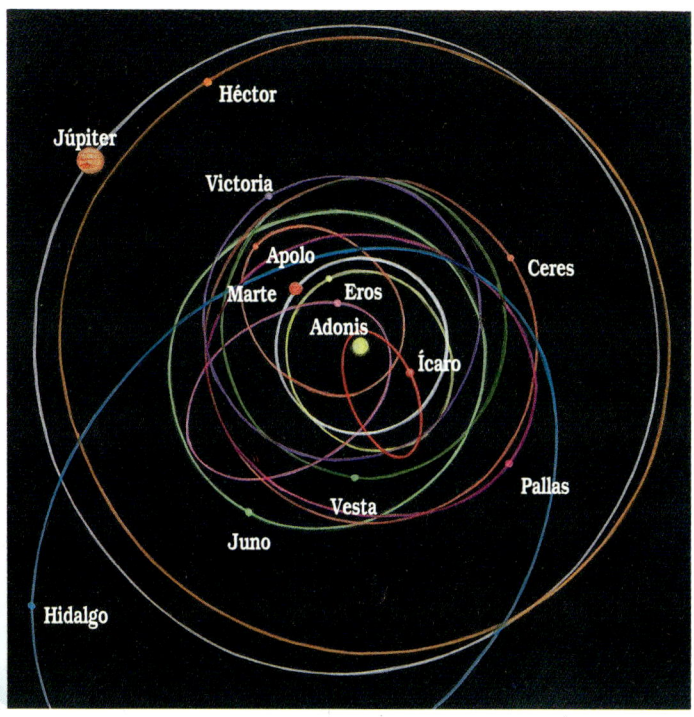

Algunos de los asteroides de mayor tamaño

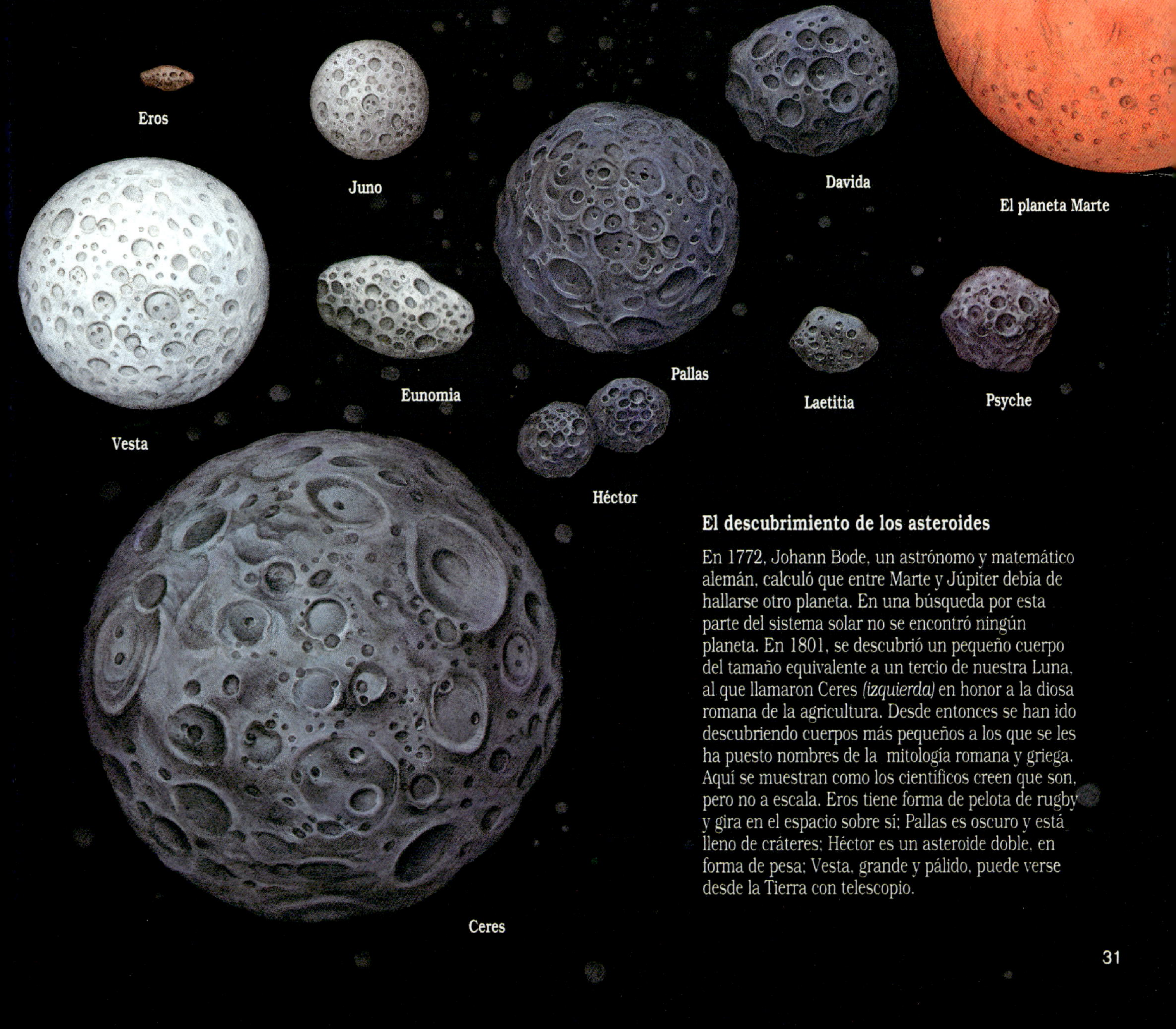

El descubrimiento de los asteroides

En 1772, Johann Bode, un astrónomo y matemático alemán, calculó que entre Marte y Júpiter debía de hallarse otro planeta. En una búsqueda por esta parte del sistema solar no se encontró ningún planeta. En 1801, se descubrió un pequeño cuerpo del tamaño equivalente a un tercio de nuestra Luna, al que llamaron Ceres *(izquierda)* en honor a la diosa romana de la agricultura. Desde entonces se han ido descubriendo cuerpos más pequeños a los que se les ha puesto nombres de la mitología romana y griega. Aquí se muestran como los científicos creen que son, pero no a escala. Eros tiene forma de pelota de rugby y gira en el espacio sobre sí; Pallas es oscuro y está lleno de cráteres; Héctor es un asteroide doble, en forma de pesa; Vesta, grande y pálido, puede verse desde la Tierra con telescopio.

¿Qué es un cometa?

Cuando cruza el cielo nocturno, arrastrando una estela larga y luminosa, un cometa produce una visión espectacular. Los cometas son astros del sistema solar y dan vueltas en órbitas alrededor del Sol. Pero, comparados con los planetas, son pequeños y sus órbitas *(derecha)* configuran elipses muy alargadas. Hasta que se aproximan al Sol, los cometas son pedazos oscuros de roca y hielo. Las radiaciones del Sol gasifican parte de la materia. El polvo y los gases que salen expedidos de sus núcleos *(abajo, derecha)* forman la cabeza (o coma) y la cola del cometa; la cola refleja la luz del Sol y parece que arda. Aunque el núcleo de un cometa sólo tiene unos kilómetros de diámetro, su cabeza puede extenderse a varios cientos de miles de kilómetros y su cola puede llegar a tener 10 millones de kilómetros. Las radiaciones solares hacen que la cola del cometa siempre esté dirigida hacia la parte opuesta del Sol, incluso cuando el cometa se aleja.

Órbita del cometa Encke

Un vistazo de cerca a un cometa

Cuando el cometa Halley, el más conocido, pasó cerca del Sol en 1986, después de 76 años, se lanzaron cinco misiones espaciales a su encuentro. Descubrieron que el núcleo tenía forma de cacahuete, de unos 16 por 8 kilómetros, y a su alrededor una cabeza turbulenta y pulverulenta de varios miles de kilómetros. Ambos estaban rodeados, a su vez, por una corona de gas de varios millones de kilómetros de amplitud. El núcleo, que probablemente está formado por piedras unidas entre sí por hielo, tiene cráteres y colinas, da vueltas alrededor de su eje una vez cada dos días y tiene por encima una sustancia negra parecida al alquitrán.

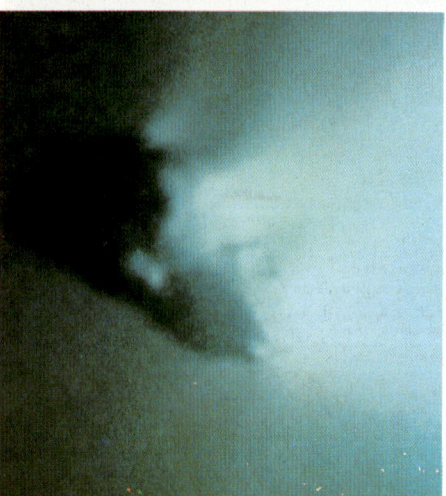

Cerca, más cerca. A una distancia de 480 millones de kilómetros, el cometa Halley cruzó a gran velocidad el cielo nocturno en 1986 *(arriba)*. La fotografía está tomada desde la Tierra. Esta vista de cerca *(izquierda)* de su núcleo alargado, fotografiado por un vehículo espacial que estaba a 605 kilómetros, muestra un chorro de gas que sale despedido de la cara brillante orientada al Sol.

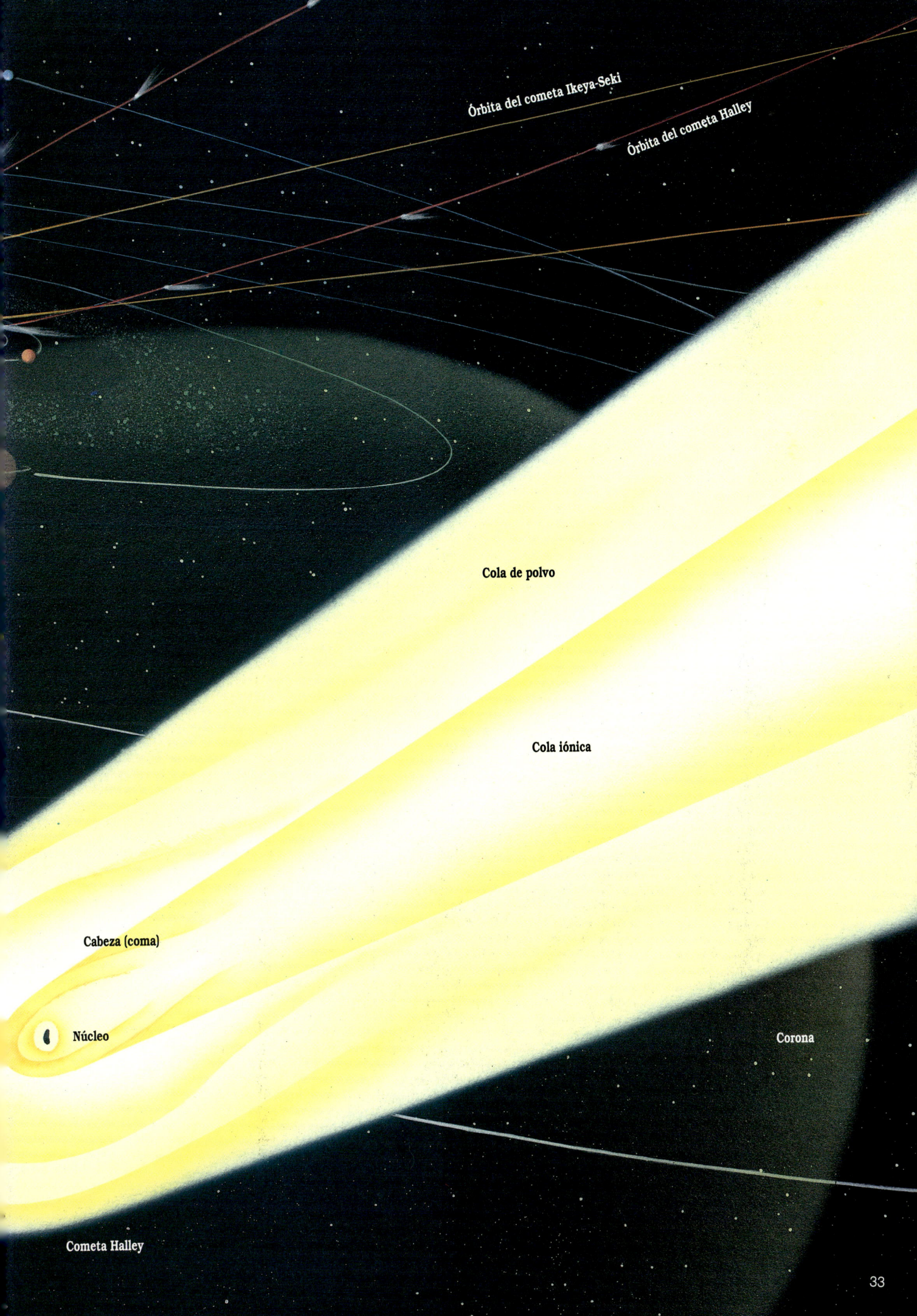

¿Qué son las estrellas fugaces?

En una noche clara pueden verse alrededor de cinco estrellas fugaces en el lapso de una hora. Sin embargo, estos puntos de luz de rápido movimiento no son estrellas, son trozos de roca y metal cuyo tamaño varía desde motas de polvo hasta piedras tan grandes como una casa. Cuando estos cuerpos están en el espacio exterior, el nombre que reciben es el de meteoroides. Atraídos por la gravedad de la Tierra, los meteoroides entran en la atmósfera terrestre a una velocidad de entre 16 y 71 kilómetros por segundo. Calentados por fricción hasta estar candentes, dibujan líneas luminosas en el cielo, llamadas estrellas fugaces o meteoros. La mayoría de los meteoros se queman completamente cuando atraviesan la atmósfera, pero algunos llegan a estrellarse en el suelo; a éstos se les llama meteoritos. La Tierra es golpeada por meteoros cada día, de este modo llega a ganar 9 toneladas métricas al día. El meteorito más grande que se conoce es Hoba, de 50 toneladas métricas, que cayó sobre la Tierra en 1920, en lo que actualmente es Namibia (África meridional).

Un meteorito de hierro. Este meteorito de 175 kilogramos, encontrado en Japón en 1885, es de hierro meteórico, un compuesto de hierro y níquel. Se ve pulido debido a la fricción al atravesar la atmósfera de la Tierra. Algunos meteoritos son de roca, otros de hierro meteórico y algunos de ambas cosas.

Asteroide tipo Apolo

Lluvia de meteoros

Un meteoro luminoso

● **Meteoritos que cruzan la trayectoria de la Tierra**

Viajeros interplanetarios de diversos tamaños cruzan la órbita de la Tierra. La mayoría proceden del cinturón de asteroides. Los meteoros caen sobre la Tierra al azar y se les llama meteoroides esporádicos.

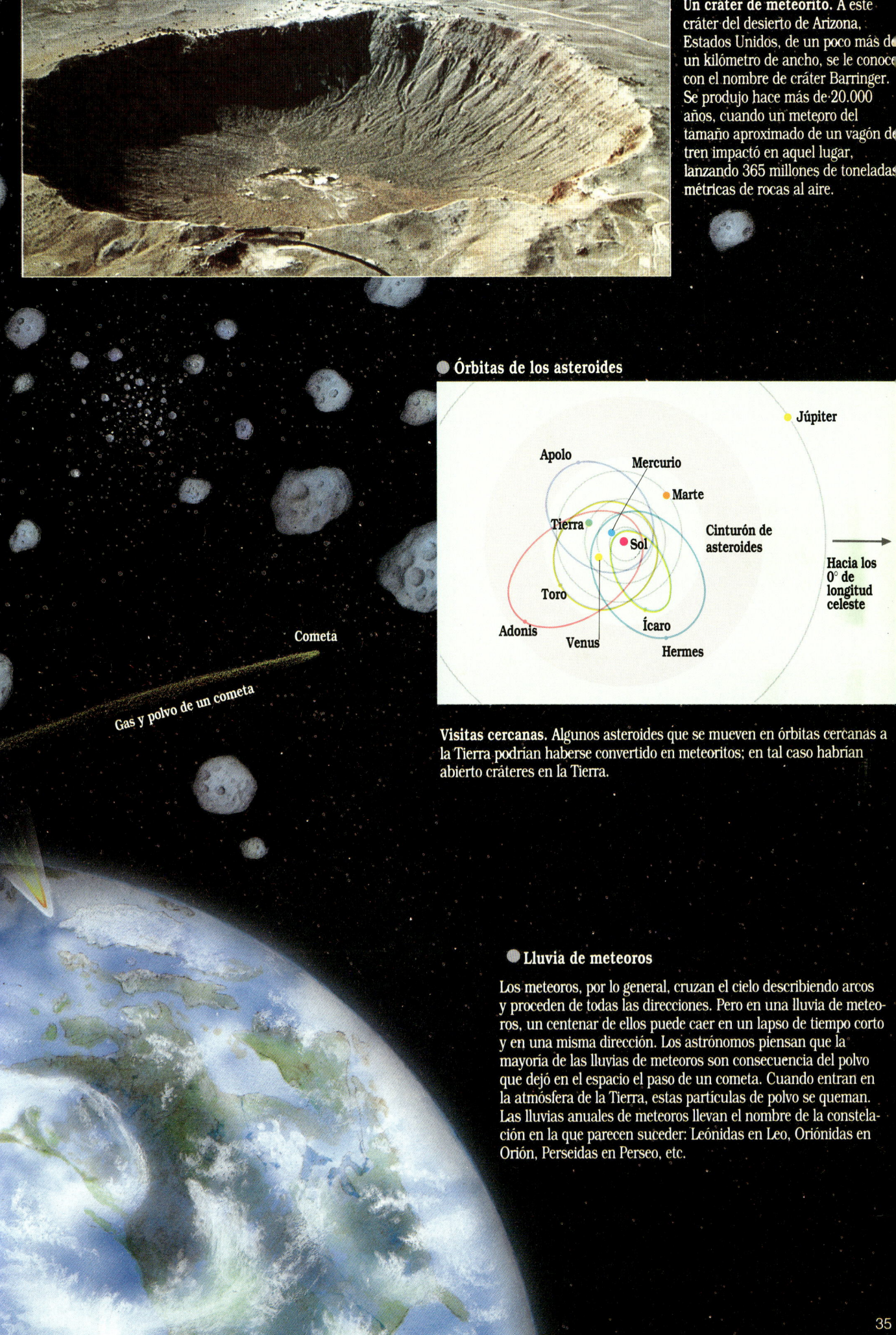

Un cráter de meteorito. A este cráter del desierto de Arizona, Estados Unidos, de un poco más de un kilómetro de ancho, se le conoce con el nombre de cráter Barringer. Se produjo hace más de 20.000 años, cuando un meteoro del tamaño aproximado de un vagón de tren impactó en aquel lugar, lanzando 365 millones de toneladas métricas de rocas al aire.

● **Órbitas de los asteroides**

Visitas cercanas. Algunos asteroides que se mueven en órbitas cercanas a la Tierra podrían haberse convertido en meteoritos; en tal caso habrían abierto cráteres en la Tierra.

● **Lluvia de meteoros**

Los meteoros, por lo general, cruzan el cielo describiendo arcos y proceden de todas las direcciones. Pero en una lluvia de meteoros, un centenar de ellos puede caer en un lapso de tiempo corto y en una misma dirección. Los astrónomos piensan que la mayoría de las lluvias de meteoros son consecuencia del polvo que dejó en el espacio el paso de un cometa. Cuando entran en la atmósfera de la Tierra, estas partículas de polvo se queman. Las lluvias anuales de meteoros llevan el nombre de la constelación en la que parecen suceder: Leónidas en Leo, Oriónidas en Orión, Perseidas en Perseo, etc.

2
El Sol

La luz del Sol sale hacia fuera desde su interior a una velocidad de 299.793 kilómetros por segundo —alrededor de más de mil millones de kilómetros por hora—, sosteniendo la vida de todos los organismos de la Tierra.

Una nube arremolinada de gas cerca de uno de los bordes de la Vía Láctea provocó el nacimiento del Sol hace aproximadamente 4.600 millones de años. En la actualidad, es una estrella de tamaño medio, compuesta mayoritariamente de hidrógeno y helio. En su centro, que arde a quince millones de grados Kelvin, la presión transforma el núcleo de hidrógeno en helio, produciendo una gran cantidad de energía en un proceso llamado fusión nuclear. La energía sale al exterior y, junto con la rotación del Sol y las fuerzas magnéticas, mantiene la superficie agitada y crepitante. En algunas zonas, las fuerzas magnéticas enfrían el gas, formando en el Sol manchas oscuras visibles desde la Tierra. El número de manchas solares crece y disminuye en ciclos de once años.

De vez en cuando, la energía solar encerrada explota desde la cromosfera lanzando chorros de gas, o protuberancias, a miles de kilómetros hacia el espacio. Una corriente de partículas, llamada viento solar, escapa a través de las líneas del campo magnético abiertas desde la corona hacia el espacio. Su fuerza sólo se nota en la Tierra durante el ciclo de máxima actividad solar, cuando las tormentas magnéticas alteran las brújulas, los sistemas energéticos y de comunicaciones, e ilumina los cielos con auroras.

En unos cinco mil millones de años, el Sol comenzará una muerte lenta, en primer lugar aumentará su tamaño unas cien veces, y después se colapsará sobre sí mismo hasta ser cien veces más pequeño que su tamaño actual. El fuego de su núcleo se apagará y el Sol se convertirá en cenizas negras y frías.

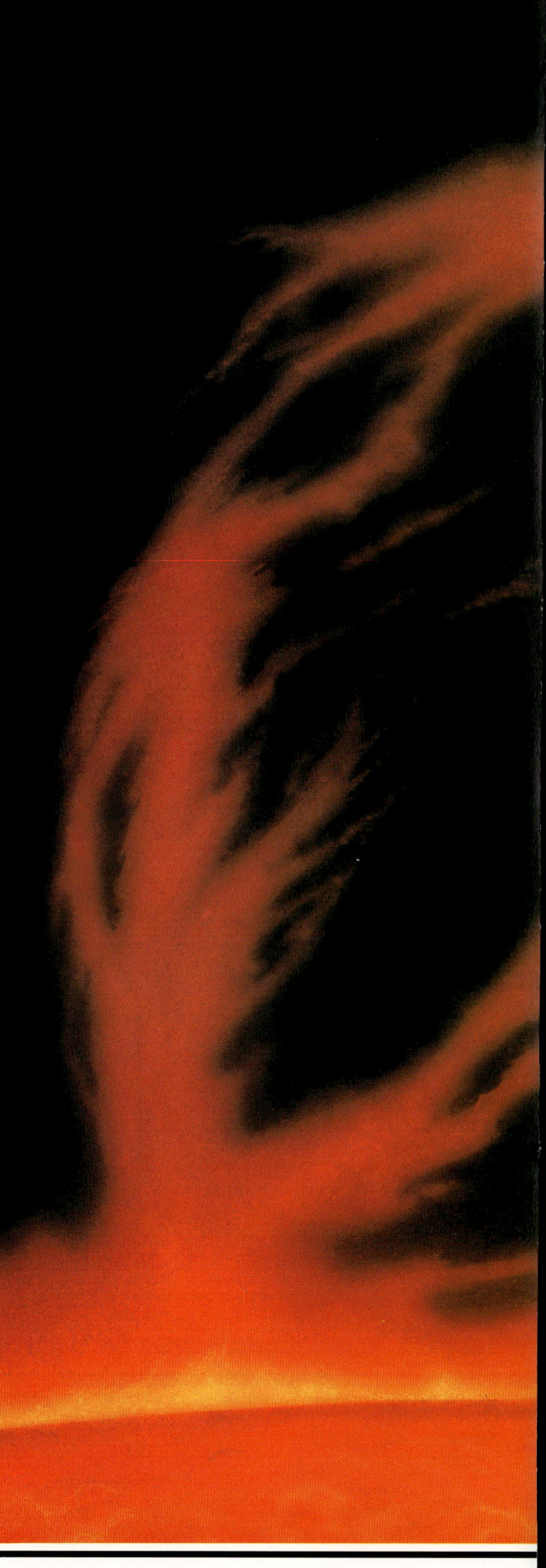

Una protuberancia solar forma un arco de 13.000 kilómetros sobre la superficie del Sol. La Tierra entera podría caber bajo el arco.

¿De dónde procede el Sol?

Al igual que cualquier estrella, el Sol se formó a partir de una nube de gas y polvo. Las partículas de gas de la parte exterior de la nube, o nebulosa, comenzaron a caer hacia el centro, y la suma de sus fuerzas gravitatorias atrajeron más átomos hacia el núcleo. Durante diez millones de años, la nube de gas fue creciendo, haciéndose más densa y caliente. Entonces tuvo lugar un importante cambio en el núcleo. Como consecuencia de la atracción gravitatoria, la creciente presión forzó a los núcleos atómicos a fundirse en un proceso llamado fusión nuclear, liberando tremendas cantidades de energía. Con su fuego nuclear encendido, el Sol se convirtió en una estrella.

1 Una nube de gas en contracción

Hace aproximadamente cinco mil millones de años, una concentración de gas luminoso y polvo, una nebulosa, comenzó a condensarse y contraerse. Como si se tratara de la pasta de una pizza lanzada girando en el aire, la nebulosa se aplanó en forma de disco abultado por el centro.

2 La atracción de la gravedad

A medida que la nebulosa continuaba girando, la gravedad atraía la materia hacia el centro. Más y más átomos de gas cayeron dentro, hacia el núcleo, aumentando la densidad y la temperatura. Como consecuencia, la parte más interna del núcleo caliente empezó a brillar.

El Sol actualmente tiene 4.600 millones de años
Brillo: Dos veces más brillante que la estrella media de la galaxia
Diámetro: 1.391.960 km
Temperatura del núcleo: 15.000.000 °K

5 El Sol en la actualidad

Actualmente el Sol tiene 4.600 millones de años y ha quemado aproximadamente la mitad de hidrógeno que hay en su núcleo, pero continuará con este proceso de combustión nuclear durante otros 5.000 millones de años.

A los 100 millones de años
Brillo: Dos tercios del brillo que tiene hoy el Sol
Diámetro: 1.300.000 km
Temperatura del núcleo: 15.000.000 °C

4 Ha nacido una estrella

Tras disminuir su tamaño durante diez millones de años, este Sol recién nacido se estabilizó en un tamaño un poco más grande que el actual. La temperatura del núcleo alcanzó los diez millones de grados Kelvin y las reacciones nucleares comenzaron.

Al millón de años
Brillo: Dos veces más brillante que hoy en día
Diámetro: 6.500.000 km
Temperatura del núcleo: 4.000.000 °K

3 Casi una estrella

Al contraerse todavía más, el brillante núcleo disminuyó hasta tener un tamaño cincuenta veces más grande que el Sol actual. Los átomos continuaron cayendo dentro del núcleo, donde la intensa gravedad los hizo chocar entre sí.

A los 100.000 años
Brillo: Diez veces más brillante que hoy en día
Diámetro: 11.000.000 km
Temperatura del núcleo: 800.000 °K

A los 10.000 años
Brillo: Noventa veces más brillante que hoy en día
Diámetro: 29.000.000 km
Temperatura del núcleo: 75.000 °K

A los 1.000 años
Brillo: Quinientas veces más brillante que hoy en día
Diámetro: 72.000.000 km
Temperatura del núcleo: 15.000 °K

¿De qué está hecho el Sol?

El Sol es 110 veces mayor que la Tierra y está formado por diversas capas alrededor del núcleo. El hidrógeno constituye aproximadamente las tres cuartas partes del Sol, y el helio, una cuarta parte, con otros elementos en pequeñas proporciones. La cantidad total de materia solar, o sea, su masa, es pequeña comparada con su volumen, la cantidad de espacio que ocupa; esto significa que la densidad global del Sol es baja. Pero en el núcleo, la materia es tan densa que un objeto del tamaño de una nuez podría pesar más que una sandía. La energía que procede de la combustión de su núcleo se transmite por radiación a través de una capa intermedia. Más lejos, una zona de convección transfiere calor desde la región interior a la superficie, o fotosfera, la parte del Sol que podemos ver. Sobre la fotosfera se extienden dos capas de atmósfera, la cromosfera y la corona, que normalmente no son visibles desde la Tierra.

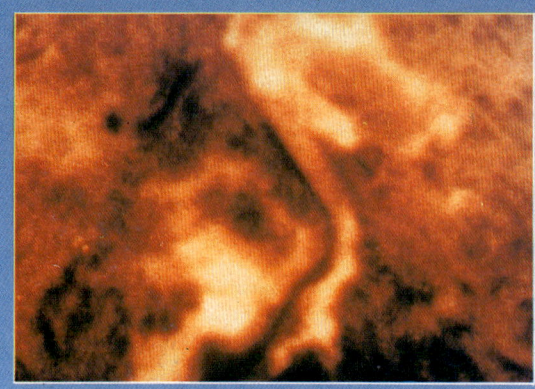

▲ **Una "llamarada" brillante** libera energía del Sol gracias a una emisión súbita de energía magnética.

■ La estructura del Sol

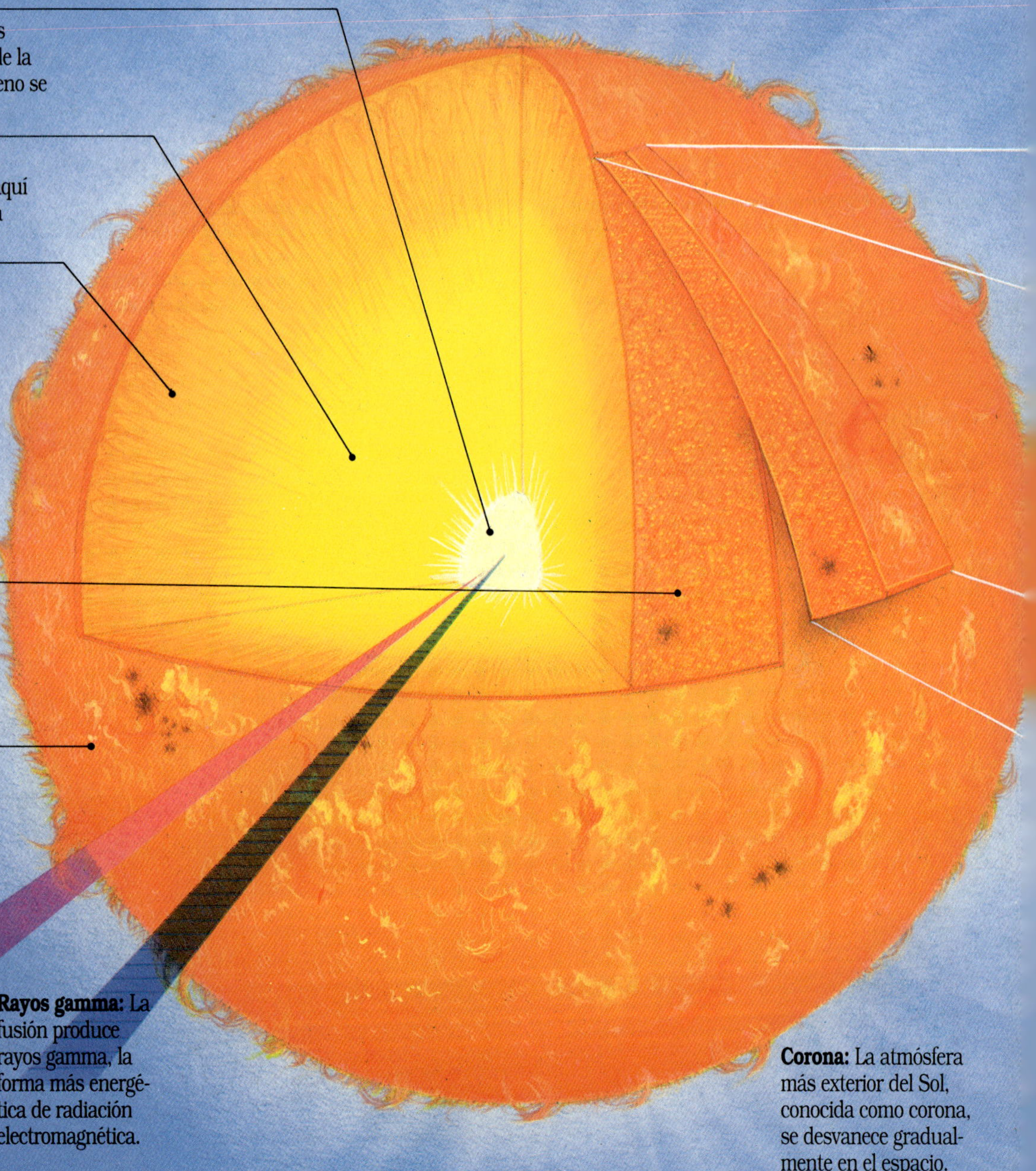

Núcleo: Bajo una presión que es 200.000 millones superior a la de la superficie de la Tierra, el hidrógeno se transforma en helio.

Zona de radiación: La energía procedente del núcleo "rebota" aquí durante siglos antes de salir a la superficie.

Zona de convección: Aquí, la energía procedente de la zona de radiación entra en una capa más fría de gas. El gas caliente se eleva hacia la superficie, donde se enfría, y cae de nuevo formando unas turbulentas corrientes de convección.

Fotosfera: La mayor parte de la luz del Sol que vemos se emite hacia la Tierra desde esta superficie granular o fotosfera.

Cromosfera: En esta capa inferior, espumante, de la atmósfera solar se aprecian erupciones de gas ardiente que forman filamentos y llamaradas.

Neutrinos: La fusión del hidrógeno en helio en el núcleo produce estas partículas subatómicas sin carga y con una masa muy pequeña o nula.

Rayos gamma: La fusión produce rayos gamma, la forma más energética de radiación electromagnética.

Corona: La atmósfera más exterior del Sol, conocida como corona, se desvanece gradualmente en el espacio.

▶ **Distintas vistas del Sol:**
1. La corona durante un eclipse total.
2. Un agujero en la corona en una fotografía hecha con rayos X.
3. Una mancha caliente brillante y una mancha oscura y fría en la cromosfera en luz ultravioleta.
4. Manchas solares en la fotosfera.

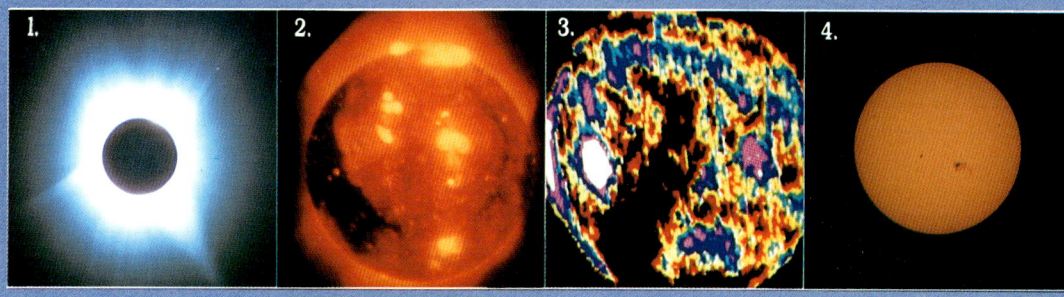

La corteza exterior del Sol: La fotosfera, al arder vivamente a 6.000 °K, oculta las demás capas del Sol. La cromosfera lo hace a 10.000 °K, pero la vemos como miles de veces más débil que la fotosfera. La corona que rodea el Sol alcanza altas temperaturas, incluso de dos millones de grados Kelvin, pero como las partículas de gas están tan separadas entre sí, el calor total de la corona es inferior. Su luz visible, casi tan brillante como la Luna, sólo puede verse cuando la Luna oculta la fotosfera durante un eclipse solar.

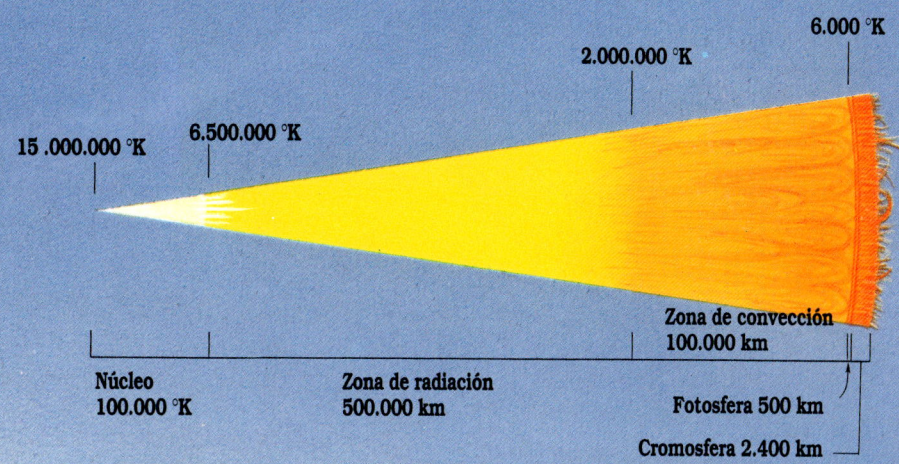

Núcleo 100.000 °K — 15.000.000 °K
Zona de radiación 500.000 km — 6.500.000 °K
Zona de convección 100.000 km — 2.000.000 °K
Fotosfera 500 km — 6.000 °K
Cromosfera 2.400 km

"Playas": Brillantes "playas" flotan en la cromosfera sobre regiones magnéticamente activas como si se tratara de manchas solares.

Protuberancias: Brazos brillantes y láminas de gas, llamadas protuberancias, pueden flotar en la corona durante días o estallar y desaparecer en minutos.

"Llamaradas" o fulguraciones: Los efectos más espectaculares de la intensa actividad magnética son las llamaradas que se extienden hasta 240.000 km.

Fáculas: Unas manchas brillantes, llamadas fáculas, aparecen en la alta fotosfera poco antes de la aparición de las manchas solares.

Manchas solares: Las manchas solares aparecen como puntos oscuros sobre la superficie de la fotosfera. Son la única actividad solar que puede verse por observación directa a simple vista.

Espículas: Columnas de gas cromosférico, llamadas espículas, se levantan hasta 16.000 km dentro de la corona a 24 km/seg.

Gránulos: Corrientes de gas frío y caliente inundan la fotosfera de gránulos, con una anchura de 970 km, y supergránulos, de 29.000 km.

¿Cuál es la causa de las manchas solares?

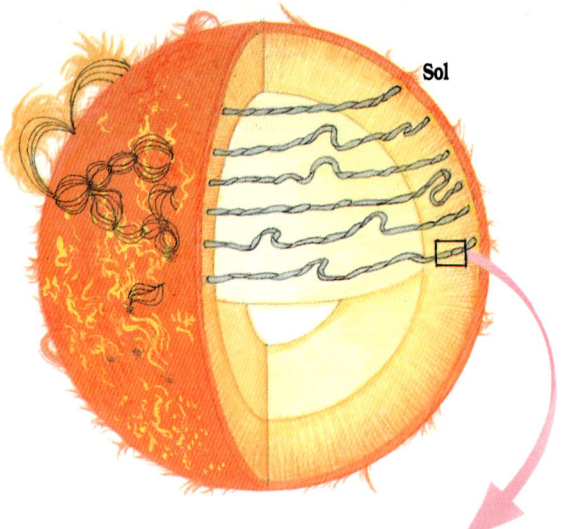

Las manchas solares se aprecian de color oscuro en la superficie del Sol debido a que el gas frío que contienen es más oscuro que el caliente de sus alrededores. Aun así, una mancha solar es tan caliente que brilla diez veces más que la Luna. Las manchas solares se forman en un proceso complicado: el Sol gira alrededor de los polos norte y sur magnéticos, pero como el Sol está formado por gas, su ecuador gira más rápido que sus polos. Como resultado, las líneas de los campos magnéticos, que normalmente van de polo a polo, son arrastradas a lo largo del ecuador y se distorsionan. Las corrientes de convección se añaden a la confusión, enredando y trenzando las líneas de campo hasta que forman rizos; éstos se rompen en la fotosfera, dando lugar a arcos en la corona a modo de grandes imanes de herraduras. Las líneas de campo distorsionadas frenan las corrientes de convección, lo cual a la vez enfría el gas y crea las manchas solares. A menudo se forma una mancha en el punto donde un bucle sale a la superficie, y otra en el punto donde entra.

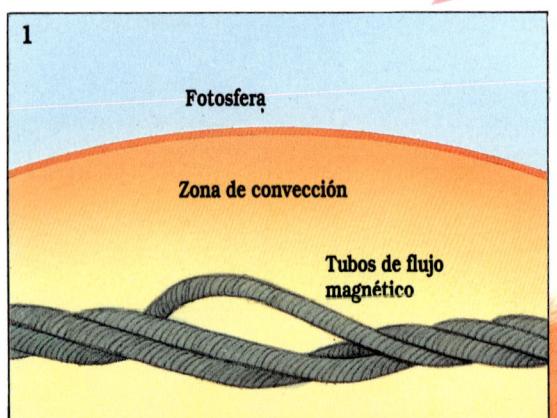

Trenzas y bucles magnéticos. 1. El Sol, que es gaseoso, gira más rápido por el ecuador que por los polos, lo que hace que las líneas del campo magnético se retuerzan como si fueran una cuerda de tubos de flujo paralela al ecuador.
2. El gas caliente que sube en la zona de convección, eleva los tubos de flujo magnético y los hace flotar hasta la superficie en forma de bucles. **3.** Cuando un bucle se rompe en la fotosfera, cada pata moviliza el gas, reduciendo la velocidad de la convección y enfriando la superficie.

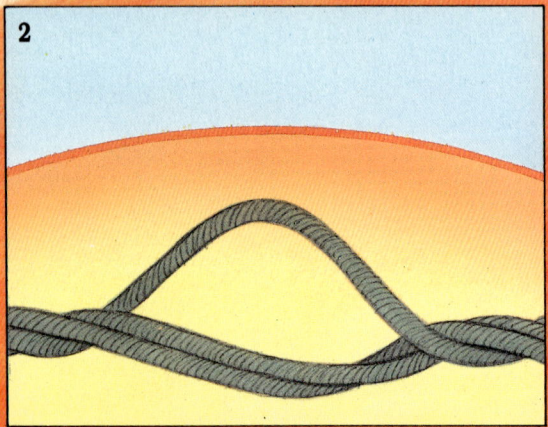

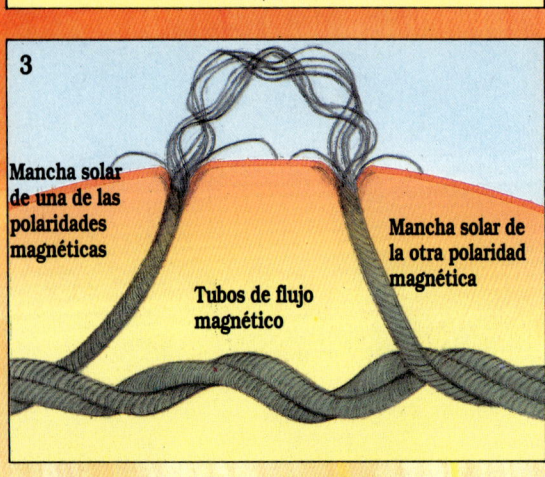

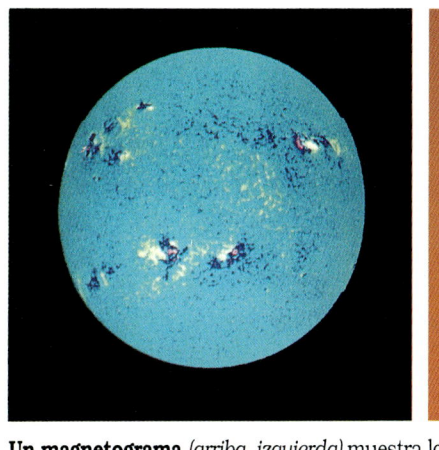
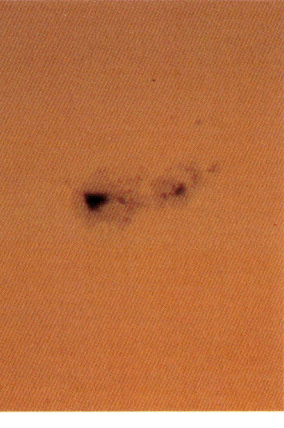

Un magnetograma *(arriba, izquierda)* muestra los fuertes campos magnéticos —zonas oscuras y claras— que rodean las manchas solares. Las manchas solares *(arriba, derecha)* salpican de puntos la fotosfera.

Ciclos de once años de las manchas solares

Los astrónomos han observado manchas solares durante más de 2.500 años. Durante varios cientos de años, han registrado ciclos de manchas solares de unos once años. Como se muestra abajo, el número medio de manchas solares varía; a los períodos con un número inusualmente elevado se les llama "máximos de manchas solares", y a los años con un número inusualmente pequeño, "mínimos de manchas solares".

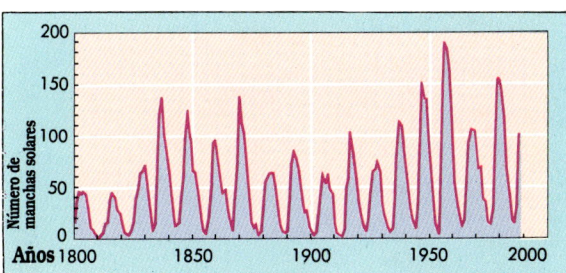

Líneas de campo magnético

Protuberancias

Mancha solar

Mancha solar

Cromosfera

Fotosfera

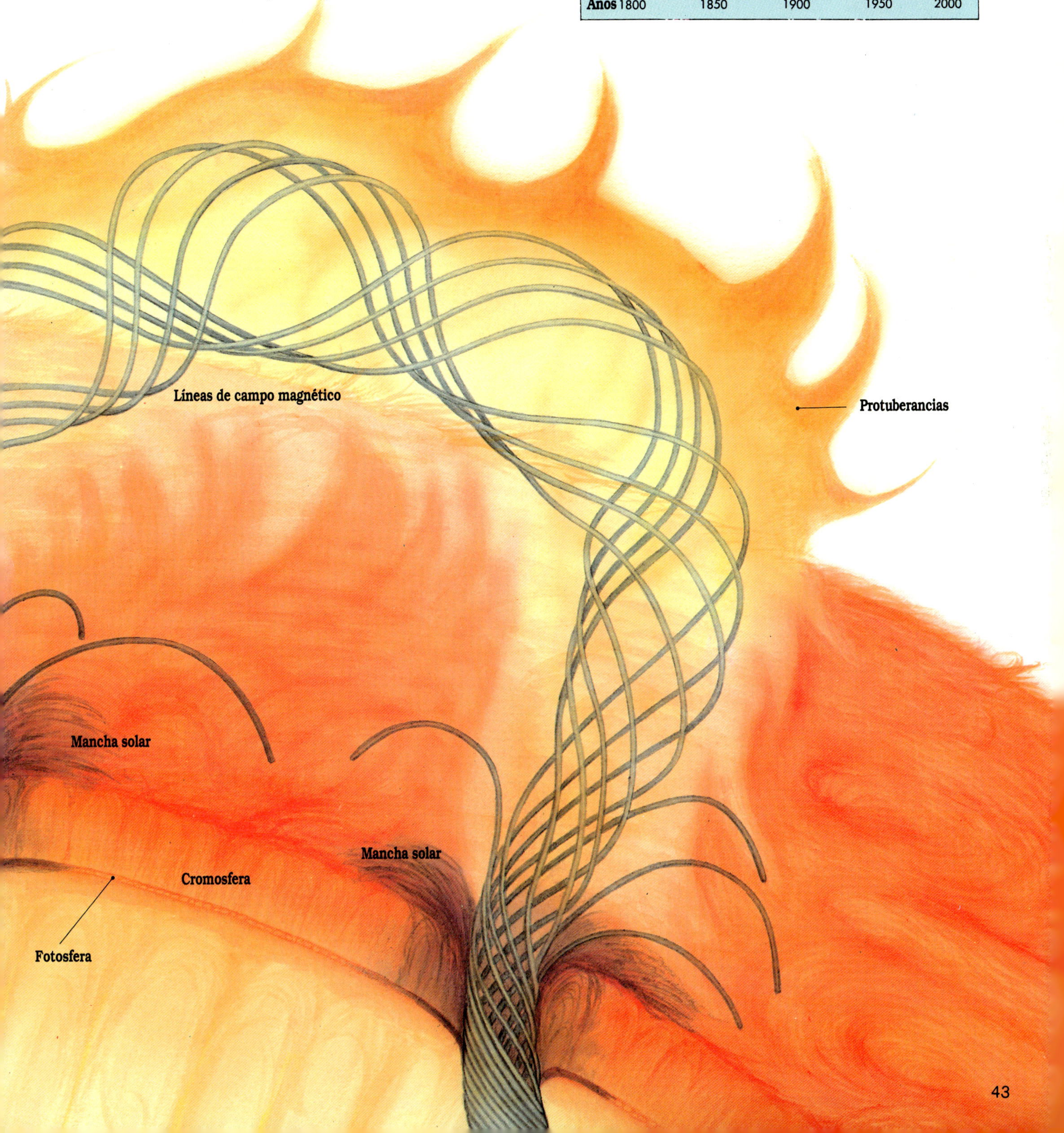

¿Qué hace brillar al Sol?

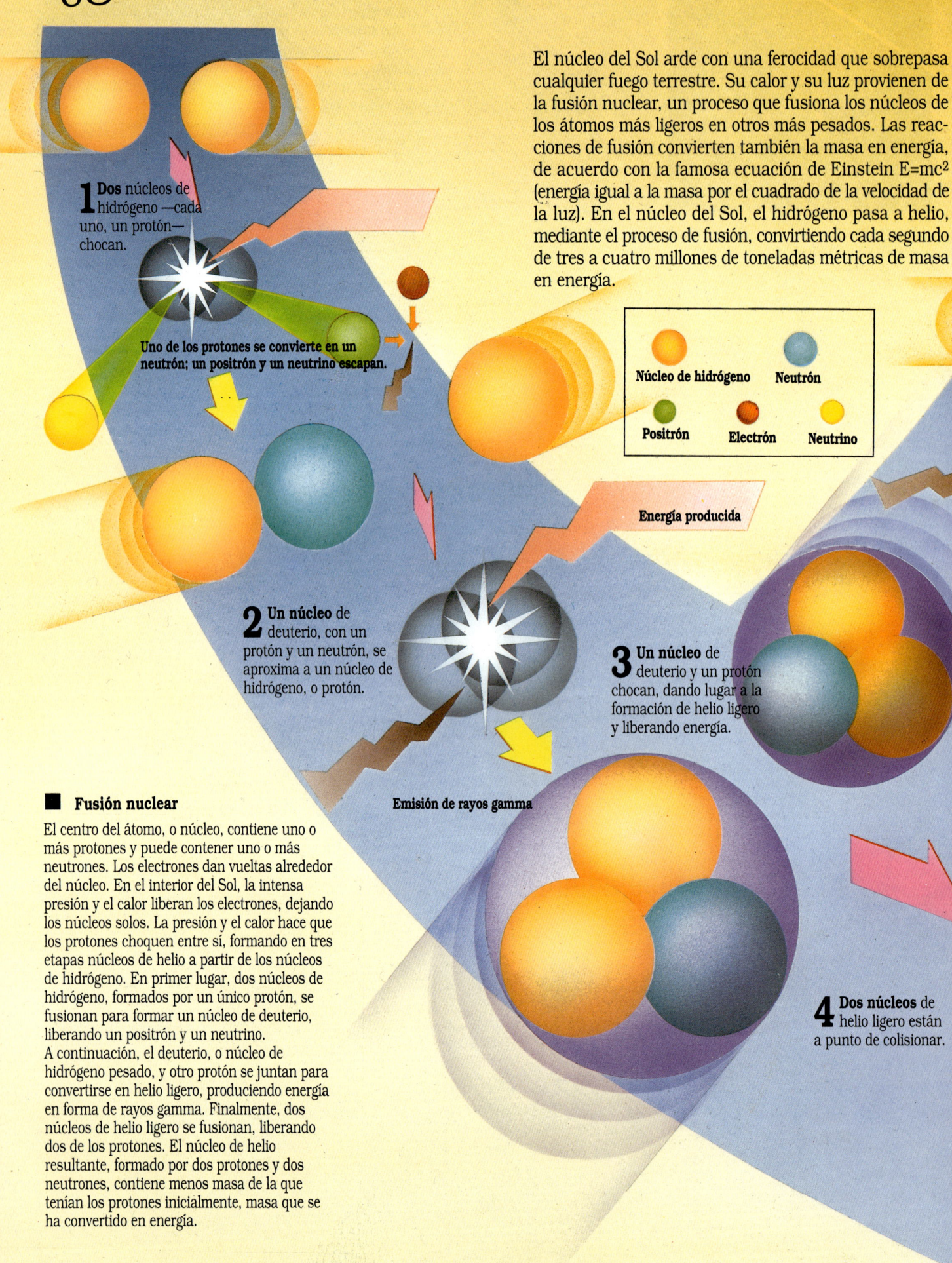

El núcleo del Sol arde con una ferocidad que sobrepasa cualquier fuego terrestre. Su calor y su luz provienen de la fusión nuclear, un proceso que fusiona los núcleos de los átomos más ligeros en otros más pesados. Las reacciones de fusión convierten también la masa en energía, de acuerdo con la famosa ecuación de Einstein $E=mc^2$ (energía igual a la masa por el cuadrado de la velocidad de la luz). En el núcleo del Sol, el hidrógeno pasa a helio, mediante el proceso de fusión, convirtiendo cada segundo de tres a cuatro millones de toneladas métricas de masa en energía.

1 **Dos** núcleos de hidrógeno —cada uno, un protón— chocan.

Uno de los protones se convierte en un neutrón; un positrón y un neutrino escapan.

Núcleo de hidrógeno   Neutrón
Positrón   Electrón   Neutrino

Energía producida

2 **Un núcleo** de deuterio, con un protón y un neutrón, se aproxima a un núcleo de hidrógeno, o protón.

3 **Un núcleo** de deuterio y un protón chocan, dando lugar a la formación de helio ligero y liberando energía.

Emisión de rayos gamma

4 **Dos núcleos** de helio ligero están a punto de colisionar.

■ **Fusión nuclear**

El centro del átomo, o núcleo, contiene uno o más protones y puede contener uno o más neutrones. Los electrones dan vueltas alrededor del núcleo. En el interior del Sol, la intensa presión y el calor liberan los electrones, dejando los núcleos solos. La presión y el calor hace que los protones choquen entre sí, formando en tres etapas núcleos de helio a partir de los núcleos de hidrógeno. En primer lugar, dos núcleos de hidrógeno, formados por un único protón, se fusionan para formar un núcleo de deuterio, liberando un positrón y un neutrino. A continuación, el deuterio, o núcleo de hidrógeno pesado, y otro protón se juntan para convertirse en helio ligero, produciendo energía en forma de rayos gamma. Finalmente, dos núcleos de helio ligero se fusionan, liberando dos de los protones. El núcleo de helio resultante, formado por dos protones y dos neutrones, contiene menos masa de la que tenían los protones inicialmente, masa que se ha convertido en energía.

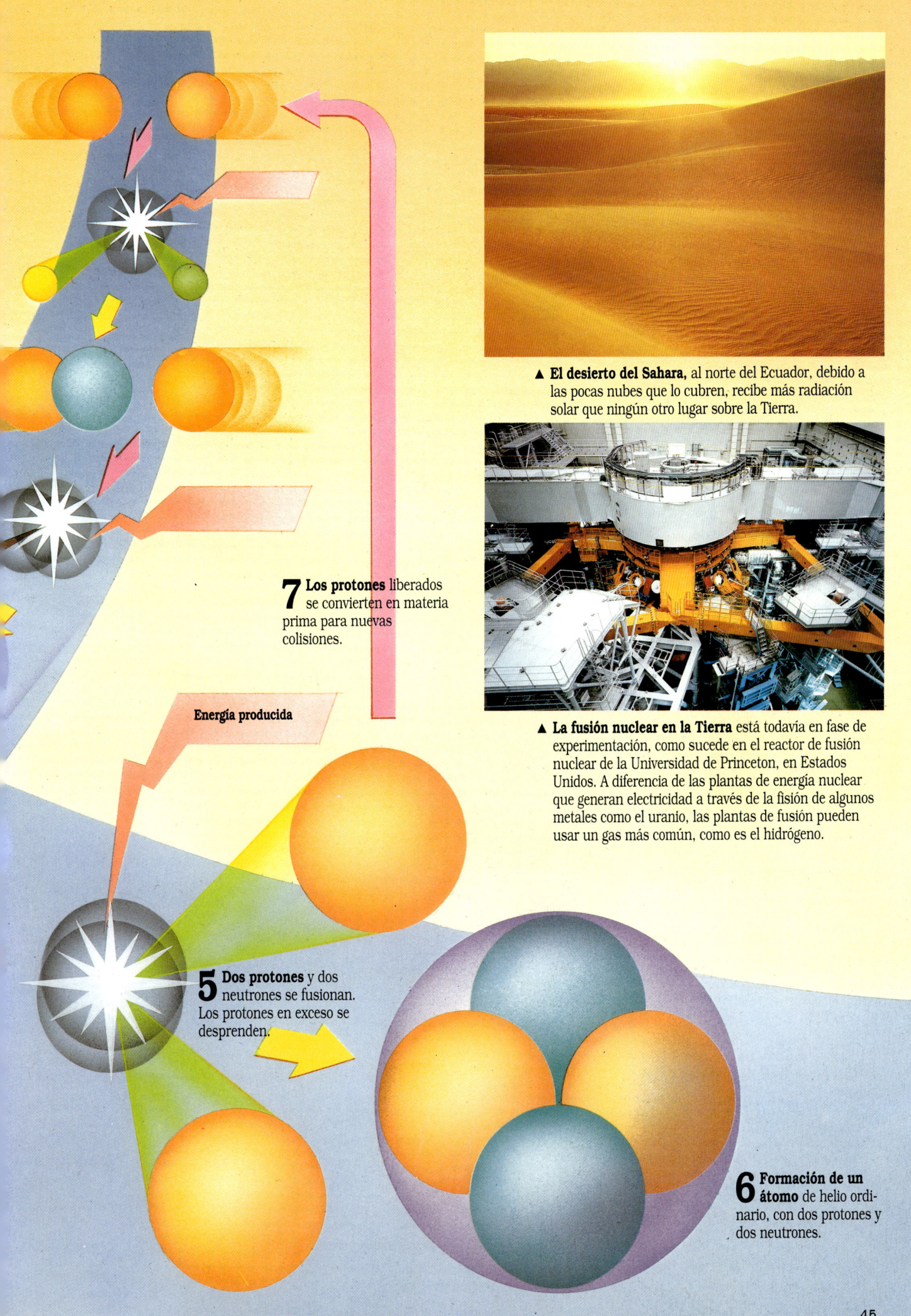

▲ **El desierto del Sahara,** al norte del Ecuador, debido a las pocas nubes que lo cubren, recibe más radiación solar que ningún otro lugar sobre la Tierra.

▲ **La fusión nuclear en la Tierra** está todavía en fase de experimentación, como sucede en el reactor de fusión nuclear de la Universidad de Princeton, en Estados Unidos. A diferencia de las plantas de energía nuclear que generan electricidad a través de la fisión de algunos metales como el uranio, las plantas de fusión pueden usar un gas más común, como es el hidrógeno.

7 Los protones liberados se convierten en materia prima para nuevas colisiones.

Energía producida

5 Dos protones y dos neutrones se fusionan. Los protones en exceso se desprenden.

6 Formación de un átomo de helio ordinario, con dos protones y dos neutrones.

¿Durante cuánto tiempo brillará el Sol?

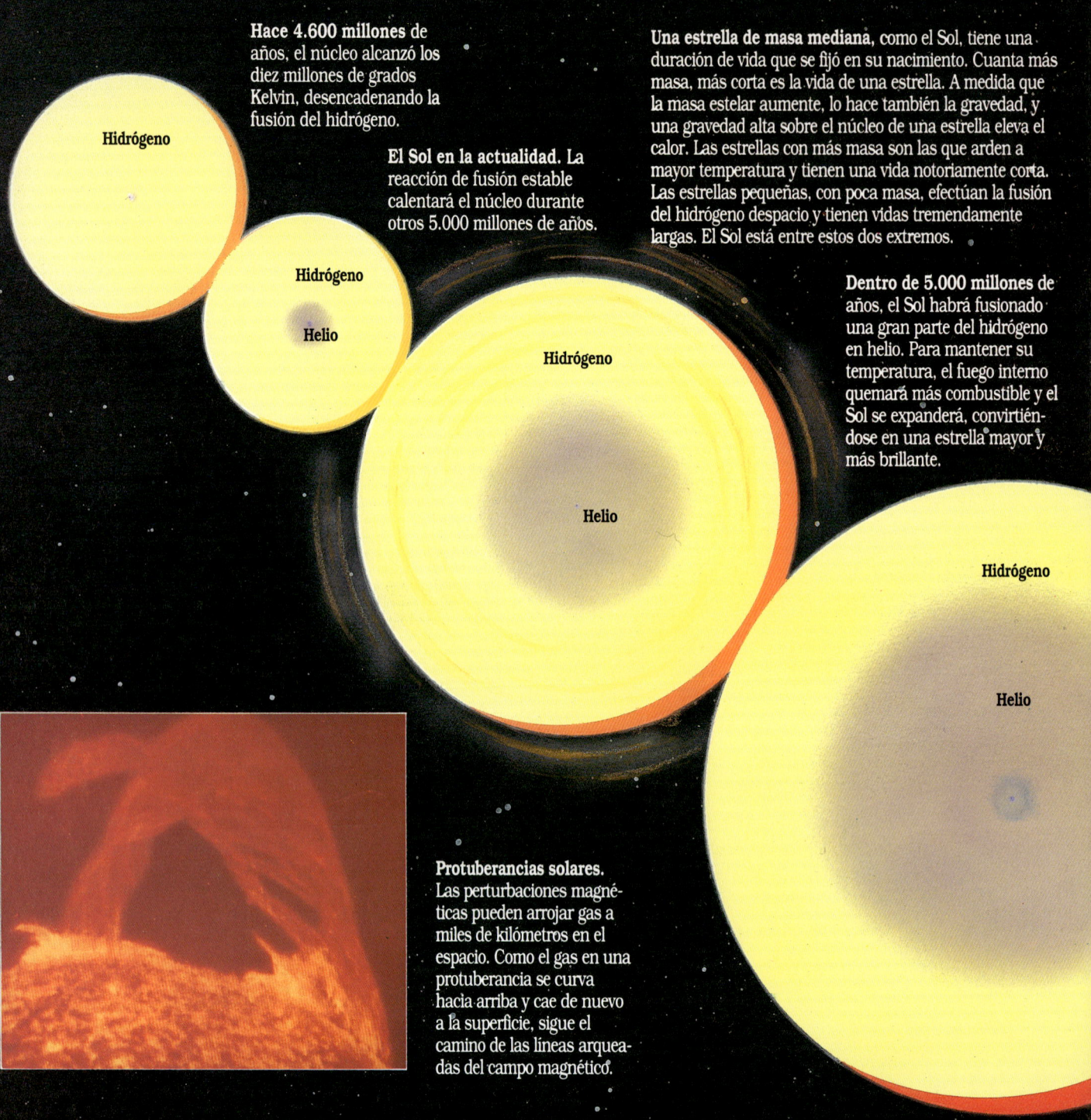

Hace 4.600 millones de años, el núcleo alcanzó los diez millones de grados Kelvin, desencadenando la fusión del hidrógeno.

El Sol en la actualidad. La reacción de fusión estable calentará el núcleo durante otros 5.000 millones de años.

Una estrella de masa mediana, como el Sol, tiene una duración de vida que se fijó en su nacimiento. Cuanta más masa, más corta es la vida de una estrella. A medida que la masa estelar aumente, lo hace también la gravedad, y una gravedad alta sobre el núcleo de una estrella eleva el calor. Las estrellas con más masa son las que arden a mayor temperatura y tienen una vida notoriamente corta. Las estrellas pequeñas, con poca masa, efectúan la fusión del hidrógeno despacio y tienen vidas tremendamente largas. El Sol está entre estos dos extremos.

Dentro de 5.000 millones de años, el Sol habrá fusionado una gran parte del hidrógeno en helio. Para mantener su temperatura, el fuego interno quemará más combustible y el Sol se expanderá, convirtiéndose en una estrella mayor y más brillante.

Protuberancias solares. Las perturbaciones magnéticas pueden arrojar gas a miles de kilómetros en el espacio. Como el gas en una protuberancia se curva hacia arriba y cae de nuevo a la superficie, sigue el camino de las líneas arqueadas del campo magnético.

En la actualidad, a la mitad de su vida, el Sol continuará brillando como hasta ahora durante otros 5.000 millones de años. Nuestra estrella se formó cuando una inmensa nube de gas (alrededor del 75 % de hidrógeno y el 25 % de helio) se colapsó en una esfera densa y ardiente. Diez millones de años más tarde comenzó la fusión del hidrógeno en su centro. La nube de gas se convirtió en una estrella. En la actualidad, después de 4.600 millones de años de brillar constantemente, tan sólo la mitad del hidrógeno del núcleo se ha convertido en helio. Esto ha cambiado poco la estructura global del Sol. Pero cuando todo el hidrógeno del núcleo haya desaparecido, el Sol envejecerá y comenzarán los cambios rápidos. Cuando el núcleo se colapse sobre sí mismo, el Sol aumentará su tamaño cien veces, la llamada fase de gigante roja, engullendo Mercurio y Venus y destruyendo la vida en la Tierra. Después, se producirá la fusión explosiva del helio en el núcleo, que reducirá el Sol a un montón de cenizas apagadas, la fase enana blanca, del tamaño de la Tierra. Pasados varios miles de años, la enana blanca se enfriará, pasando a enana ligeramente roja, y más tarde a enana negra, quedando sin luz y helada.

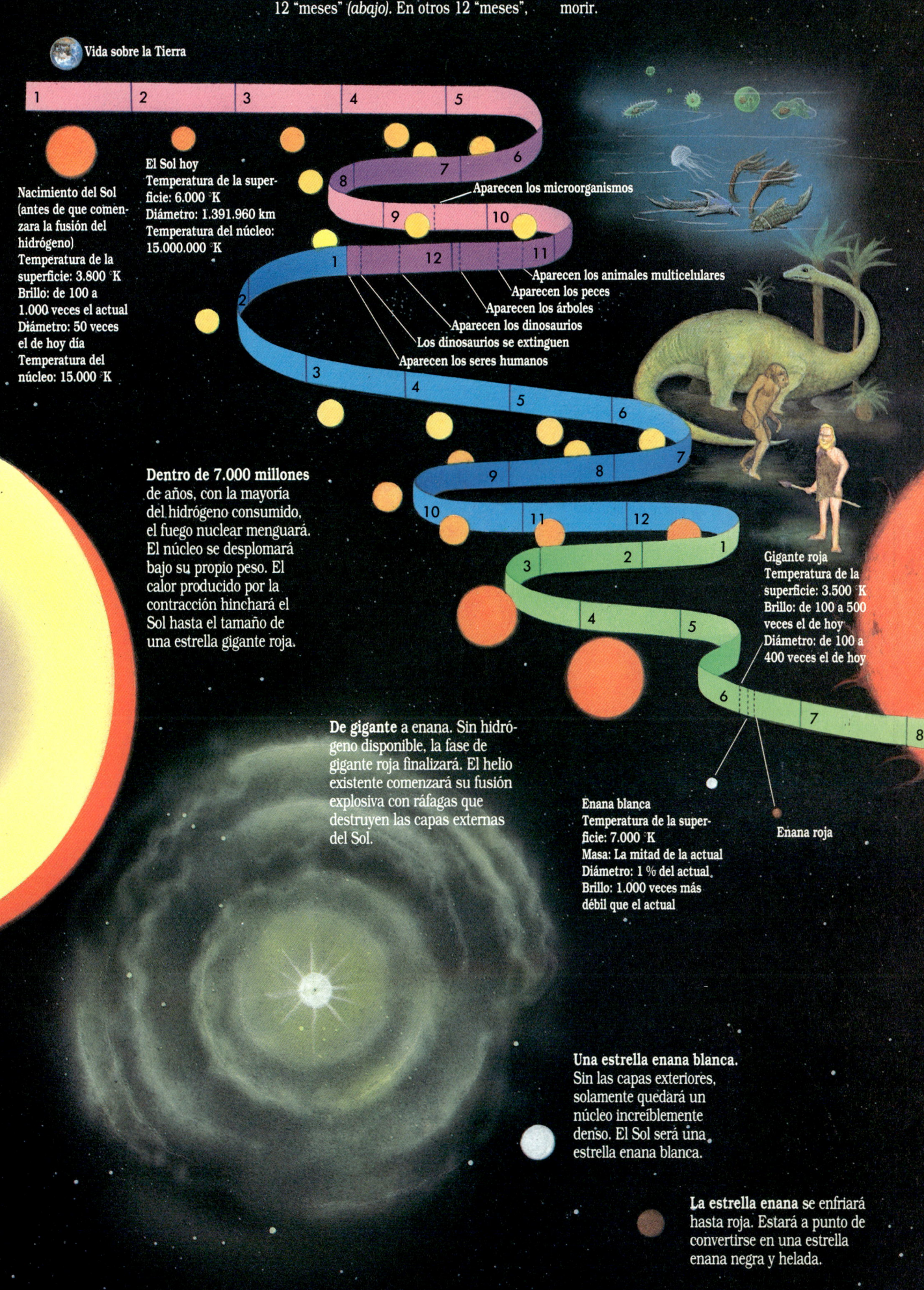

¿Cómo afecta el Sol a la Tierra?

Aunque sólo una pequeña parte de la radiación del Sol llega a nuestro planeta, el Sol afecta a cada uno de los aspectos de la vida en la Tierra. Sobre cada metro cuadrado de la atmósfera exterior cae un promedio de 1.324 watios por segundo, más o menos la energía que suministran diez bombillas de luz brillante. La cantidad total que cae por segundo iguala la energía producida al quemar 6.400.000 toneladas métricas de carbón por segundo. La energía solar produce la meteorología, la circulación del aire y del agua, así como toda la vida de la Tierra. Menos remarcable es la ostentosa actividad ocasional del Sol, cuando las partículas cargadas con electricidad penetran en la atmósfera de la Tierra al ser lanzadas por erupciones y vientos solares, interrumpiendo las comunicaciones y produciendo deslumbrantes auroras.

Las hojas bañadas por la luz del Sol producen hidratos de carbono a través de la fotosíntesis.

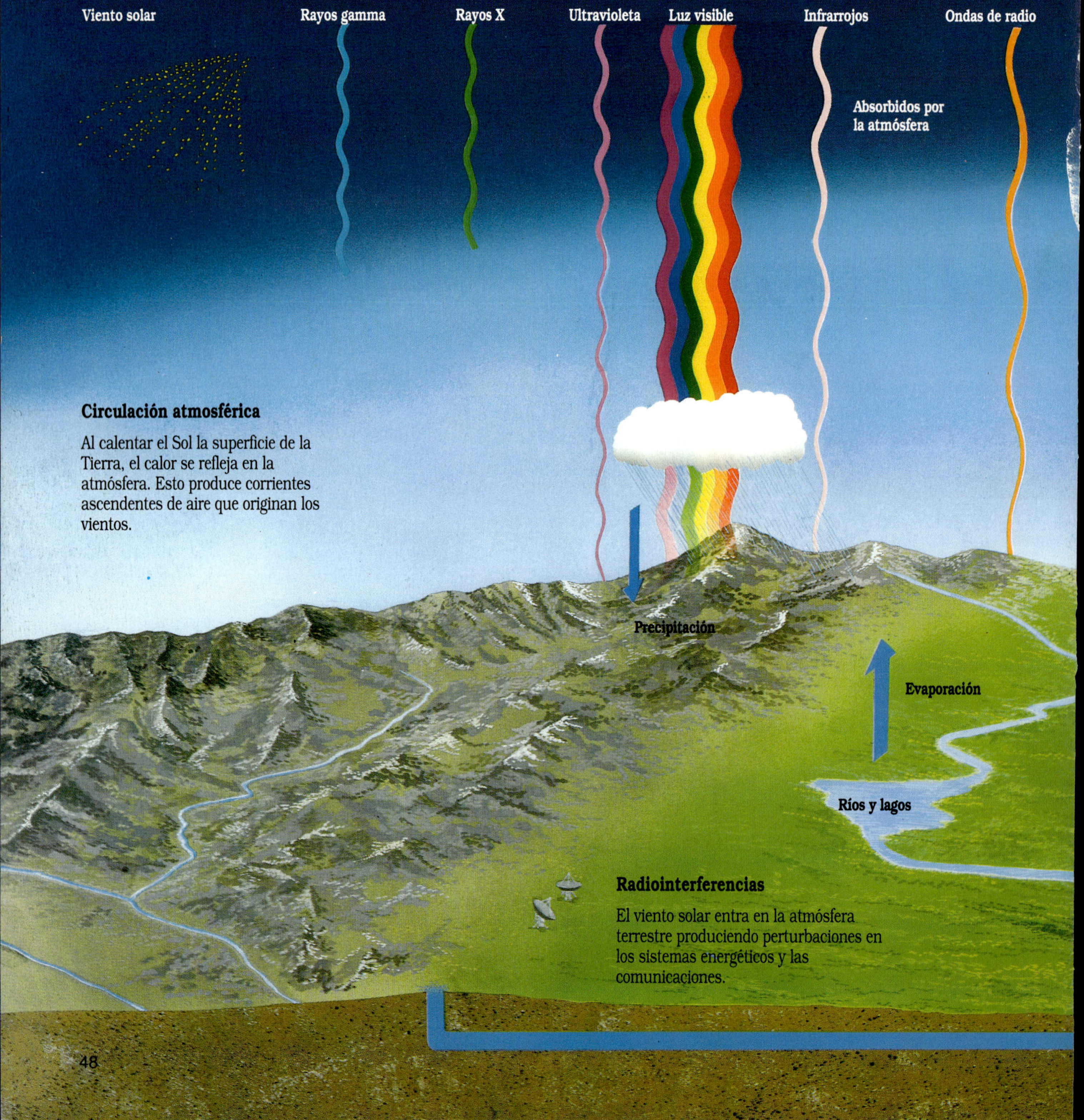

Viento solar   Rayos gamma   Rayos X   Ultravioleta   Luz visible   Infrarrojos   Ondas de radio

Absorbidos por la atmósfera

Circulación atmosférica

Al calentar el Sol la superficie de la Tierra, el calor se refleja en la atmósfera. Esto produce corrientes ascendentes de aire que originan los vientos.

Precipitación

Evaporación

Ríos y lagos

Radiointerferencias

El viento solar entra en la atmósfera terrestre produciendo perturbaciones en los sistemas energéticos y las comunicaciones.

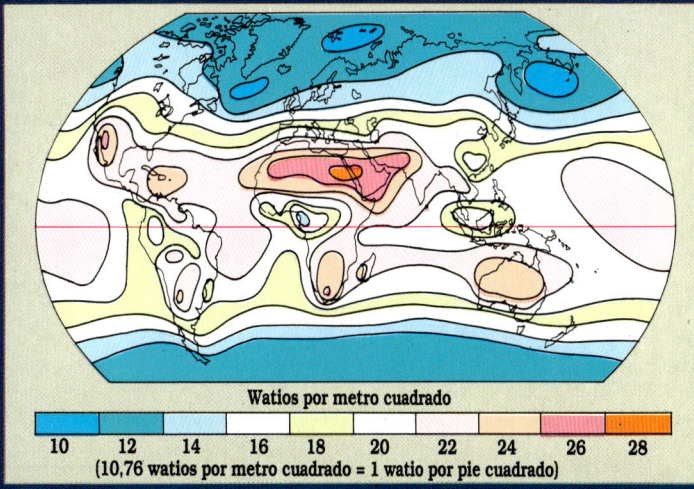

Distribución de la energía solar

Watios por metro cuadrado

10 12 14 16 18 20 22 24 26 28
(10,76 watios por metro cuadrado = 1 watio por pie cuadrado)

Una resplandeciente aurora sobre Noruega pone de manifiesto la interferencia de los vientos solares en el polo Norte.

Energía solar que llega a la atmósfera: 100 %

Energía utilizada en la circulación atmosférica: 0,002 %

Energía utilizada en el ciclo del agua: 23 %

Energía utilizada en la fotosíntesis: 0,0002 %

Energía utilizada para calentar la atmósfera, el suelo y el agua: 47 %

Reflejada directamente por la atmósfera: 30 %

La luz solar llega a la Tierra de manera desigual, como muestra el mapa de arriba. Las zonas al norte del Ecuador, donde la alta presión reduce la capa de nubes, reciben la mayoría de los rayos del Sol (*rosa oscuro* y *naranja*). La luz del Sol disminuye cerca de los polos.

Flujo de energía solar

La capa exterior más delgada de la atmósfera percibe toda la gama de longitudes de onda solares, desde los rayos gamma a las ondas de radio. Rayos gamma, con una elevada energía, y rayos X impactan en los átomos y pierden energía en una capa atmosférica a unos 80 kilómetros de la superficie. A 50 kilómetros de altura, la luz ultravioleta de longitud de onda corta, peligrosa para los seres humanos, entra en colisión con las moléculas de ozono. Las nubes, el polvo y los contaminantes del aire absorben y esparcen parte de la luz restante, coloreando el cielo de azul. Sólo llegan a la superficie la luz del espectro visible, algunos rayos infrarrojos y algunas ondas de radio, además de una pequeña parte de rayos ultravioleta de longitud de onda más larga.

El ciclo del agua

El agua de la superficie de la Tierra es calentada por el Sol, evaporándose y ascendiendo en el aire. Cuando las nubes se enfrían, precipitan la humedad en forma de lluvia.

Viento

Evaporación

Las plantas cubren gran parte de la superficie de la Tierra

Las corrientes oceánicas

El agua del mar circula de las regiones ecuatoriales cálidas a las regiones polares frías.

Organismos que realizan la fotosíntesis

Las plantas, las algas y algunas bacterias usan la energía solar para convertir el dióxido de carbono y el agua en moléculas de azúcar, empezando así una cadena alimenticia que abarca a todos los seres vivos.

El agua vuelve al mar

3 El movimiento de la Tierra

Cuando llegaron a la Luna, en 1969, los astronautas vieron por primera vez el planeta del cual procedían, brillando como un mármol de color azul y blanco, dando vueltas en la oscuridad del espacio. Después de haber pilotado con éxito un vehículo espacial utilizando los cálculos del movimiento planetario, los astronautas no cuestionaron que la Tierra gira sobre su eje, que la Luna describe un círculo alrededor de la Tierra y que ambos astros giran alrededor del Sol como si bailaran un vals eterno.

En tiempos pasados, sin embargo, estos movimientos no eran obvios para los pensadores. Después de todo, para el observador medio, el Sol aparece cuando sale por el este y se pone por el oeste. Las estrellas, también, salen y se ponen cada noche. Los primeros humanos, razonablemente, creían que el universo daba vueltas alrededor de una Tierra estacionaria. Sólo de una manera gradual, a través de los siglos, los astrónomos, los cuales eran a la vez observadores cuidadosos y teóricos audaces, hicieron cambiar a la opinión pública. Científicos como Nicolás Copérnico, Jean-Bernard-León Foucault y Friedrich Bessel demostraron que la Tierra giraba alrededor del Sol, además de girar sobre sí misma inclinada sobre su eje.

Para estudiar este movimiento, los astrónomos recurrieron a la "esfera celeste", un sistema de representar el espacio alrededor de la Tierra. En el centro de la esfera está la Tierra, el ecuador terrestre se extiende hacia fuera para convertirse en el ecuador celeste, y las líneas de latitud y longitud cruzan la esfera del cielo, al igual que sucede en un globo terráqueo. Las estrellas y las constelaciones se representan en esta red imaginaria, junto con los movimientos del Sol, la Luna y la Tierra, así como otras situaciones extraordinarias, como son los eclipses.

Eclipsado por el disco de la Luna, el Sol muestra su halo exterior de gases. Cada año se producen de uno a cuatro eclipses solares, cada uno de ellos se hace visible, solamente, en una parte de la Tierra.

¿Cómo se sabe que la Tierra gira sobre sí misma?

Hacia el siglo XVI, la mayoría de la gente creía que el Sol giraba alrededor de la Tierra. Pero en 1543, el astrónomo polaco Nicolás Copérnico publicó una teoría radical que afirmaba que la Tierra giraba alrededor del Sol, rotando sobre su eje (movimiento de rotación) y dando lugar al día y a la noche.

Sin embargo, la rotación de la Tierra fue difícil de demostrar. Más tarde, en 1851, un físico francés llamado Jean-Bernard-León Foucault colgó con un alambre una bola pesada de hierro de un techo alto. El sabía que si la Tierra no rotaba, el péndulo iría de un lado a otro siempre sobre la misma línea. Pero si la Tierra daba vueltas, la trayectoria del péndulo cambiaría. Y esto último es lo que sucedió. La Tierra giraba bajo el péndulo que oscilaba libremente.

Como consecuencia de la rotación de la Tierra, las estrellas en la parte norte del cielo aparecen dando vueltas alrededor de la estrella Polar.

Péndulo de Foucault

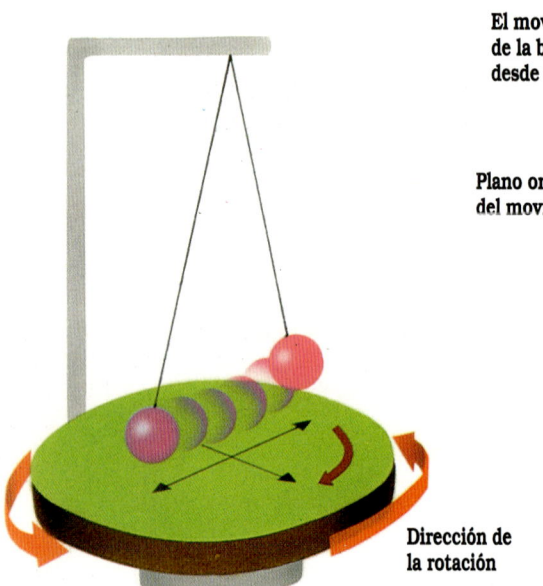

Dirección de la rotación

Para demostrar que la Tierra gira, Foucault diseñó un ingenioso experimento. Como no podía alejarse del planeta para observar que éste se movía, quizá podía construir un dispositivo que se moviera independiente del planeta. Por eso colgó una bola de hierro de 28 kilogramos de un techo de un edificio de París de 67 metros de alto. Una sujeción especial aseguraba que el alambre podría oscilar sin amortiguarse. Debajo del peso colocó un recipiente de arena.

Cuando Foucault hizo oscilar el péndulo, una aguja colocada en el peso trazó una línea en la arena. Cada hora, Foucault se encontró con que la línea había cambiado ligeramente de dirección, hasta que el péndulo volvió a tomar el plano original. El movimiento del péndulo lo mantenía oscilando sobre la misma línea, pero la Tierra y el edificio sobre ésta daban vueltas debajo de él. Si Foucault hubiese podido subirse al péndulo, habría visto cómo la habitación daba vueltas despacio alrededor de él.

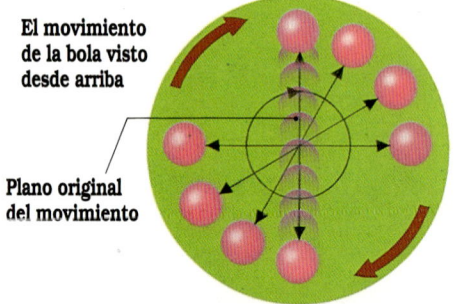

El movimiento de la bola visto desde arriba

Plano original del movimiento

Un péndulo en el polo Norte dará una vuelta en el sentido de las agujas del reloj una vez cada 24 horas.

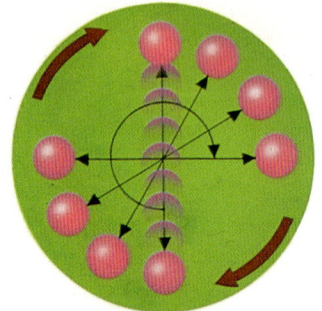

En las latitudes medias, el péndulo tarda más de un día en girar.

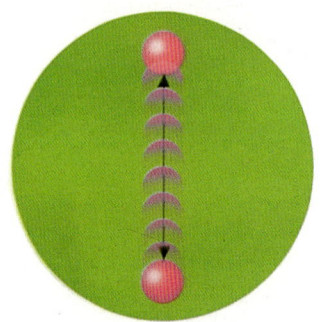

En el ecuador, el péndulo oscila de un lado al otro siempre sobre el mismo plano.

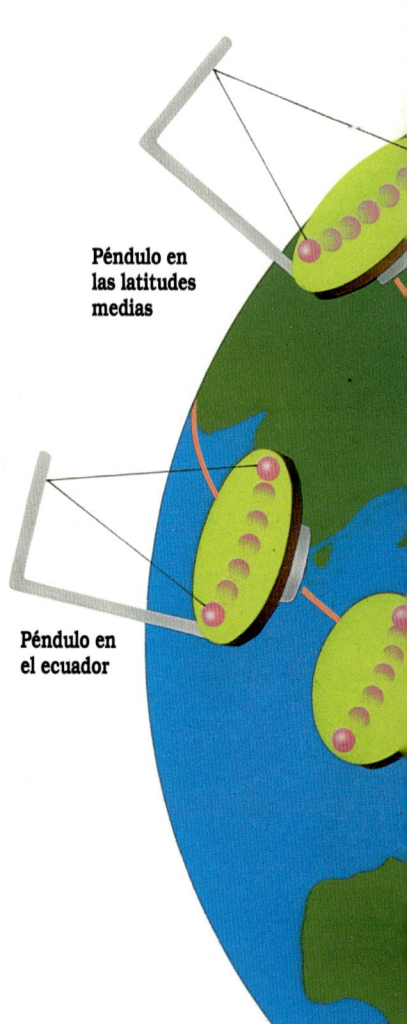

Péndulo en las latitudes medias

Péndulo en el ecuador

La fuerza de Coriolis

Si intentas jugar a los bolos sobre un tiovivo parado, puede ser que derribes los bolos. Pero si el tiovivo girara, tendrías problemas. Para cuando la bola hubiera llegado a los bolos, el tiovivo los habría desplazado hacia la izquierda. Parecería como si algo hubiera empujado la bola hacia la derecha. Los científicos llaman a esta fuerza aparente la "fuerza de Coriolis" o "efecto Coriolis."

Disco estacionario

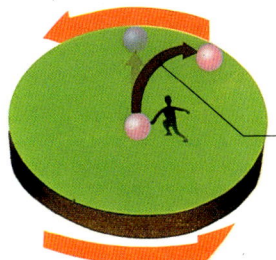
Trayectoria vista desde arriba
Disco giratorio

La fuerza de Coriolis sobre la Tierra

La fuerza de Coriolis empuja los ciclones desde el ecuador hacia la derecha en el hemisferio Norte y hacia la izquierda en el hemisferio Sur.

Estrellas viajeras

Al igual que el Sol, las estrellas parecen viajar a través de los cielos, saliendo por el este y poniéndose por el oeste. Pero estos arcos son consecuencia de la rotación de la Tierra bajo un cielo relativamente inmóvil.

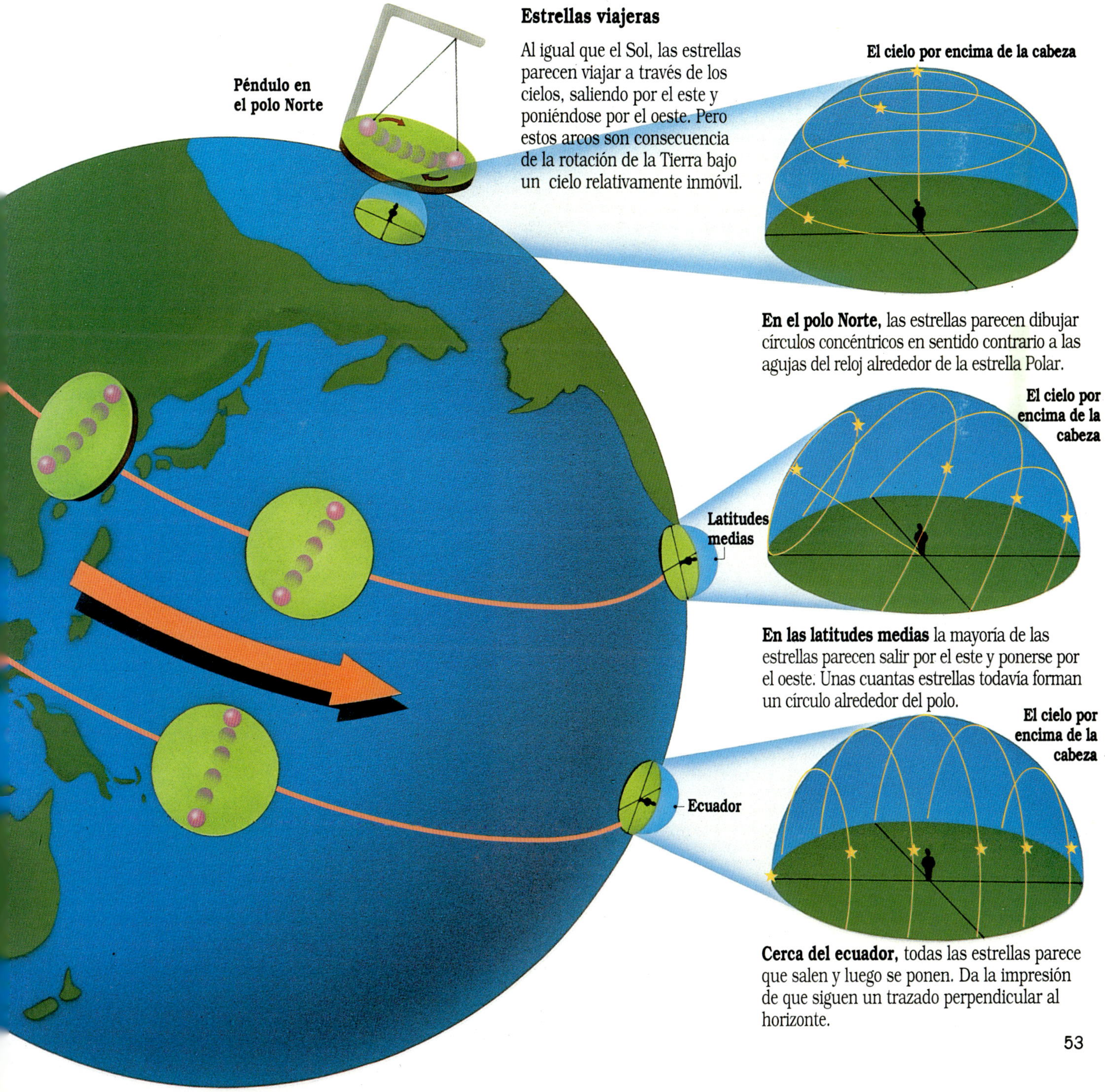

Péndulo en el polo Norte

El cielo por encima de la cabeza

En el polo Norte, las estrellas parecen dibujar círculos concéntricos en sentido contrario a las agujas del reloj alrededor de la estrella Polar.

El cielo por encima de la cabeza

Latitudes medias

En las latitudes medias la mayoría de las estrellas parecen salir por el este y ponerse por el oeste. Unas cuantas estrellas todavía forman un círculo alrededor del polo.

El cielo por encima de la cabeza

Ecuador

Cerca del ecuador, todas las estrellas parece que salen y luego se ponen. Da la impresión de que siguen un trazado perpendicular al horizonte.

¿Cuál es la órbita de la Tierra?

Los antiguos astrónomos observaron que durante el año aparecían en el cielo nocturno de la Tierra diferentes estrellas y planetas. Pensaban que esto se debía a que las estrellas, así como el Sol, daban vueltas alrededor de la Tierra. Después de Copérnico, cuando empezó a dudarse de esta teoría, siguió siendo difícil demostrar que la Tierra se movía.

En 1838, el astrónomo alemán Friedrich Bessel, utilizando un telescopio, demostró que algunas estrellas parecían cambiar su posición con relación a otras estrellas. Esto vino a demostrar que tales estrellas estaban más cerca de la Tierra que las otras del fondo y que la propia Tierra se hallaba en movimiento.

A medida que la Tierra viaja a través del espacio, la constelación Orión parece emigrar a través del cielo cambiando su localización.

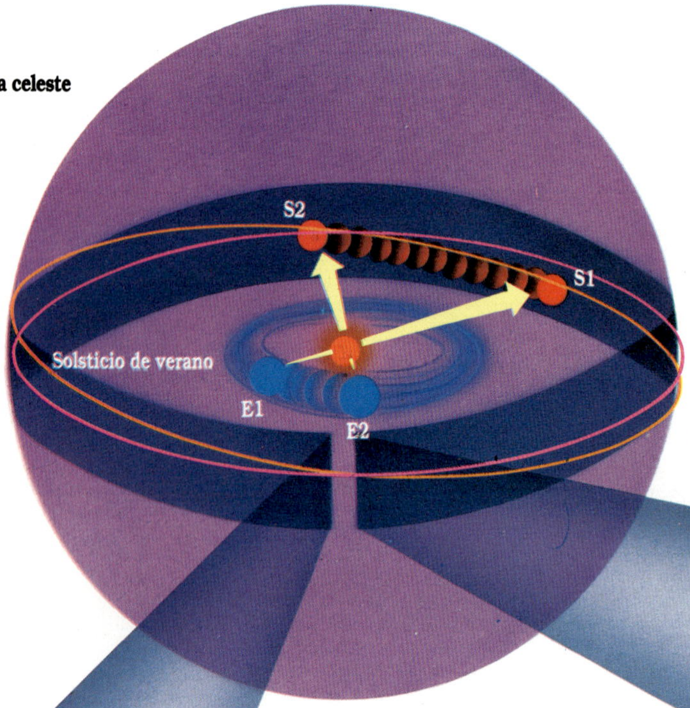

La eclíptica

Como consecuencia de que la Tierra da vueltas alrededor del Sol, la línea visual de la Tierra al Sol apunta cada mes a una parte distinta del cielo. Al moverse la Tierra desde E1 a E2 *(izquierda)*, el Sol parece moverse de S1 a S2. Los observadores no pueden ver la cortina de estrellas detrás del brillante Sol, pero pueden mirar, por la noche, en dirección contraria. Las constelaciones que se ven en julio estarán colocadas en diciembre justo detrás del Sol.

En el plano aparentemente trazado por el Sol aparecen doce constelaciones. Este plano, llamado eclíptica *(señalado abajo por la línea naranja)*, es, de hecho, el plano orbital de la Tierra.

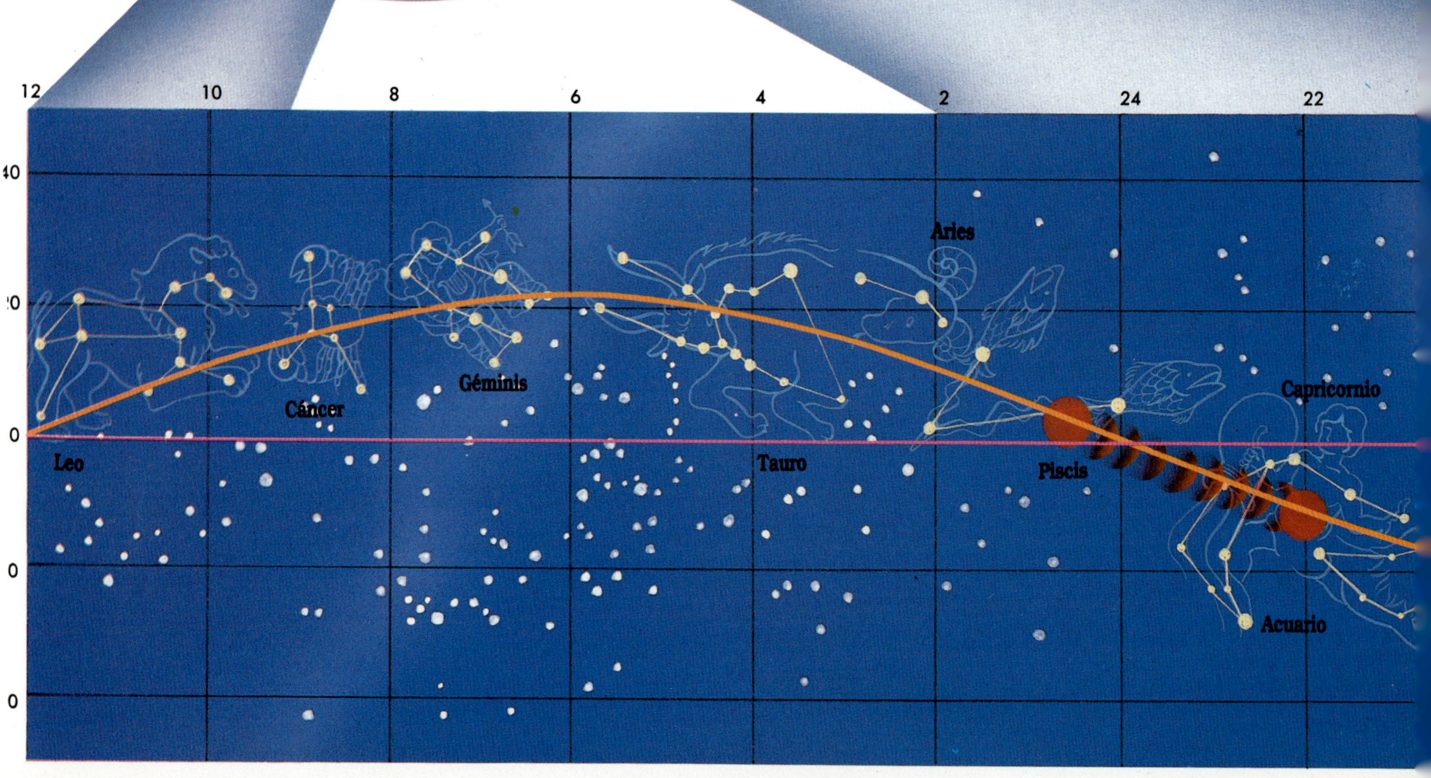

Paralaje

Como la Tierra se mueve en el espacio, la posición de las estrellas vecinas parece cambiar de lugar respecto a otras estrellas más alejadas. Este efecto, llamado paralaje, también se produce si nos miramos el dedo y un objeto más lejano mientras movemos la cabeza de lado a lado. Cuanto más cerca está la estrella del Sol, más grande es la paralaje. Las estrellas en el mismo plano orbital (eclíptica) que la Tierra parecen moverse sobre una línea recta, las que están exactamente en la perpendicular a la eclíptica parecen hacerlo en un círculo y las que están entre medio trazan una trayectoria ovalada.

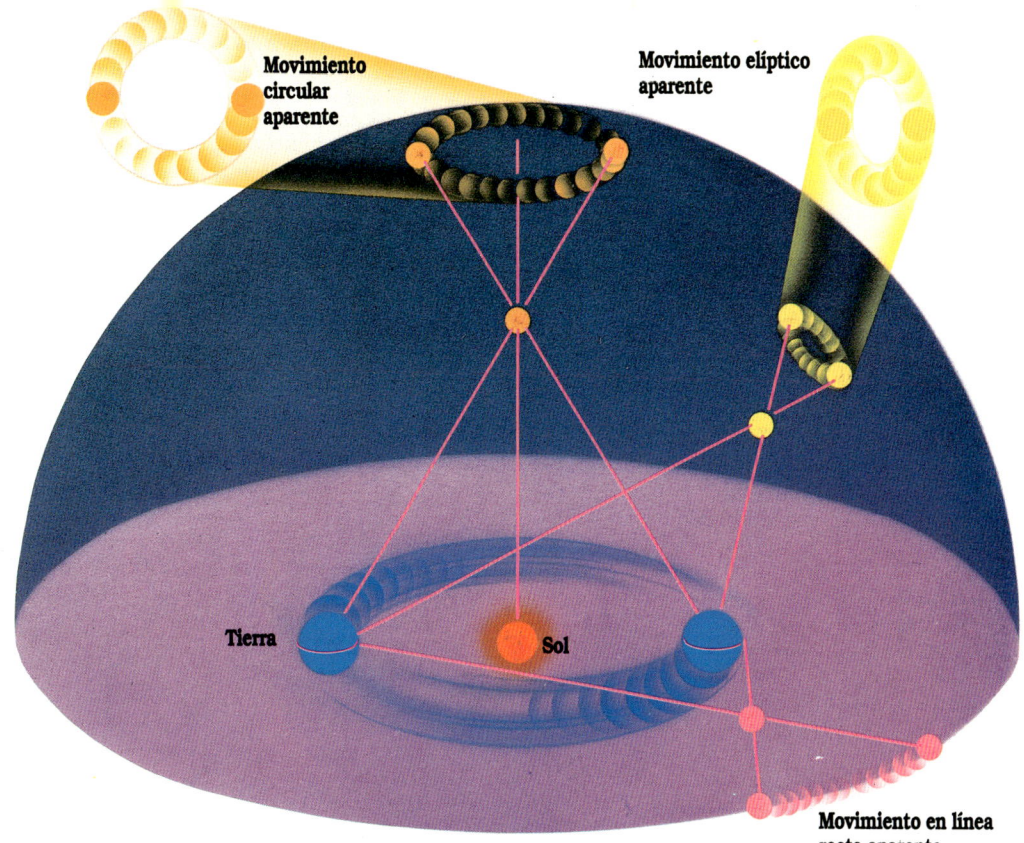

La luz oblicua de las estrellas

Como ocurre con la lluvia que cae sobre el suelo, la luz de las estrellas tarda en llegar a la Tierra. Mientras la luz viaja, nuestro planeta se mueve en el espacio a 105.000 kilómetros por hora. Imagine las gotas de lluvia que caen en el exterior de un vagón de tren. Si el tren no se mueve, la lluvia parece caer en línea recta. Pero si el tren corre hacia delante, la lluvia parece caer inclinada. La luz de las estrellas también parece llegar inclinada a la Tierra, puesto que ésta se mueve, un efecto llamado aberración de la luz de las estrellas. Como consecuencia de este efecto, las estrellas parecen moverse con relación a su verdadera posición a lo largo del año. El astrónomo británico James Bradley descubrió esta prueba del movimiento de la Tierra en 1728. Sin embargo, algunos astrónomos no se convencieron de ello hasta 110 años más tarde.

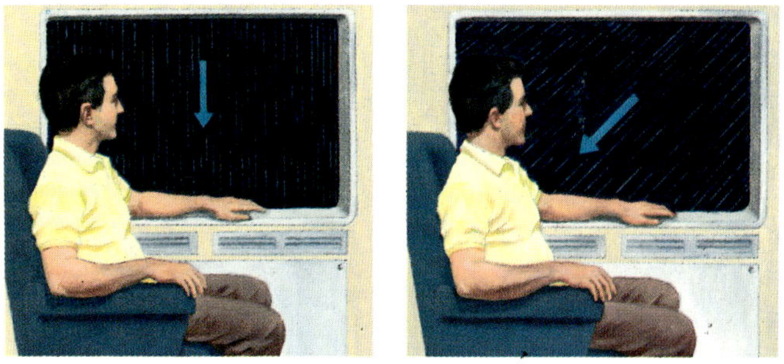

Vagón parado   Vagón en movimiento

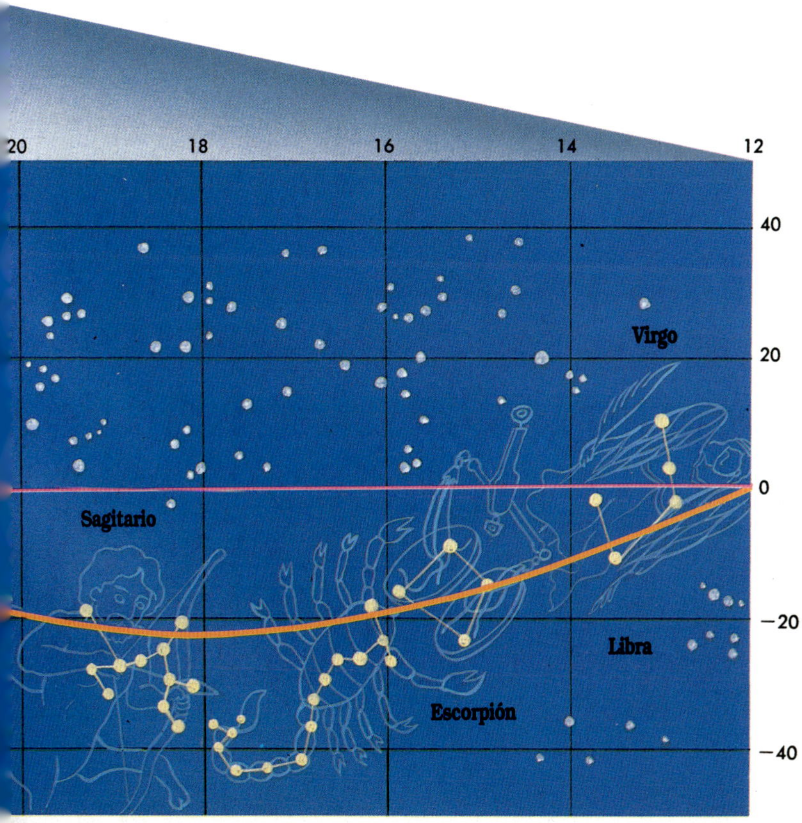

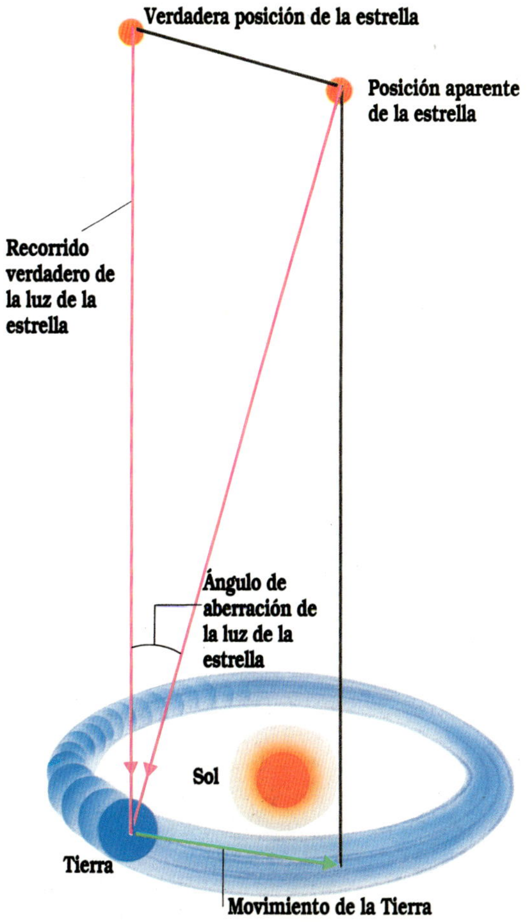

¿Por qué se producen estaciones?

Si la Tierra no estuviera inclinada sobre su eje, no habría estaciones. Cada día tendría doce horas de luz y doce de oscuridad. Pero puesto que el eje del planeta forma un ángulo con el plano orbital, tenemos verano e invierno, días largos y días cortos.

Los 23° y 27' de inclinación entre el ecuador y el plano orbital hacen que cada hemisferio se incline hacia el Sol una parte del año. Cuando el polo Norte se inclina ligeramente hacia el Sol, el hemisferio Norte goza del calor del verano. Seis meses más tarde, la Tierra se ha movido hacia la mitad de su órbita. Ahora el polo Sur se inclina hacia el Sol. En Argentina es verano, y en España, invierno.

Luz oblicua

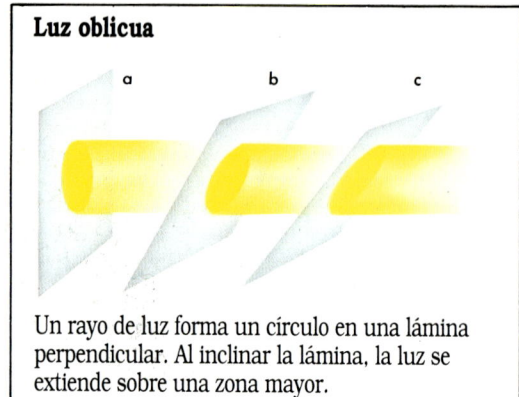

Un rayo de luz forma un círculo en una lámina perpendicular. Al inclinar la lámina, la luz se extiende sobre una zona mayor.

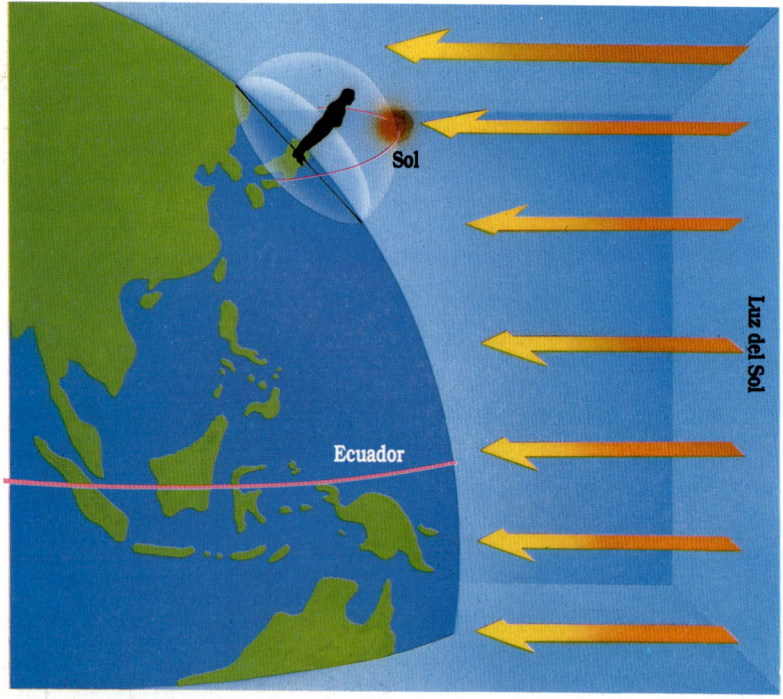

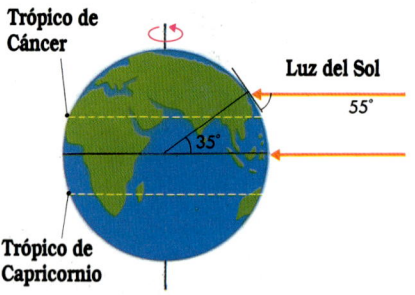

Equinoccio de primavera

Un equinoccio, cuando el día y la noche tienen la misma duración, se produce cada primavera y cada otoño, cuando el eje de rotación de la Tierra es perpendicular a los rayos del Sol *(abajo y a la izquierda)*. A 35° de latitud norte, el Sol en el equinoccio de primavera, o vernal, brilla sobre la Tierra con un ángulo de unos 55°.

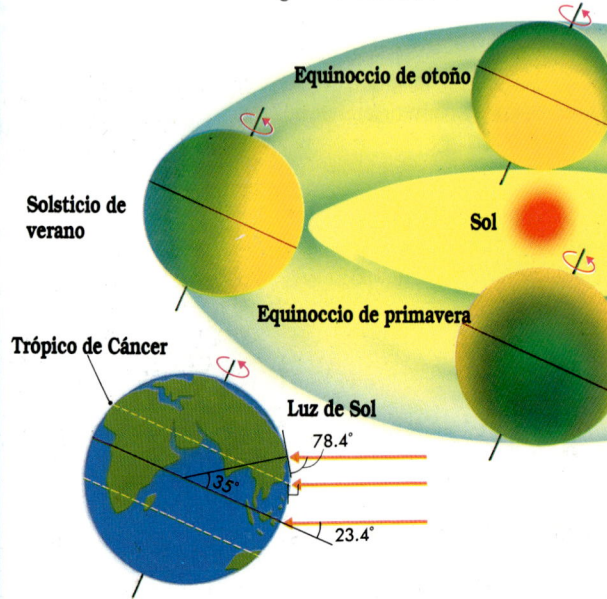

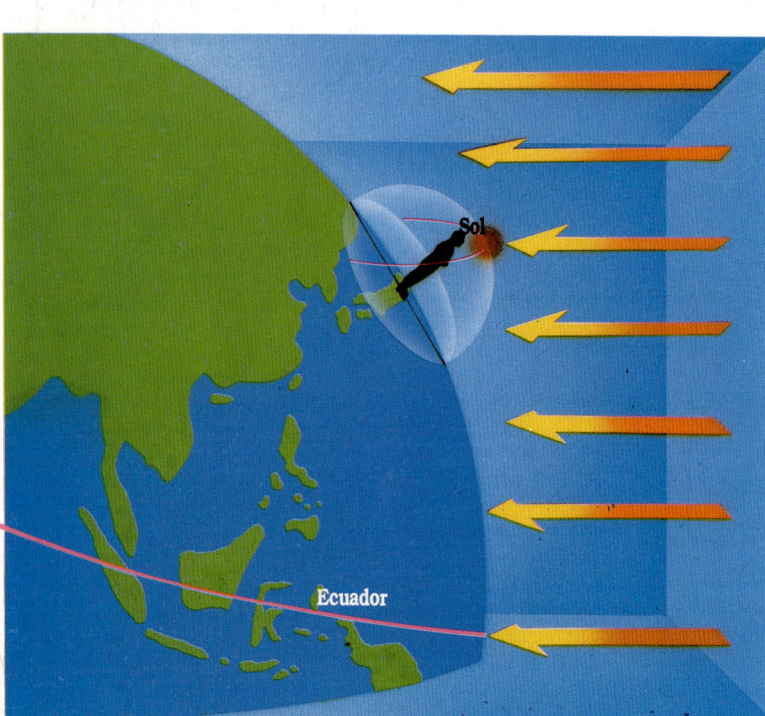

Solsticio de verano

Alrededor del 22 de junio, el polo Norte alcanza su inclinación máxima hacia el Sol *(arriba y a la izquierda)*. Éste es el día más largo en el hemisferio Norte, el solsticio de verano. En la Tierra, el Sol parece alcanzar su posición más septentrional, brillando verticalmente en los 23,4° de latitud norte, el trópico de Cáncer. A 35° de latitud norte, el ángulo solar alcanza los 78,4°.

Horas de luz diurna

En su movimiento de traslación alrededor del Sol, la Tierra expone cada veinticuatro horas distintas partes de su superficie a la luz solar durante un período de tiempo diferente. Cuando se aproxima el solsticio de verano en el hemisferio Norte, el Sol permanece más tiempo por encima del horizonte que por debajo. En la misma época del año, en el hemisferio Sur las noches son más largas que los días. El solsticio de verano del norte corresponde con el solsticio de invierno del sur. Cuando de aproxima el solsticio de invierno en el hemisferio Norte, la trayectoria que describe el Sol parece menor y más corta. Con menos horas de luz, la Tierra recibe menos calor. La ilustración de la derecha muestra las horas de luz diurna a lo largo del año en una latitud norte media.

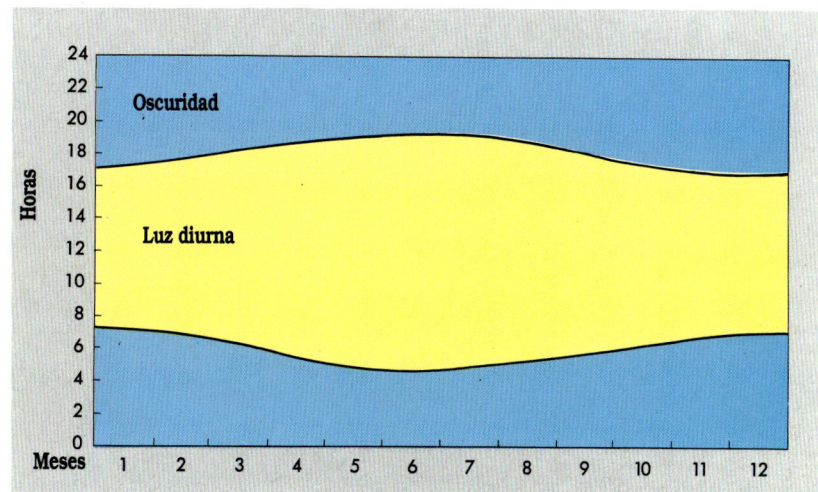

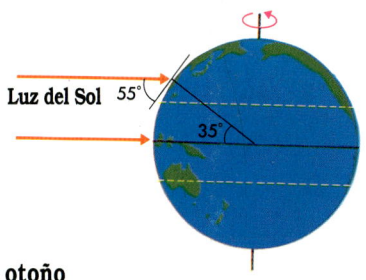

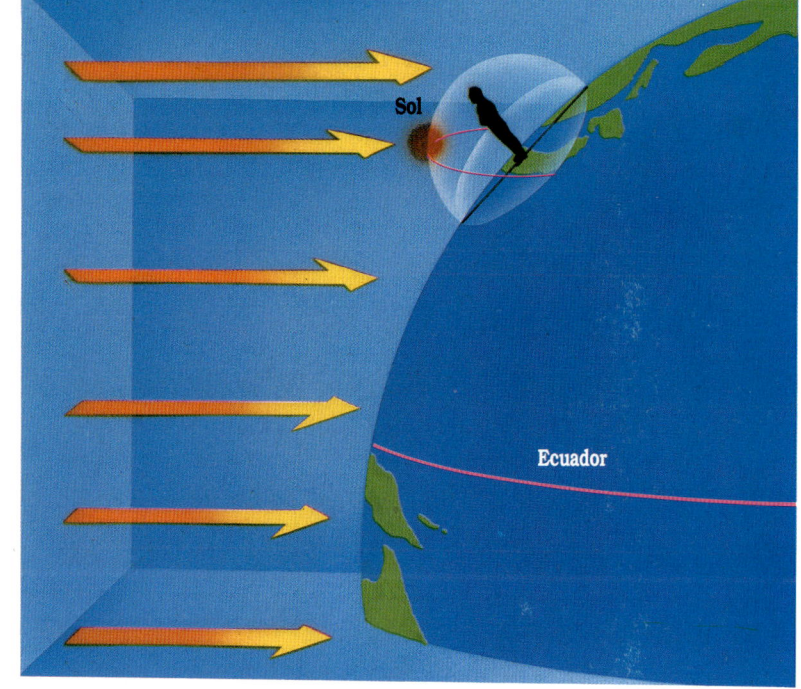

Equinoccio de otoño

Durante el equinoccio de otoño, el día y la noche vuelven a tener la misma duración. Los rayos del Sol caen verticalmente sobre el ecuador y con un cierto ángulo al norte y al sur del ecuador *(arriba a la derecha)*. Estas áreas reciben menos calor, puesto que la radiación solar se extiende sobre una zona más grande.

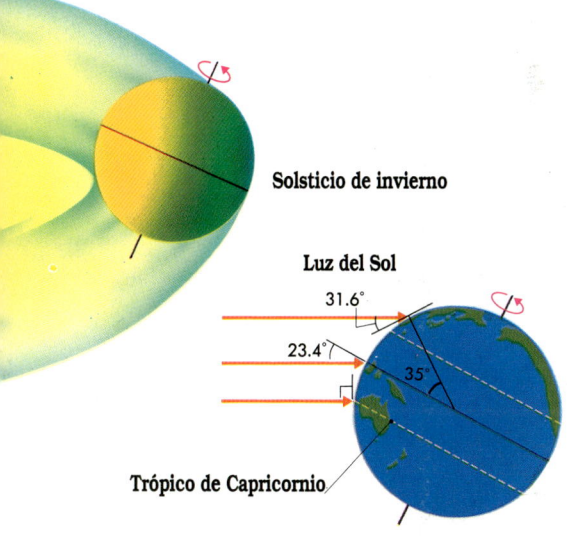

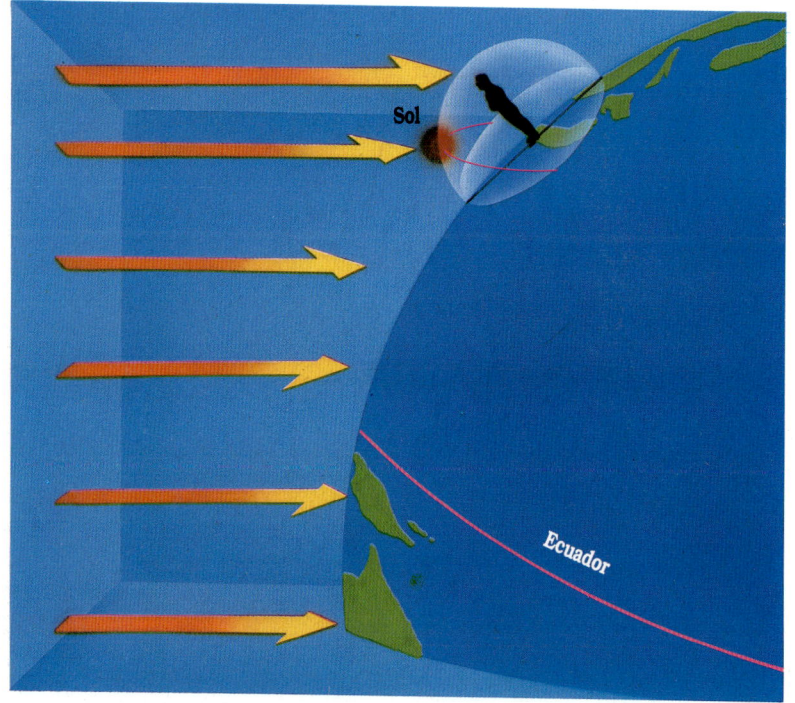

Solsticio de invierno

Durante el solsticio de invierno del hemisferio Norte, el 22 de diciembre, los rayos del Sol caen verticalmente sobre el trópico de Capricornio a 23,4° de latitud sur. La luz del Sol cae sobre una latitud de 35° norte, con una inclinación de tan sólo 31,6°. Éste es el día más corto en el hemisferio Norte.

¿Dónde brilla el Sol de medianoche?

Debido a la inclinación del eje de la Tierra, durante el solsticio de verano la zona cercana al polo del hemisferio correspondiente está constantemente expuesta a la luz del Sol. Esta región del "Sol de medianoche" —que en el hemisferio Norte incluye parte de Alaska y del norte de Europa— se mueve en círculo cuando la Tierra gira sobre su eje. Pero el círculo es tan pequeño, que tales lugares nunca dejan de estar expuestos a la luz del Sol. El astro parece caer hacia el horizonte pero continúa visible durante toda la noche. En el hemisferio Norte, este fenómeno tiene lugar en el mes de junio. En la Antártida, cerca del polo Sur, el Sol de medianoche tiene lugar a finales de diciembre, cuando en este hemisferio es verano.

Incluso a las diez de la noche luce el Sol sobre el campanario de esta iglesia de una población en Noruega.

Verano ártico

Para alguien que estuviera en el círculo polar ártico durante el solsticio de verano, el 22 de junio, el Sol no se pondría nunca por completo, simplemente rozaría el horizonte.

Solsticio de verano en el Ártico

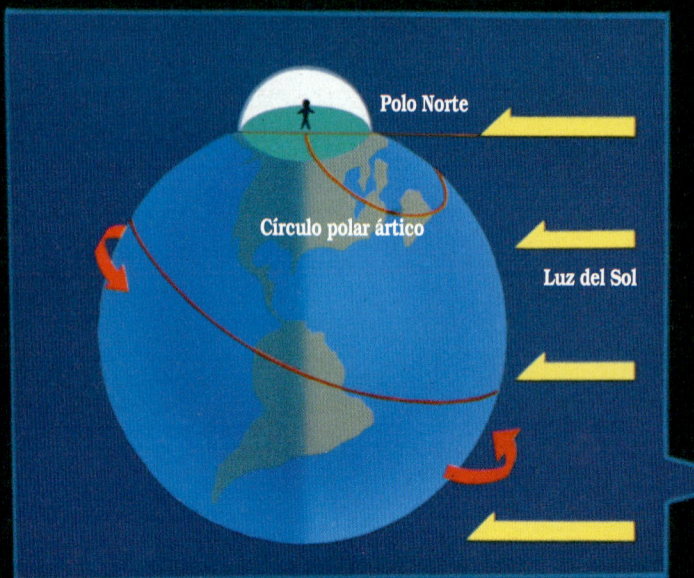

La trayectoria del Sol varía según las latitudes. La ilustración de la derecha muestra la trayectoria del Sol cerca del ecuador *(línea azul)*, en dos latitudes norte *(líneas verdes)* y en el polo *(línea rosa)*. El Sol traza una trayectoria similar en el hemisferio Sur durante el solsticio de verano *(abajo, a la izquierda)*. En cada uno de los hemisferios, las regiones por encima de los 66,5° de latitud tienen al menos una noche sin puesta de Sol cada verano.

El verano del sur

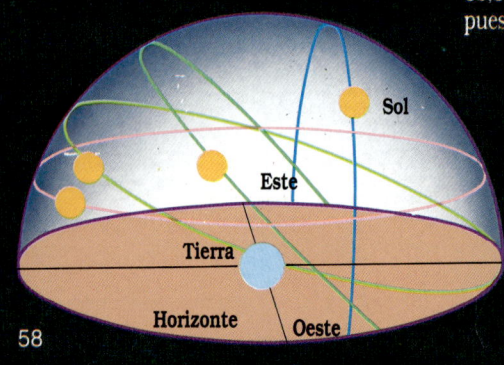

El verano del norte

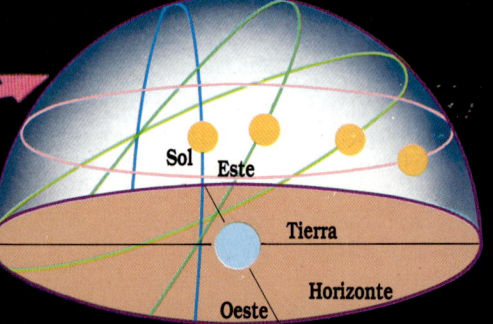

El círculo polar ártico

Si viésemos la Tierra desde lejos, por encima del polo Norte, durante el solsticio de verano aparecería iluminada la mitad de la Tierra y la otra mitad permanecería a oscuras. El círculo polar ártico *(naranja)* quedaría por completo dentro de la mitad iluminada por el Sol.

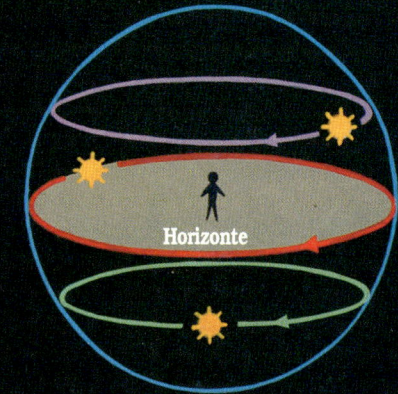

La trayectoria del Sol

En el polo Norte, el día y la noche parecen tener una duración de seis meses. Durante el solsticio de verano, el Sol se mueve en círculos paralelos al horizonte, pero 23,5° por encima. Durante los dos equinoccios, se mueve en círculos sobre el horizonte mismo. Durante los seis meses de invierno, el Sol desaparece, hasta llegar a describir una trayectoria circular a 23,5° por debajo del horizonte durante el solsticio de invierno.

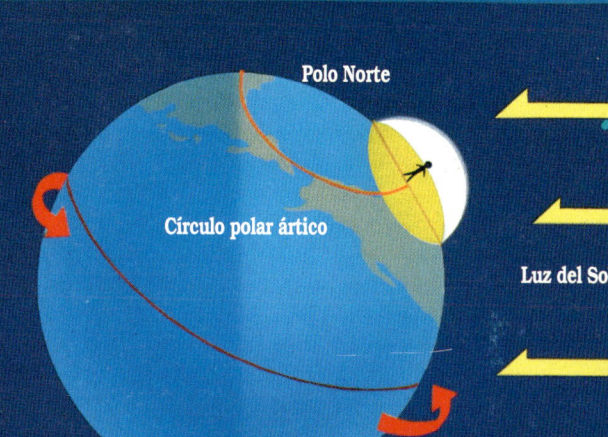

Punto culminante

Durante el solsticio de verano en el círculo polar ártico, el Sol, al mediodía, alcanza los 47° de altura en el cielo sobre el horizonte. Después va bajando hasta alcanzar el horizonte.

En esta fotografía múltiple, tomada cerca del círculo polar ártico, el Sol desciende hasta rozar el horizonte y se eleva de nuevo.

¿Varía de posición de la estrella del Norte?

Al no ser la Tierra un círculo perfecto —se ensancha unos 43,5 kilómetros por el ecuador—, la gravedad del Sol y la Luna atraen al planeta cuando éste da vueltas sobre su eje. Esto hace que la Tierra se desequilibre muy lentamente, por lo que el eje de los polos traza un círculo en el espacio.

Este movimiento se llama precesión, y tarda unos 26.000 años en recorrer un círculo completo. Por esta razón, el polo Norte apuntará hacia nuevas "estrellas del Norte". En la actualidad, el polo Norte señala a la estrella Polar, pero dentro de 8.000 años apuntará hacia otra estrella, Deneb en la constelación Cisne.

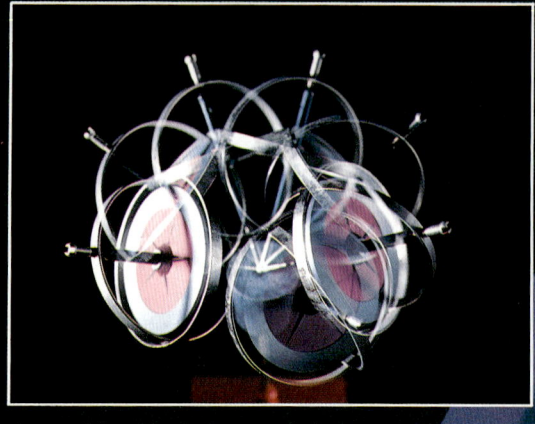

La combinación de la gravedad y la rotación de un peso circular hace que el eje de un giroscopio —o un planeta— se mueva trazando un ancho cono.

● **El tirón de la gravedad**

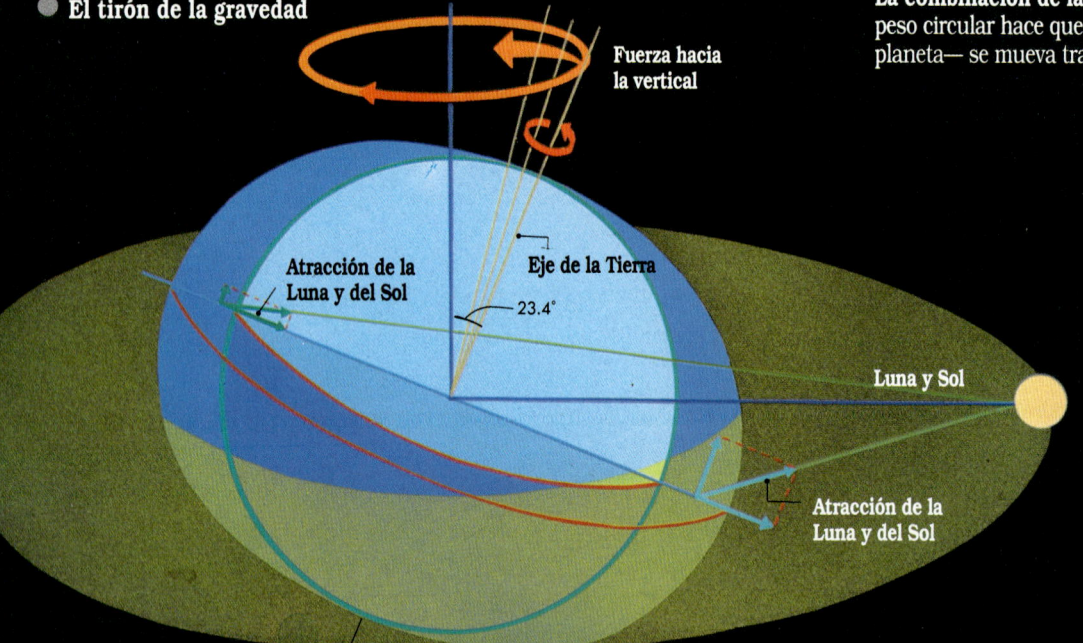

Dos fuerzas opuestas desequilibran la Tierra en su rotación. La primera es la producida por la rotación del planeta en sí, que la mantiene inclinada sobre su eje. La segunda fuerza es la atracción de la gravedad del Sol y de la Luna, la cual intenta enderezar la inclinación de la Tierra.

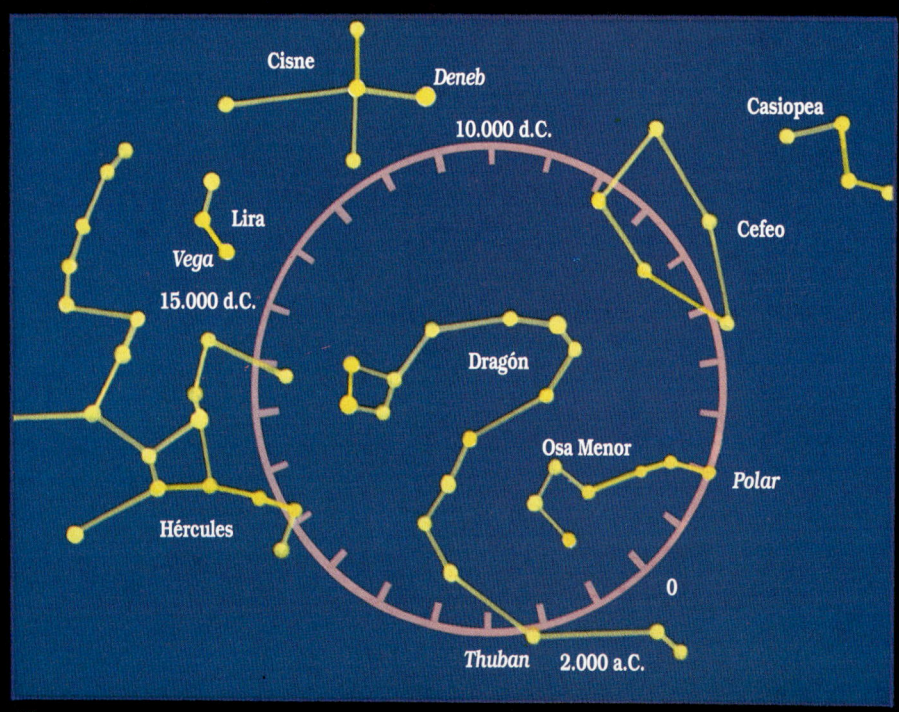

● **Nuevas estrellas del Norte**

La precesión produce un ciclo en las estrellas del Norte que tarda 26.000 años en completarse. El polo Norte dejará de apuntar a la estrella Polar en unos cientos de años, y señalará a la constelación de Cefeo. La próxima estrella del Norte será Deneb, y hacia el año 14.000 d.C., lo será la estrella Vega.

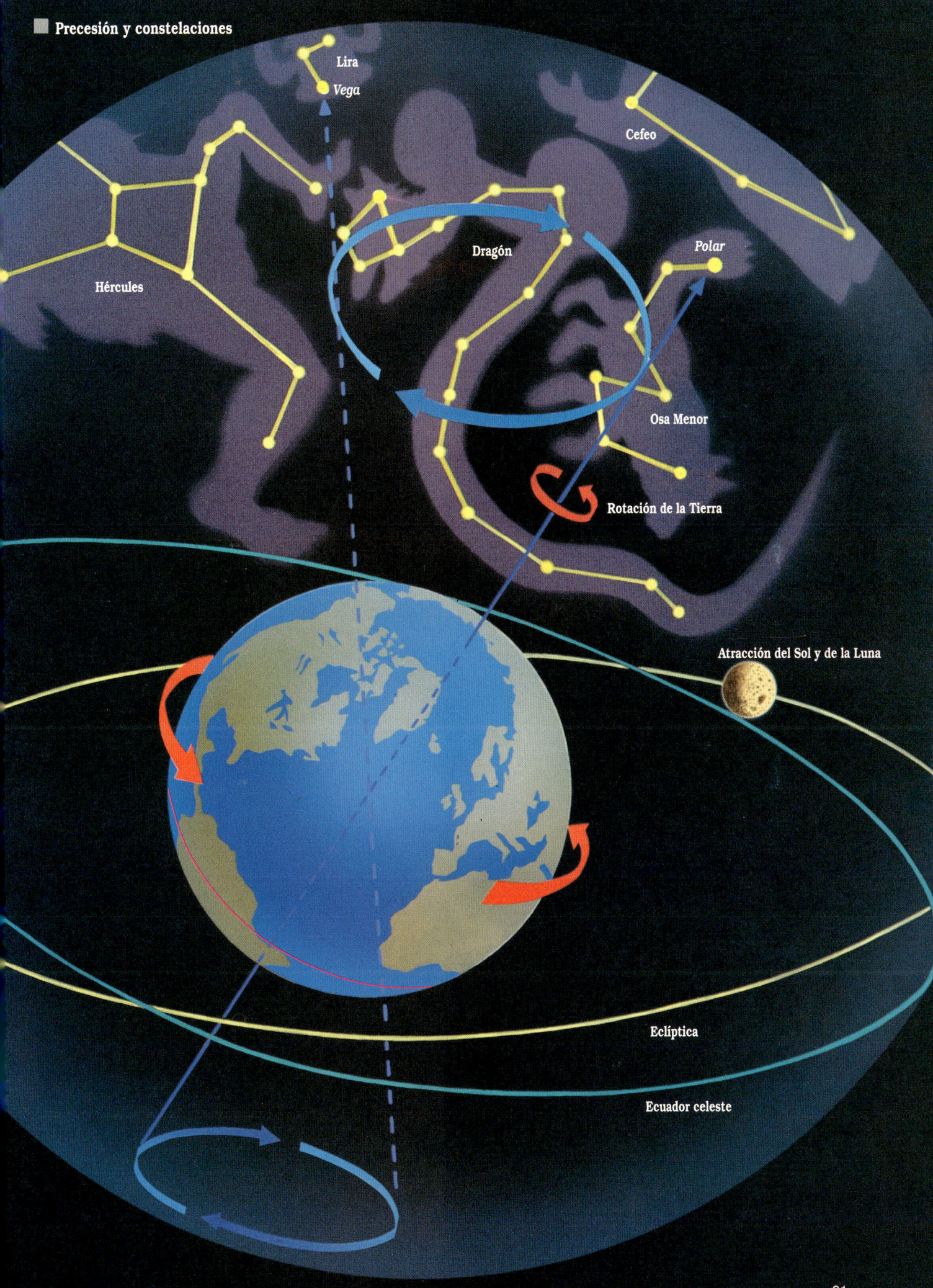

¿Qué origina los eclipses?

En una noche normal, la Luna brilla suavemente al reflejar la luz solar. No obstante, cuando la Tierra se interpone entre el Sol y la Luna, la sombra de la Tierra se proyecta sobre el satélite, ocasionando un eclipse lunar, en el que la Luna parece fundirse en la oscuridad. Por otro lado cuando la Luna se interpone entre la Tierra y el Sol, una pequeña sombra del satélite se proyecta sobre la Tierra. Los observadores que estén donde se proyecta esta sombra podrán ver un eclipse solar, que ocurre cuando el Sol queda oculto por el disco de la Luna.

Los eclipses se producen de manera regular y con una gran variedad. Debido a la manera en que se propagan los rayos del Sol, tanto la Tierra como la Luna proyectan una sombra oscura (umbra) dentro de una sombra más clara (penumbra). Si la Luna se sumerge en la umbra de la Tierra, se produce un eclipse total del satélite; la penumbra de la Tierra oscurece la Luna sólo ligeramente. El eclipse solar, sólo es apreciado por los observadores que se encuentran dentro de la umbra. Este fenómeno puede ocultar por entero el Sol o dejar un brillante anillo delgado de luz alrededor del disco oscuro de la Luna (eclipse anular de Sol).

Eclipse de Luna

Eclipses de Sol

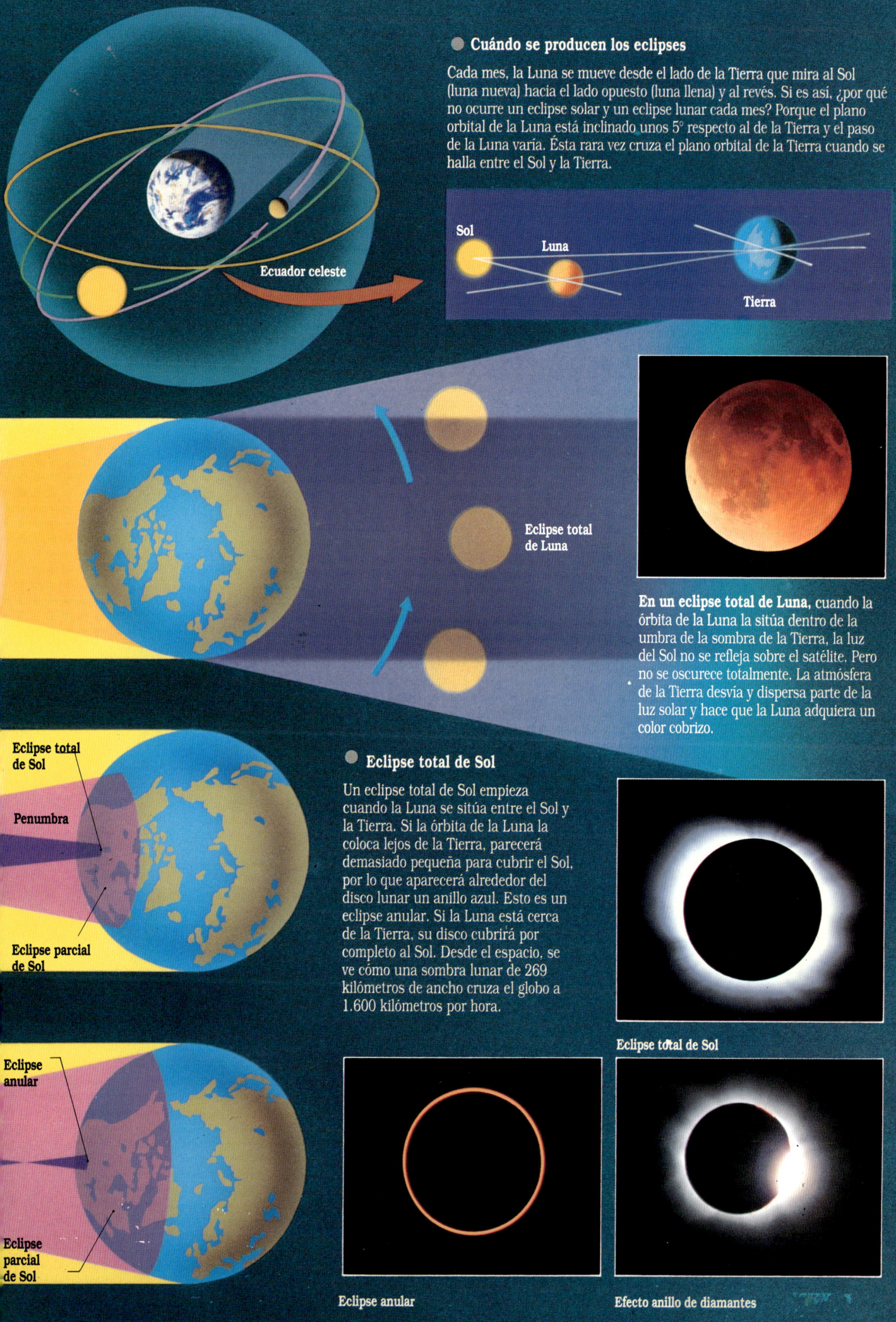

4
La Luna

Desde tiempos antiguos, los misterios de la Luna han fascinado a los seres humanos. Las distintas culturas han creado sus propios mitos para explicar qué es la Luna y cómo se formó. Al observar la Luna, algunas personas creen ver sobre su superficie formas familiares, como conejos y mujeres mayores. Sólo recientemente, por medio de telescopios y a través de los vuelos espaciales, se ha revelado la auténtica cara de la Luna, un paisaje desolado y lleno de cráteres, formado por montañas y amplias cuencas de lava, conocidas con el término del latín *maria* ("mares"), porque al principio se creyó que eran océanos. Cráteres cuyo tamaño va desde ondulaciones pequeñas hasta inmensas cuencas de cientos de kilómetros de ancho dominan la superficie lunar. Sin una atmósfera apreciable que frene y destruya los meteoritos y asteroides que caen, la Luna conserva el registro de 4.000 millones de años de violencia cósmica. Los científicos no se ponen de acuerdo en cuanto a su origen; nadie está seguro de si se formó conjuntamente con la Tierra, se desprendió de ella después de una colisión con otro cuerpo o se formó en algún otro lugar y más tarde fue atraída por la gravedad de la Tierra. Cualquiera que sea su origen, hoy día la Luna es geológicamente inactiva, como lo muestran los sismógrafos dejados allí por los astronautas del *Apolo*. Con un diámetro que es sólo una cuarta parte del de la Tierra, y con exactamente el 1,25 % de su masa, la Luna es cautiva de la fuerza gravitatoria de la Tierra. Como consecuencia de esta fuerza, la Luna gira sólo una vez sobre su eje mientras completa una órbita alrededor de la Tierra; por lo que siempre tiene orientada la misma cara a la Tierra. Al mismo tiempo, la fuerza gravitatoria de la Luna ejerce su influencia en la Tierra, controlando las mareas oceánicas.

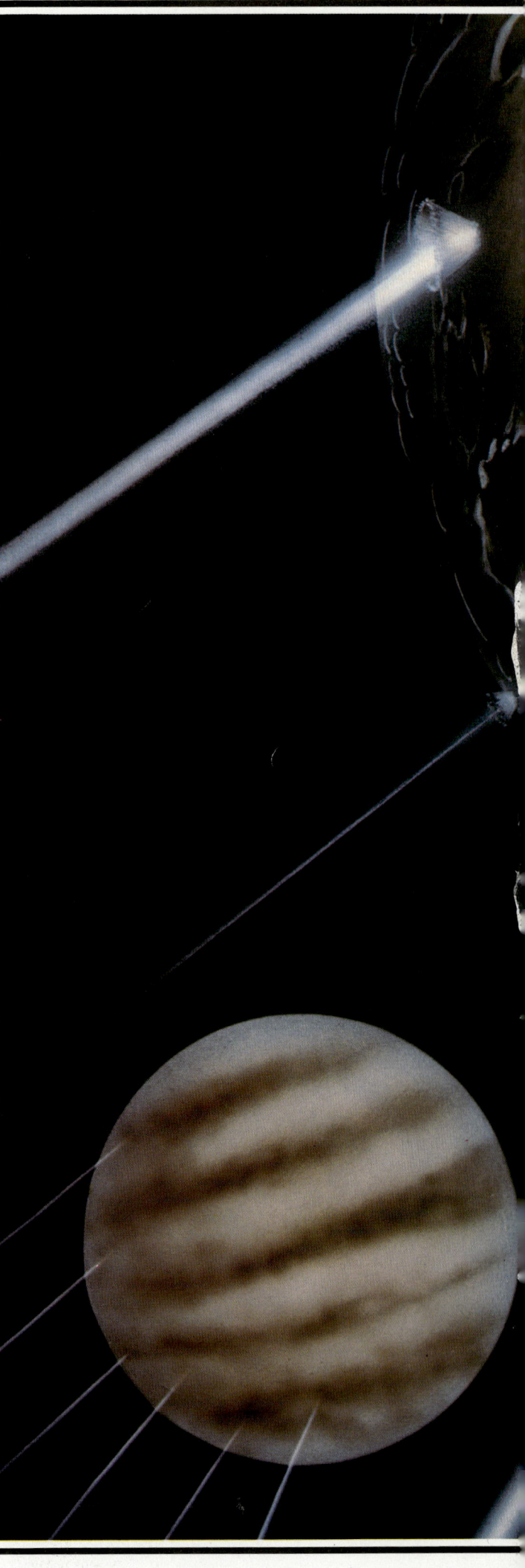

Los fragmentos cósmicos —cuyo tamaño va desde el de una roca hasta cuerpos de varios cientos de kilómetros de diámetro— chocaron con la Luna al principio de su formación y durante sus 4.000 millones de años, creando cientos de cráteres que ahora dominan la superficie lunar.

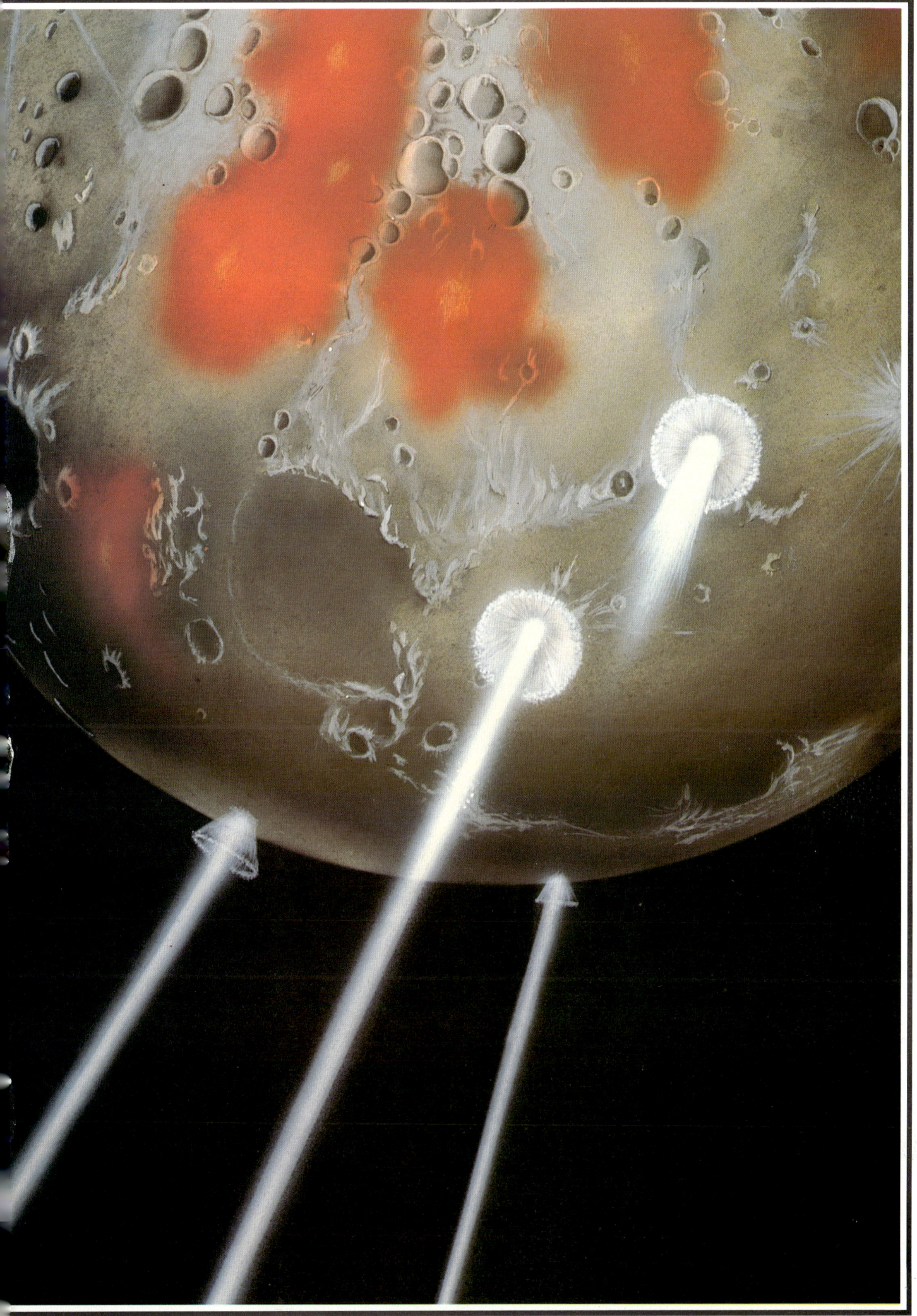

¿Cómo se formó la Luna?

Cuando el Sol nació en el centro de una nebulosa que se colapsaba sobre sí misma, el gas y polvo se unieron para formar unos cuerpos rocosos conocidos como planetesimales. La prototierra se formó en medio de un sistema solar agitado por los fragmentos. Una de las teorías sugiere que, inmediatamente después de su formación, la prototierra fue golpeada por un planetesimal del tamaño de Marte. La colisión fundió las capas rocosas exteriores de la Tierra, desprendiéndose inmensas nubes de materia que se establecieron en órbitas alrededor del joven planeta. En pocos cientos de años, la gravedad juntó los fragmentos, formando la protoluna.

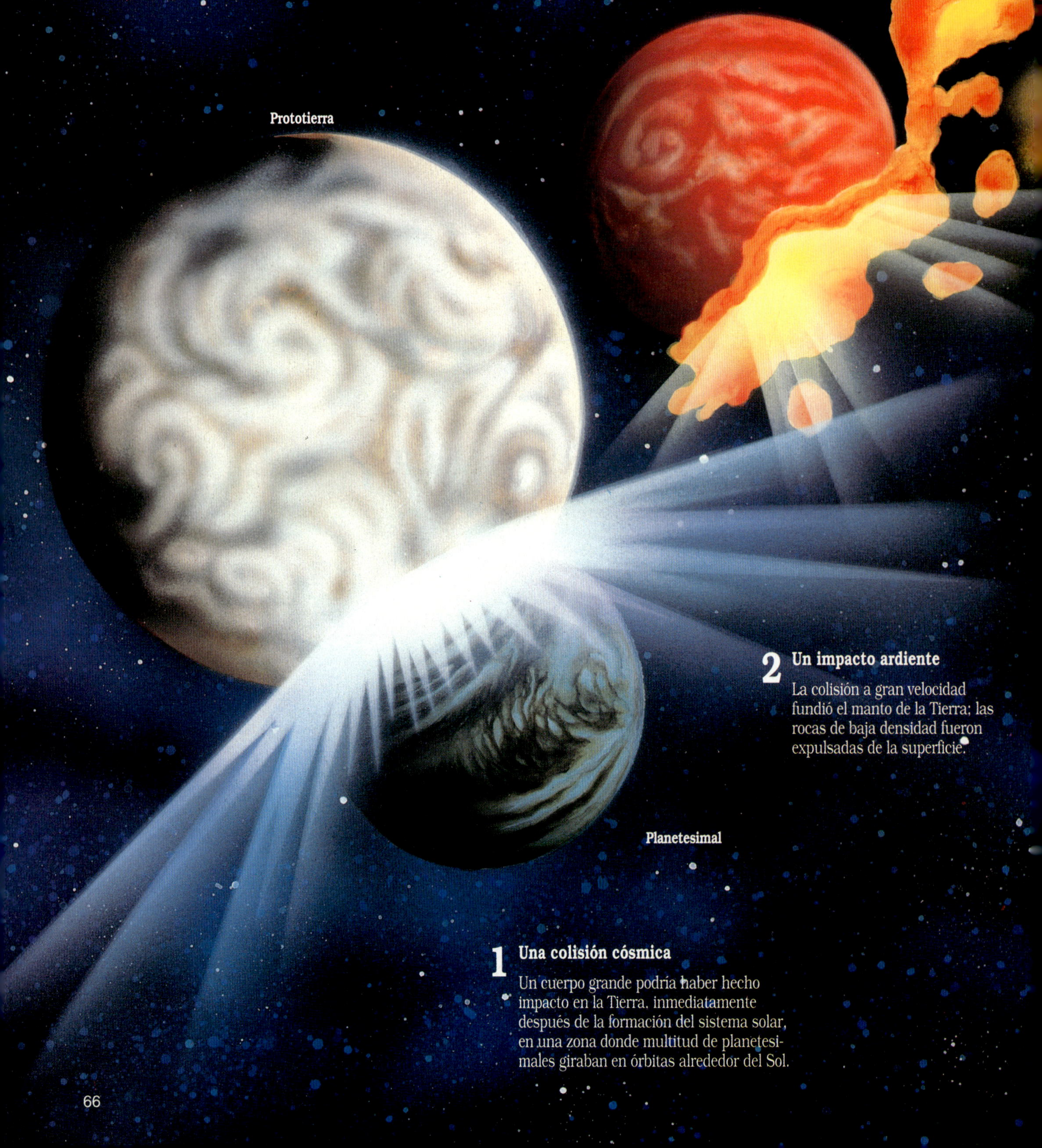

Prototierra

2 Un impacto ardiente
La colisión a gran velocidad fundió el manto de la Tierra; las rocas de baja densidad fueron expulsadas de la superficie.

Planetesimal

1 Una colisión cósmica
Un cuerpo grande podría haber hecho impacto en la Tierra, inmediatamente después de la formación del sistema solar, en una zona donde multitud de planetesimales giraban en órbitas alrededor del Sol.

Tierra

Protoluna

4 Formación de la Luna

Las fuerzas gravitatorias arrastraron los fragmentos del anillo hasta juntarlos, formando planetesimales que se fundieron en la protoluna.

3 Un anillo de fragmentos

La gravedad de la Tierra atrajo el polvo y el gas que se dispersó en la colisión. Los restos se establecieron en anillos que giraban en órbita.

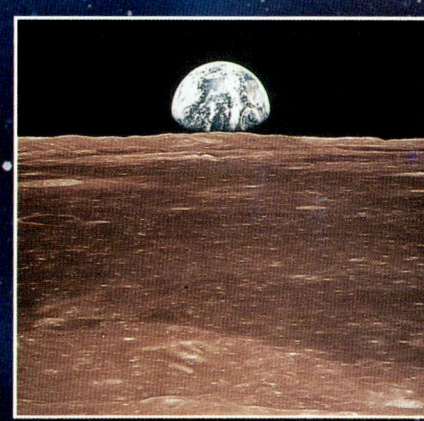

La salida de la Tierra por el horizonte lunar. La Tierra, con sus maravillosos océanos y sus cielos arropados en nubes —como se ve desde la Luna—, presenta un acusado contraste frente a una Luna árida y sin atmósfera.

● Una terna de teorías

Muchos científicos creen que la teoría de la colisión es la que mejor explica el origen de la Luna, pero otros sostienen puntos de vista distintos. La "teoría de la hermana" *(arriba)* propone que la Tierra y la Luna se formaron separadamente, pero aproximadamente en el mismo lugar y al mismo tiempo. La "teoría de la fisión" *(en el centro)* sugiere que la prototierra, al girar rápidamente, se fragmentó y dividió, y la porción de materia caliente liberada se convirtió en Luna. La "teoría de la atracción" *(abajo)* establece que la Luna se formó en alguna otra parte del sistema solar y más tarde fue atraída por la gravedad de la Tierra. Cada teoría tiene su consistencia y sus puntos débiles. Aunque la teoría de la colisión parece hoy la más generalizada, todavía no se han encontrado pruebas concluyentes.

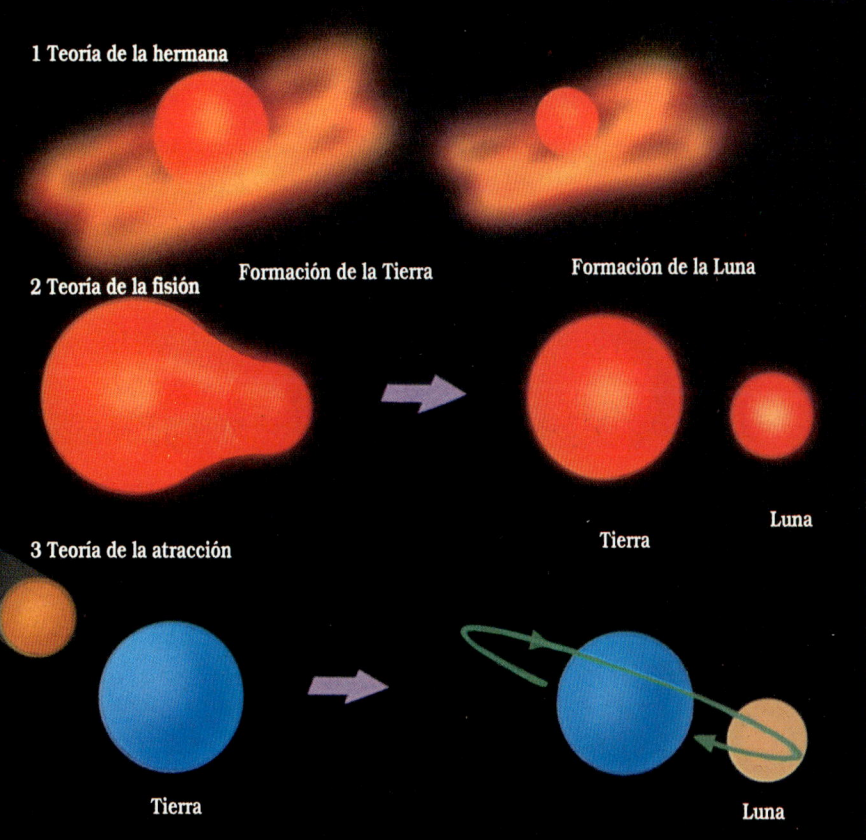

1 Teoría de la hermana

2 Teoría de la fisión

3 Teoría de la atracción

Formación de la Tierra

Formación de la Luna

Tierra

Luna

Tierra

Luna

¿Cómo se formaron los cráteres y mares de la Luna?

La Luna, recién formada, era una bola caliente de roca líquida conocida como magma. Al enfriarse el magma lentamente, la roca más densa se sedimentó en el fondo, formando el núcleo del satélite, mientras que la roca más ligera originó el manto y la corteza. Hace alrededor de 4.000 millones de años, la superficie de la corteza se solidificó, aunque continuó siendo castigada por el impacto de los planetesimales. Después de 500 millones de años, estas colisiones se hicieron menos frecuentes. Mientras tanto, el magma afloró del interior y llenó las depresiones de la superficie causadas por los impactos. Este líquido se enfrió, formando las cuencas de basalto oscuro que en su momento se creyó que eran mares. La génesis de cráteres continuó a un ritmo más lento, moldeando la superficie lunar tal como la vemos en la actualidad.

Con el núcleo, manto y corteza, la Luna tiene 3.476 kilómetros de diámetro.

1 Un océano de magma

Cuando se formó la Luna, el magma fundido cubría su superficie. A medida que ésta se fue enfriando, la roca más densa configuró el núcleo, y la roca más ligera, la corteza.

2 Una superficie bombardeada

Mientras la corteza se enfriaba y formaba la roca, cientos de impactos abrieron cráteres en la superficie.

Una vista desde el *Apolo 11*. Los oscuros "mares" lunares son cuencas de basalto que afloró del interior de la Luna.

Cráteres antiguos. Los astronautas vieron la superficie desde muy cerca. Este gran cráter tiene 193 kilómetros de diámetro.

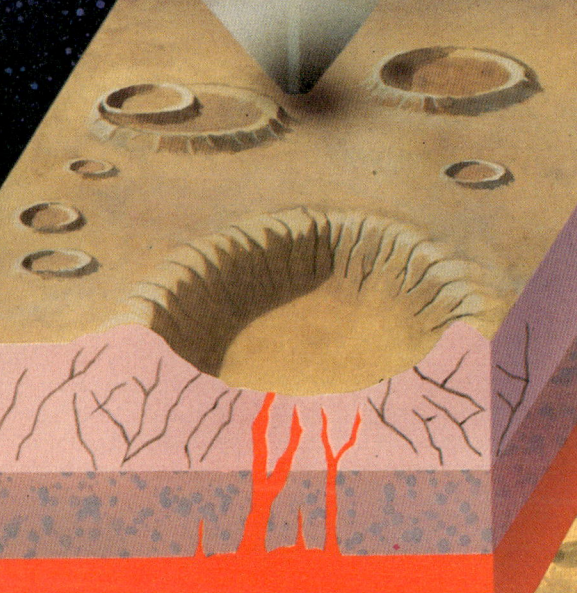

3 Calor desde el interior

Aunque la superficie de la Luna se enfrió después de 1.000 millones de años, el interior se mantuvo caliente, provocando que el magma líquido del manto aflorara a la superficie.

4 Los cráteres se llenaron

Después de los primeros 1.000 millones de años de historia del sistema solar, se produjeron pocos impactos. Los cráteres se llenaron con magma caliente que afloró a la superficie por las grietas.

5 Formación de los mares

Cuando rebosó los cráteres, el magma caliente creó los mares lunares, y a continuación se extendió por las inmensas cuencas formadas por tierras más bajas. La más grande de estas cuencas, Imbrium, tiene 1.255 kilómetros de anchura. Luego el magma se enfrió formando roca basáltica oscura. Finalmente, se enfrió el interior y el magma dejó de aflorar hace aproximadamente 2.500 millones de años.

69

¿Por qué sólo vemos una cara de la Luna?

Aunque las fases de la Luna —desde la luna nueva a la luna llena— están cambiando constantemente, la cara orientada hacia la Tierra es siempre la misma. Vista desde la Tierra, el Mare Crisium siempre está cerca del borde este, y el gran cráter Tycho, del centro del hemisferio Sur. Puesto que está sujeta a las fuerzas de las mareas de la Tierra, la rotación de la Luna sobre su eje ha reducido su velocidad hasta ir a la par con su giro alrededor de la Tierra. La Luna tarde 27,3 días en recorrer su órbita alrededor de la Tierra y en dar una vuelta sobre su eje. Esta "rotación sincrónica" implica que sea siempre la misma cara de la Luna la que mire a la Tierra, mientras que la otra siempre está oculta.

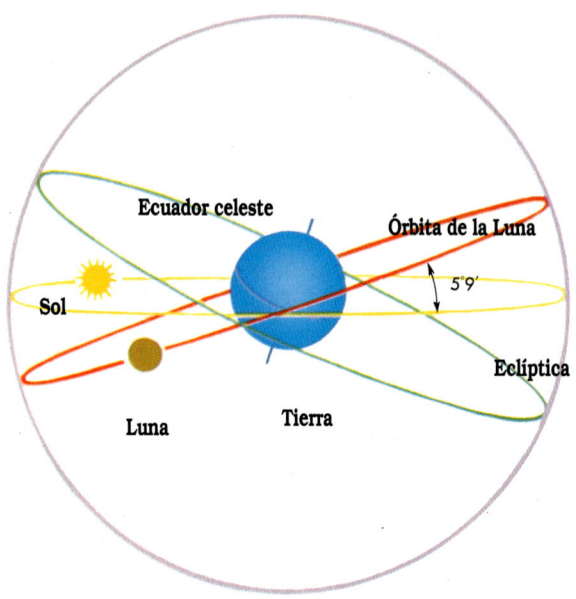

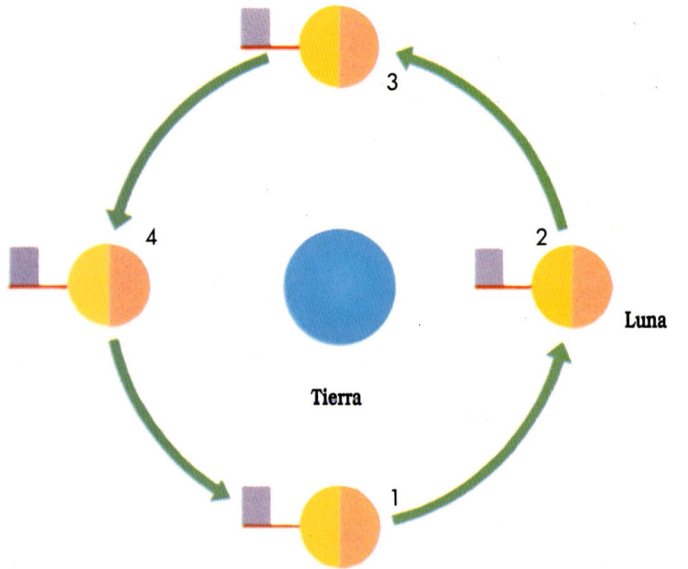

El movimiento de la Luna. La órbita de la Luna alrededor de la Tierra tiene una inclinación de 5° 9' con relación al recorrido del Sol sobre la esfera celeste. La Luna cruza la eclíptica por los nodos ascendente y descendente.

¿Tiene la Luna movimiento de rotación?

Supongamos que la Luna *no* efectuara movimiento de rotación. En este caso, una bandera colocada en la superficie de la Luna *(izquierda)* apuntaría siempre en la misma dirección. Y como la Luna da vueltas alrededor de la Tierra, los observadores verían la bandera desde distintos ángulos. De la misma manera que sería visible la cara en la que está la bandera, también sería visible la otra cara de la Luna, lo que permitiría ver ambas caras de la Luna en lugar de una sola.

Rotación sincrónica

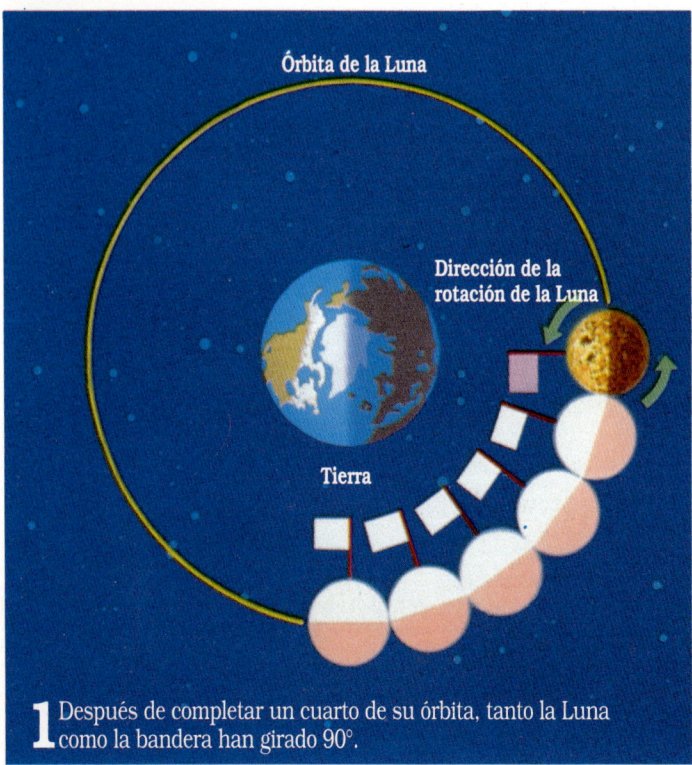

1 Después de completar un cuarto de su órbita, tanto la Luna como la bandera han girado 90°.

2 A mitad de camino de su órbita, la Luna y la bandera han girado 180°, pero ambas siguen orientadas a la Tierra.

¿Puede verse la cara oculta de la Luna?

Aunque es cierto que la Luna siempre presenta la misma cara a la Tierra, incluso así es posible echar una ojeada a su cara oculta. La órbita de la Luna alrededor de la Tierra no es un círculo perfecto, sino una elipse *(arriba a la derecha)*. Siguiendo esta elipse, la Luna se mueve ligeramente más rápida durante la parte del recorrido que está más cercana a la Tierra. Durante estos períodos se desfasan ligeramente el ritmo de revolución y el de rotación, por lo que, vista desde la Tierra, la Luna parece tambalearse ligeramente. Además, la Luna está inclinada sobre su eje. Esta inclinación, conjuntamente con el tambaleo, conocido como libración, permite a los observadores de la Tierra ver parte del lado oculto de la Luna. En total puede verse desde la Tierra el 59 % de la superficie de la Luna, pero nunca se puede ver más del 50 % a la vez *(abajo a la derecha)*. El 41 % restante nunca se ha podido ver desde la Tierra.

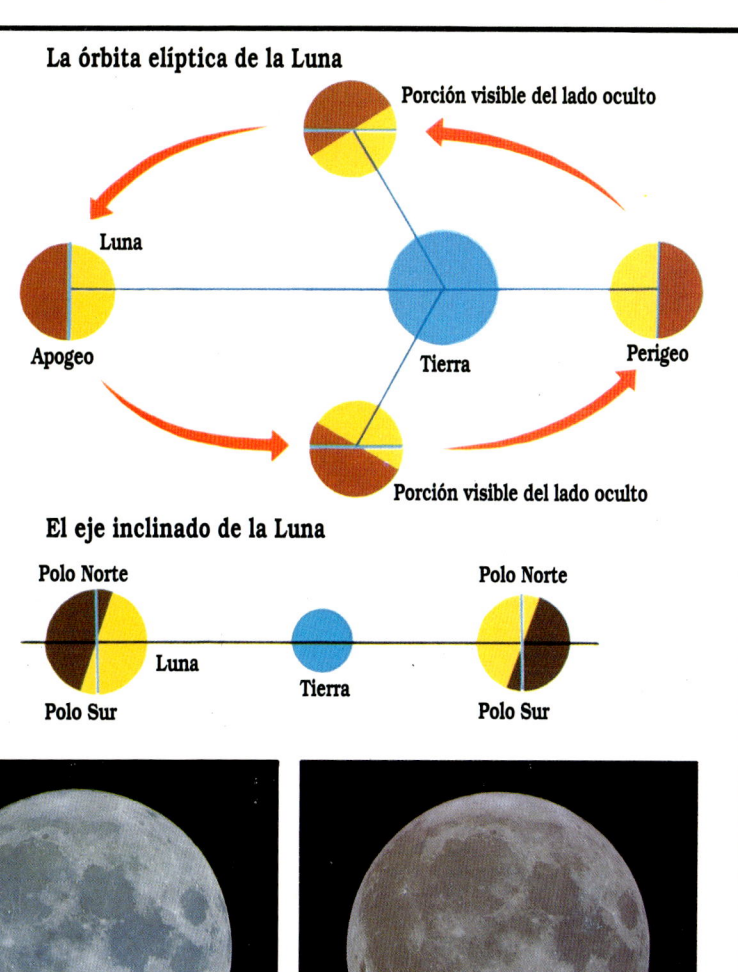

La órbita elíptica de la Luna

El eje inclinado de la Luna

Una vista del 50 % de la Luna

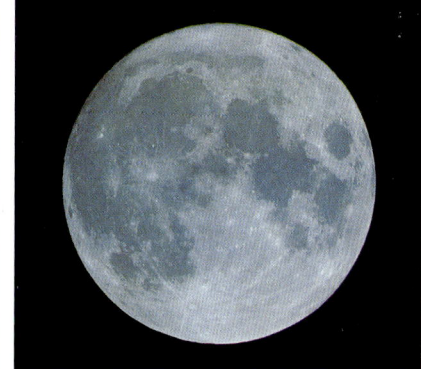

El borde este

El borde oeste

3 **A los tres cuartos de vuelta,** la Luna y la bandera han girado 270° desde su posición inicial.

4 **Después de una órbita completa** de 27,3 días, la Luna y la bandera están como al comienzo.

¿Se está alejando la Luna de la Tierra?

Cada año, la Luna se aleja un poco de la Tierra, pero únicamente una pequeña distancia. Mediciones precisas muestran que la Luna se está alejando de la Tierra a un ritmo de 3 centímetros por año. En un millón de años, la Luna se habrá alejado 29 kilómetros.

De acuerdo con la teoría de la colisión, la Luna se formó mucho más cerca de la Tierra de lo que está situada hoy, girando en órbita alrededor del planeta a una distancia de 16.000 kilómetros. Si esta teoría es correcta, la Luna habría completado su órbita alrededor de la Tierra mucho más rápido, en menos de un día. Pero las fuerzas de las mareas producidas por la gravedad de la Tierra actuaron de freno sobre la Luna, haciendo disminuir de manera gradual la velocidad de su órbita y el ritmo de su rotación. Al moverse la Luna más despacio, su órbita se expandió hasta que alcanzó el radio que tiene en la actualidad, que es de unos 384.400 kilómetros.

Al determinar el tiempo que tarda un rayo láser en llegar a la Tierra desde reflectores colocados en la Luna, se pueden realizar mediciones muy precisas.

■ La Luna se aleja

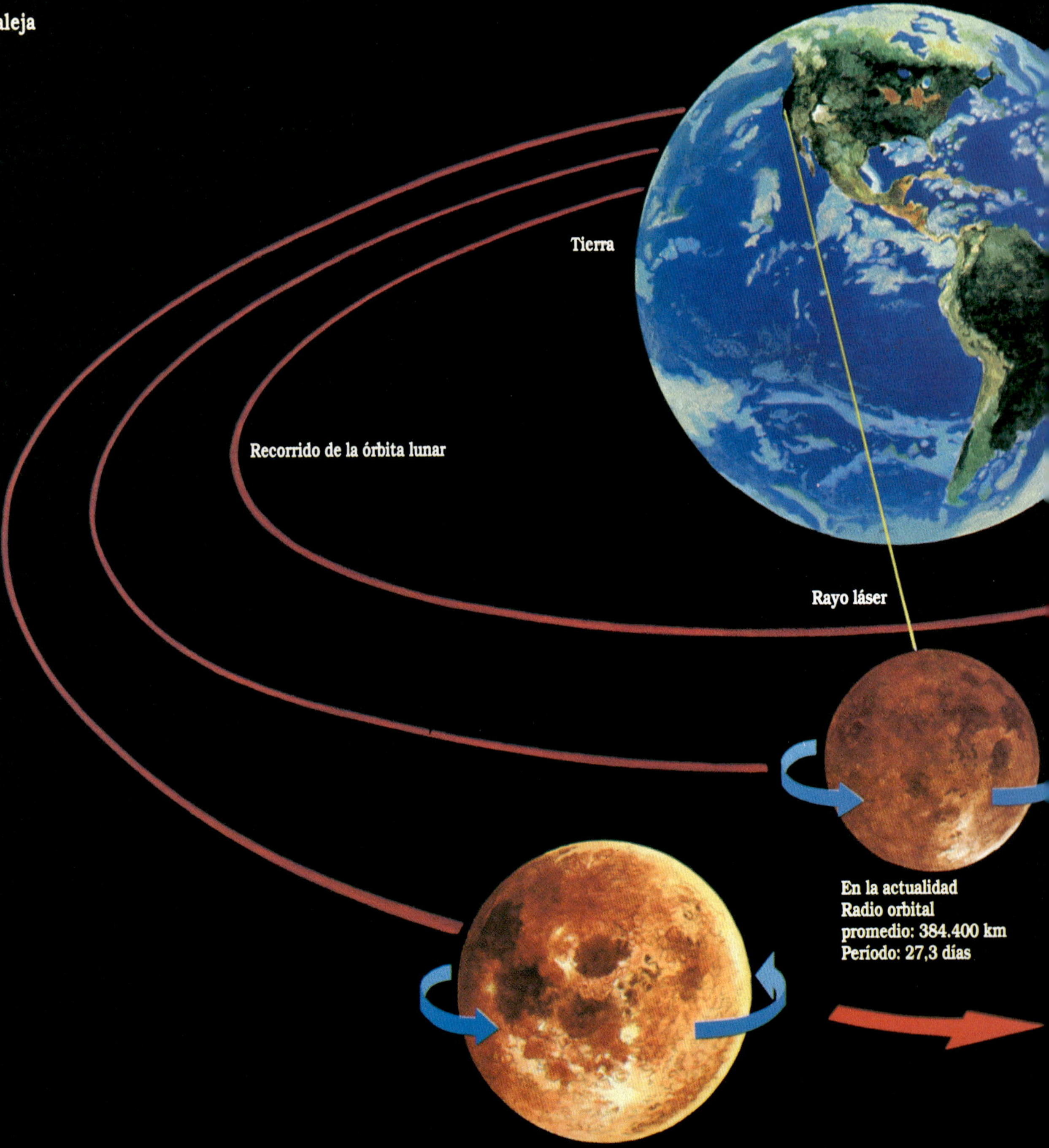

Tierra

Recorrido de la órbita lunar

Rayo láser

En la actualidad
Radio orbital promedio: 384.400 km
Período: 27,3 días

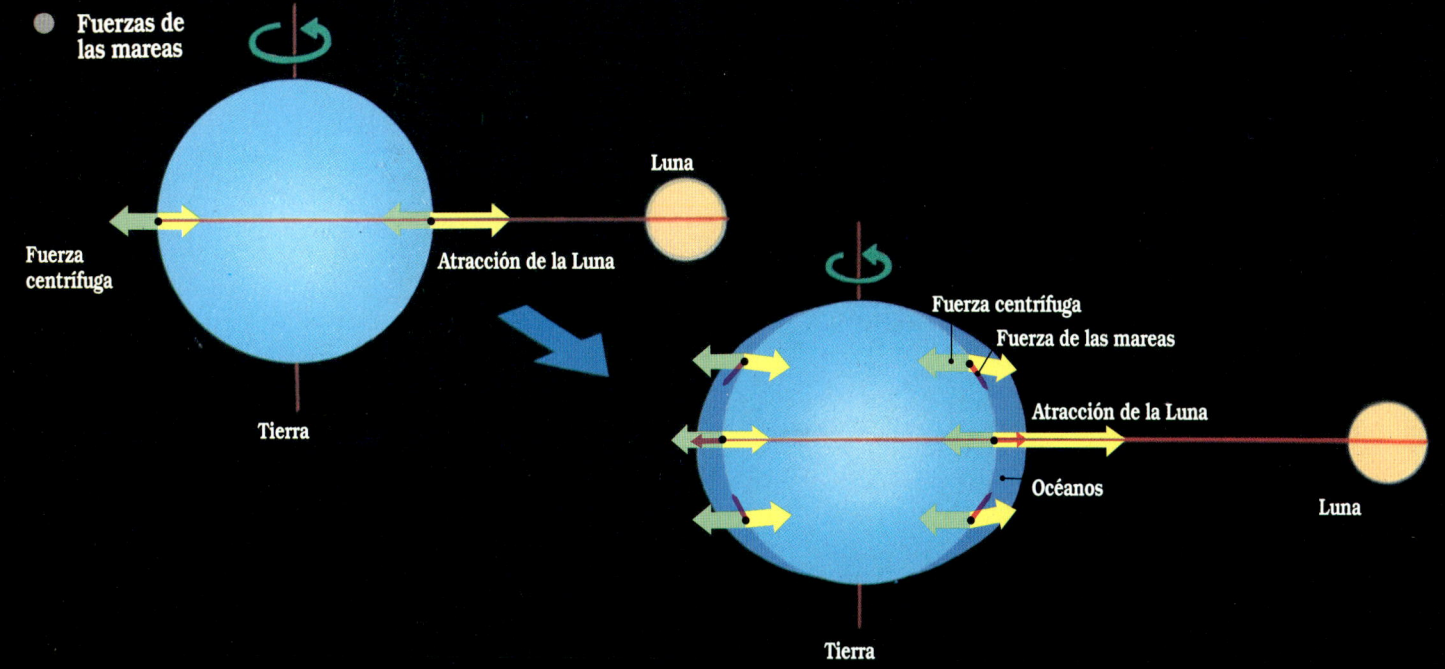

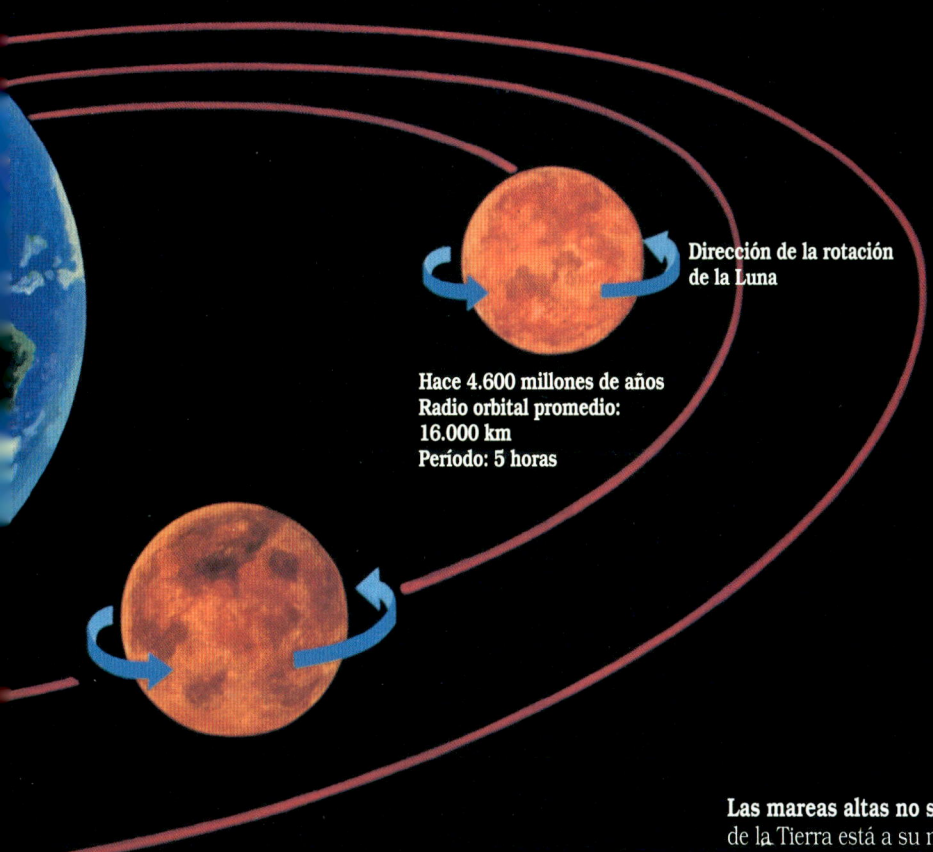

Hace 4.600 millones de años
Radio orbital promedio:
16.000 km
Período: 5 horas

La superficie del océano sube y baja en un ciclo que dura medio día y se conoce con el nombre de marea. La Tierra y la Luna giran alrededor de un centro de gravedad común. Como la masa de la Tierra es superior a la de la Luna, este centro está situado en el interior de la Tierra, aproximadamente a tres cuartos de camino entre el centro y la superficie. La fuerza gravitatoria entre los dos cuerpos se encuentra equilibrada por la fuerza centrífuga, la cual los empuja en sentido contrario a su centro de gravedad. Sin embargo, en el lado de la Tierra situado frente a la Luna, la fuerza gravitatoria del satélite *(amarilla)* es más fuerte que la fuerza centrífuga de la Tierra *(verde)*. El resultado que se produce es que el agua del océano es atraída hacia la Luna. En el lado opuesto de la Tierra, la fuerza centrífuga es más fuerte que la atracción de la Luna, por tanto el agua es empujada lejos del satélite. De este modo el equilibrio cambiante de las fuerzas gravitatoria y centrífuga controla el flujo y reflujo de las mareas.

Las mareas altas no se producen en el instante preciso en que un punto de la Tierra está a su mínima distancia de la Luna. Más bien, hay un retraso de dos o tres horas debido a la fuerza de rozamiento. La Tierra, en su movimiento de rotación, arrastra el agua de los océanos con ella. El rozamiento entre el agua y el fondo de los océanos reduce la velocidad del movimiento de ambos, el agua y la Tierra. El agua del océano que es atraída en dirección a la Luna tiene una fuerza de ascenso mayor que la que está situada en la cara opuesta de la Tierra. Esta distribución desigual de fuerzas actúa de freno en la rotación de la Tierra. La acción de las mareas reduce de manera gradual la velocidad de rotación de la Tierra. Cada 100.000 años, el día aumenta un segundo. A medida que el movimiento de rotación reduce su velocidad, el equilibrio de fuerzas entre la Tierra y la Luna cambia, y la fuerza centrífuga de la Luna se hace más fuerte en relación con la gravedad de la Tierra, lo que hace que la Luna se aleje de la Tierra.

¿Pueden vivir en la Luna los seres humanos?

La Luna es un mundo muerto: no hay aire para respirar, no hay agua para beber, no hay hierba, no hay árboles, no hay vida de ningún tipo. La temperatura en la superficie varía de los 130 grados Celsius durante el día a los –129 grados Celsius durante las dos semanas que dura la noche lunar. A pesar de todo, los seres humanos —los 12 astronautas del proyecto *Apolo*— han realizado cortas visitas a la Luna y se están desarrollando ambiciosos planes para la construcción de bases humanas permanentes en nuestro vecino celeste más cercano. Al principio, las personas que viajen o quieran visitar la Luna deberán llevar comida, agua y aire desde la Tierra, pero con el tiempo estas necesidades se podrán producir en la propia Luna. Algún día puede que haya ciudades enteras en la Luna, donde miles de personas puedan vivir con comodidad y seguridad.

■ **Un hogar en la Luna**

Un paseo en un vehículo lunar. En 1972, los astronautas del *Apolo 17* utilizaron este vehículo para explorar la superficie de la Luna y recoger muestras de roca.

Alunizaje

Antenas de comunicación

Oxígeno líquido y otras materias necesarias serán almacenadas en inmensos tanques.

Plataforma de alunizaje

Un observatorio lunar. La atmósfera de la Tierra nos impide ver muchos objetos celestes, pero como en la Luna no existe aire, los observatorios dispondrán de una mayor visibilidad.

Plataforma de observación

Centro de control

Las primeras zonas habitables en la Luna podrían construirse utilizando los tanques de combustible vacíos de los cohetes, colocándolos entre las rocas de la superficie. Al principio, no habría mucho espacio y las condiciones de vida serían difíciles.

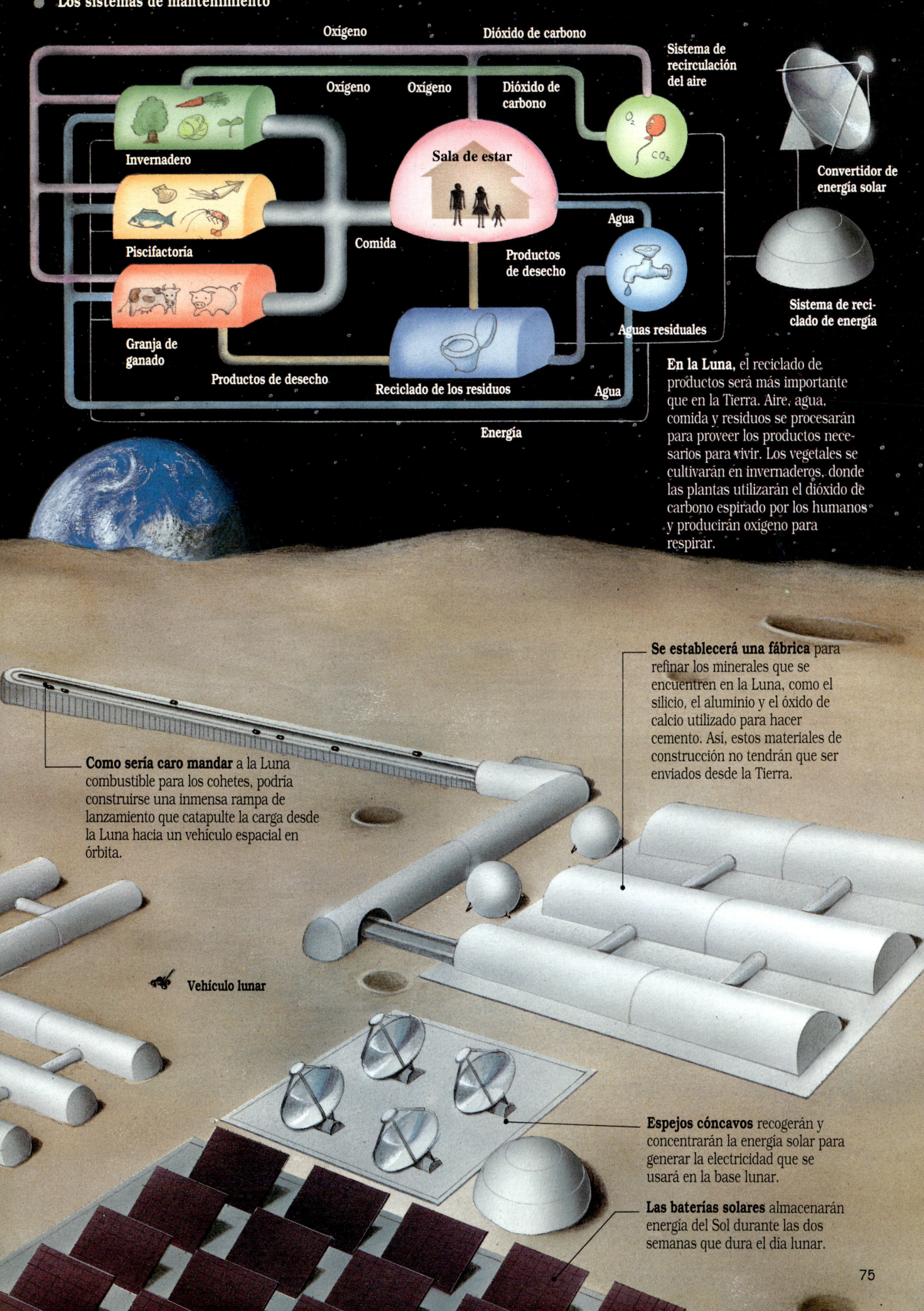

5
Las estrellas

Por la noche se hacen visibles cientos de estrellas: durante el día, sólo podemos ver una: el Sol. Las otras estrellas están alejadas billones de kilómetros. En el interior de las estrellas, a temperaturas de millones de grados, los átomos de hidrógeno se funden para formar núcleos de helio y liberar energía. En las estrellas con una masa superior a la del Sol, la fusión nuclear crea elementos que son más pesados que el hidrógeno y el helio, tales como carbono y oxígeno. Elementos más pesados que el hierro se producen cuando las estrellas que tienen una masa diez veces la del Sol se colapsan sobre su núcleo y explotan en lo que se conoce como supernovas. Una supernova brilla más durante un breve período que todas las otras estrellas de la galaxia, pero luego se debilita. Finalmente, sólo queda un núcleo denso muy pequeño llamado estrella de neutrones. O bien, la supernova podría haber reducido la estrella a un punto de densidad infinita, un agujero negro, desde el que nada, ni siquiera la luz, puede escapar. Las estrellas con mucha masa tienen vidas relativamente cortas, mientras que las estrellas como el Sol arden constantemente durante 10.000 millones de años o más. Las estrellas que tienen menos masa arden con un brillo menor, pero viven más tiempo.

Las estrellas se formaron cuando inmensas nubes de polvo y gas se comprimieron en torbellinos. Una única nube podría engendrar docenas de estrellas. Como la gravedad concentra el gas, la temperatura y la presión se elevan hasta que las reacciones nucleares comienzan y alimentan las estrellas, las cuales emiten entonces calor y luz. El disco rotatorio de polvo y gas alrededor de la nueva estrella puede contener todos los elementos necesarios para la formación de los planetas. El Sol, la Tierra y las personas están compuestas de elementos que en un tiempo surgieron en el centro de las antiguas estrellas y supernovas.

Una inmensa nube de gas y polvo ha engendrado agrupaciones y remolinos que se condensan en forma de nuevas estrellas.

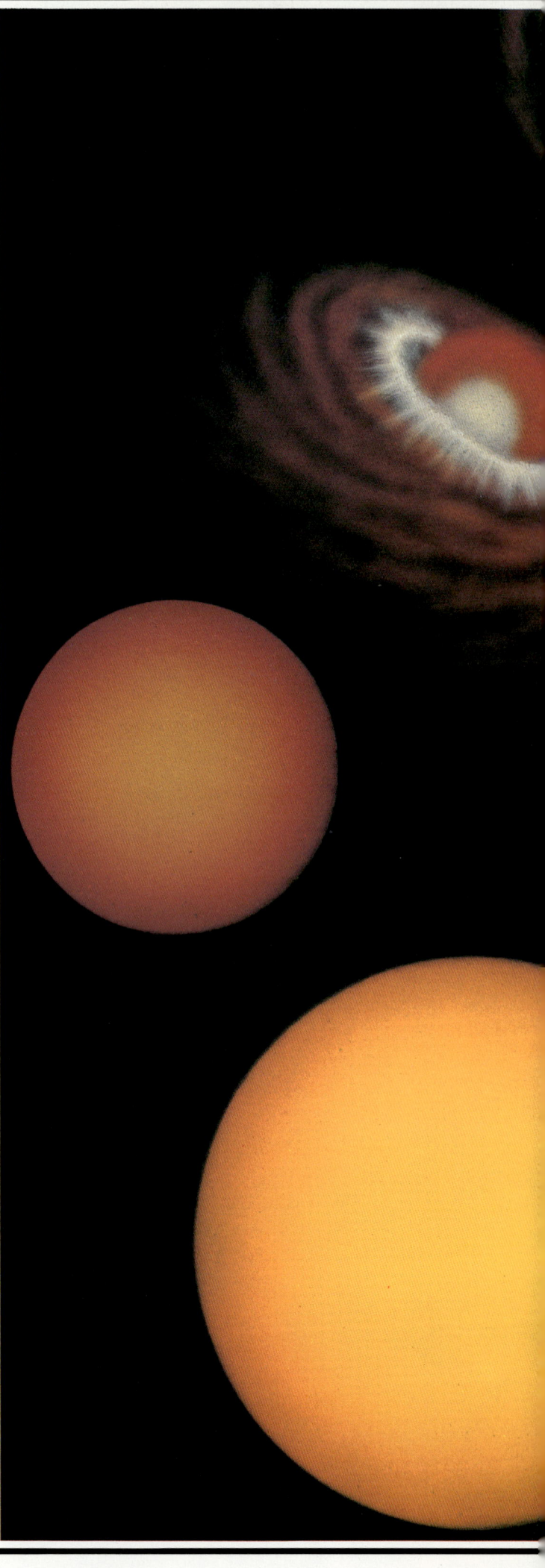

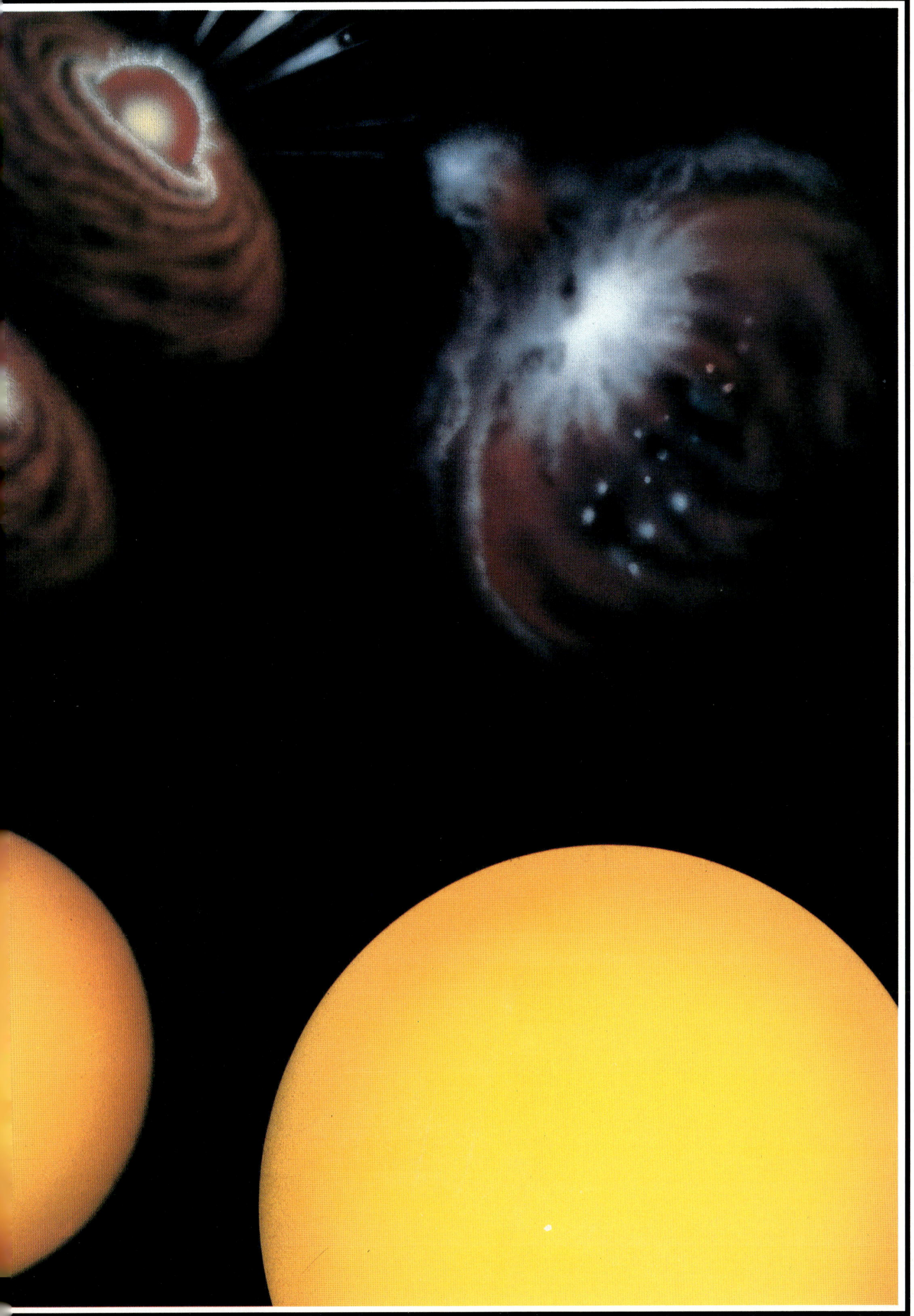

¿Por qué las estrellas tienen colores?

En la constelación de Orión hay una brillante estrella roja, Betelgeuse, y una brillante estrella azul, Rigel; las otras son en su mayoría estrellas blancas. Las estrellas brillan con distintos colores porque tienen distintas masas, arden a distinta temperatura y están compuestas de distintos elementos. Para analizar los colores, los astrónomos utilizan un espectrógrafo, el cual dispersa la luz de las estrellas del mismo modo que la lluvia difumina la luz del Sol para formar un arco iris. El resultado es un espectro estelar. Leyendo este espectro de la estrella, los astrónomos pueden saber su temperatura y composición.

Leer el espectro de una estrella

Cuando la luz pasa a través de un prisma, se dispersa en un espectro continuo de colores *(arriba, primera ilustración)*. Los gases de las capas atmosféricas más exteriores de las estrellas absorben ciertas longitudes de onda de la luz, dejando en el espectro estelar estrechos claros o líneas oscuras *(arriba, segunda ilustración)*. Cada elemento absorbe luz a unas determinadas longitudes de onda. De un modo similar, los gases a altas temperaturas pueden producir luz a ciertas longitudes de onda, originando líneas de emisión brillantes *(arriba, tercera ilustración)*. Al leer la combinación de líneas oscuras y brillantes en el espectro de una estrella, los astrónomos son capaces de saber qué elementos en particular están presentes en la estrella y cuál es la temperatura de su superficie.

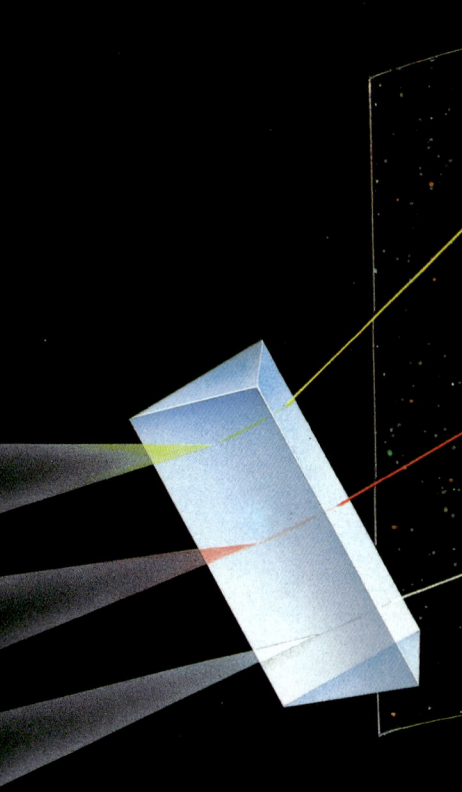

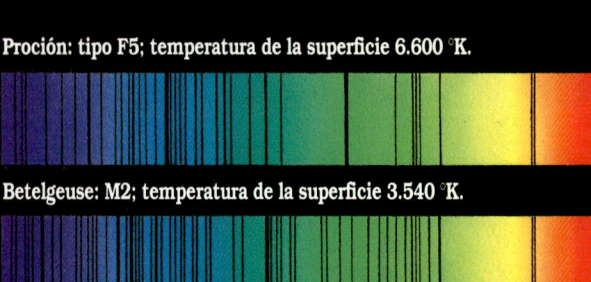

Proción: tipo F5; temperatura de la superficie 6.600 °K.

Betelgeuse: M2; temperatura de la superficie 3.540 °K.

Sirio: A1; temperatura de la superficie 9.340 °K.

Espectros estelares

Al estudiar el espectro de las estrellas, los astrónomos encontraron un sistema para clasificarlas según su tipo de espectro. Los siete tipos más importantes son **O, B, A, F, G, K** y **M**. Las estrellas blancas o azules calientes son **O, M** o **A;** las estrellas rojas frías, **M**. El Sol se sitúa por la mitad de la escala; es una estrella **G**.

Líneas de absorción en el espectro del gas de magnesio

Líneas de absorción en el espectro del gas de sodio

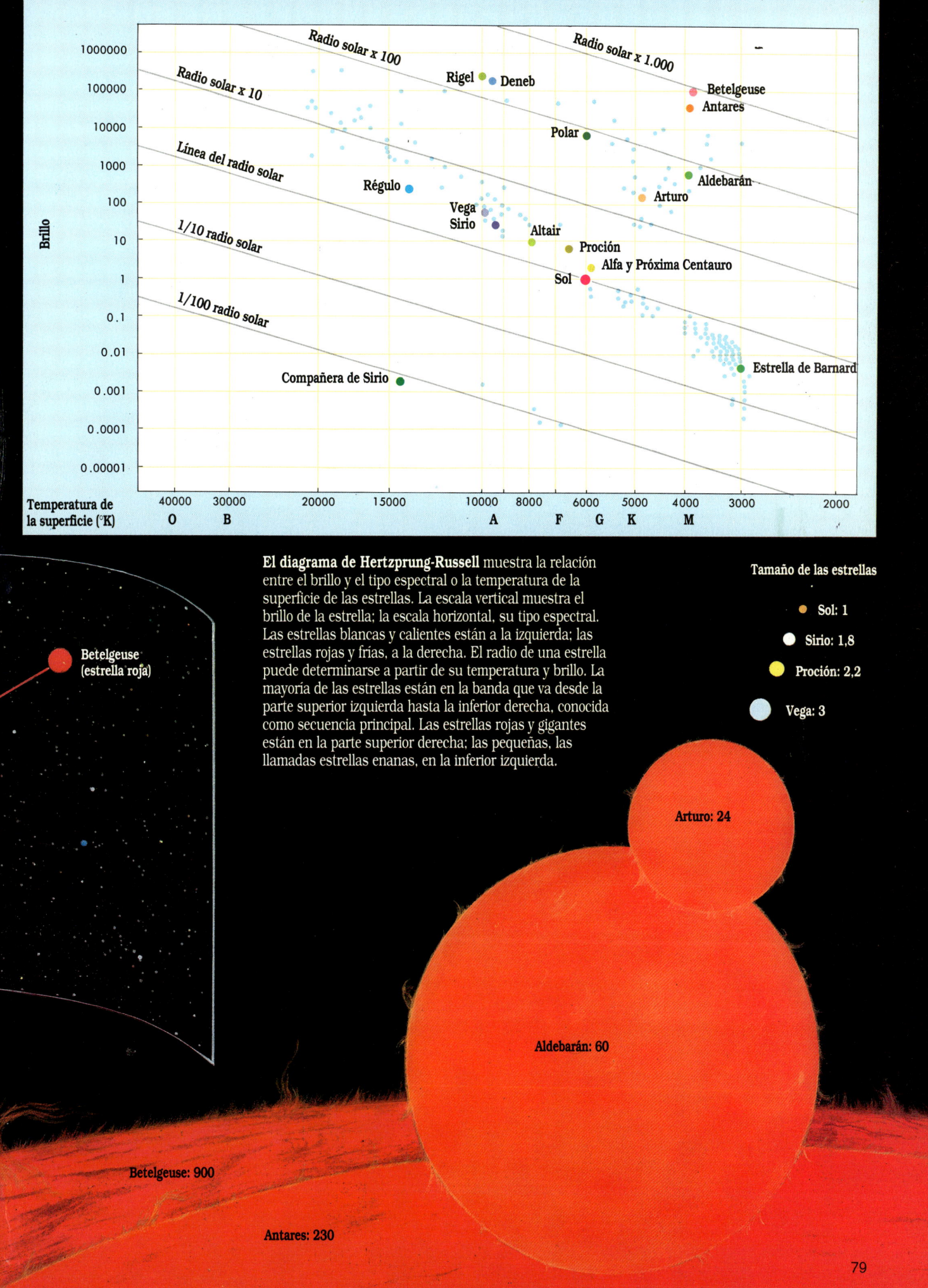

Diagrama de Hertzprung-Russell

El diagrama de Hertzprung-Russell muestra la relación entre el brillo y el tipo espectral o la temperatura de la superficie de las estrellas. La escala vertical muestra el brillo de la estrella; la escala horizontal, su tipo espectral. Las estrellas blancas y calientes están a la izquierda; las estrellas rojas y frías, a la derecha. El radio de una estrella puede determinarse a partir de su temperatura y brillo. La mayoría de las estrellas están en la banda que va desde la parte superior izquierda hasta la inferior derecha, conocida como secuencia principal. Las estrellas rojas y gigantes están en la parte superior derecha; las pequeñas, las llamadas estrellas enanas, en la inferior izquierda.

¿Por qué algunas estrellas son muy brillantes?

El brillo de una estrella, como se ve desde la Tierra, depende de su temperatura, su masa y su distancia a la Tierra. Los astrónomos clasifican las estrellas según su brillo o magnitud. Cuanto menor es la magnitud de una estrella, más brillante resulta. Una estrella de primera magnitud es 2,5 veces más brillante que una estrella de segunda magnitud, la cual es 2,5 veces más brillante que una estrella de tercera magnitud. Las estrellas más débiles que las de la sexta magnitud no pueden verse a simple vista. Puesto que las estrellas están a distintas distancias de la Tierra, este sistema de magnitudes aparentes no dice cuán brillante es realmente una estrella. Para determinar la magnitud absoluta o el brillo intrínseco de una estrella, los astrónomos calculan cuán brillante sería una estrella si estuviera a una distancia de 32,6 años luz (aproximadamente 310 billones de kilómetros) de la Tierra. Entonces pueden afirmar si una estrella aparenta ser brillante porque es muy luminosa o simplemente porque está más cerca.

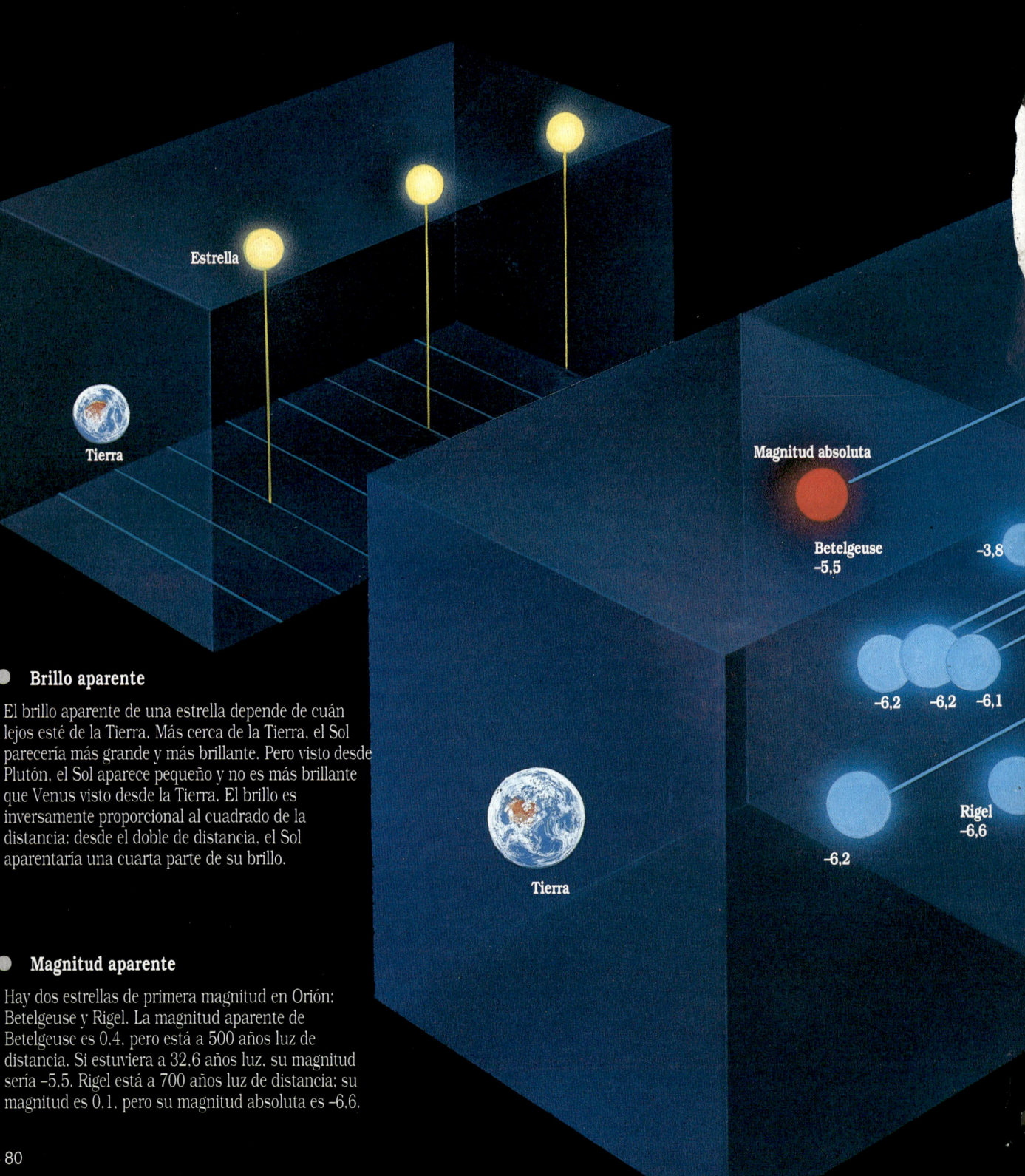

Brillo aparente

El brillo aparente de una estrella depende de cuán lejos esté de la Tierra. Más cerca de la Tierra, el Sol parecería más grande y más brillante. Pero visto desde Plutón, el Sol aparece pequeño y no es más brillante que Venus visto desde la Tierra. El brillo es inversamente proporcional al cuadrado de la distancia: desde el doble de distancia, el Sol aparentaría una cuarta parte de su brillo.

Magnitud aparente

Hay dos estrellas de primera magnitud en Orión: Betelgeuse y Rigel. La magnitud aparente de Betelgeuse es 0,4, pero está a 500 años luz de distancia. Si estuviera a 32,6 años luz, su magnitud sería -5,5. Rigel está a 700 años luz de distancia; su magnitud es 0,1, pero su magnitud absoluta es -6,6.

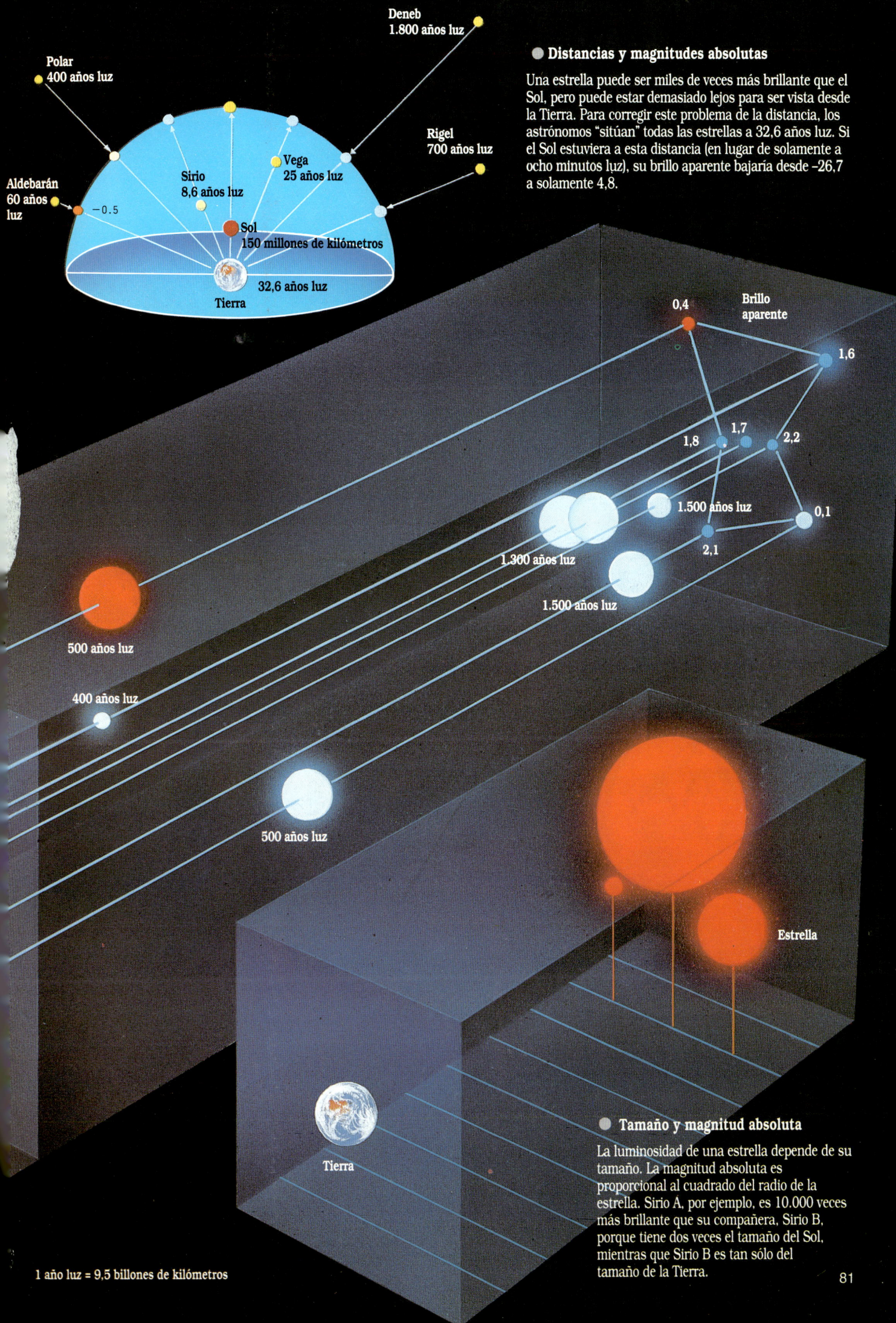

¿Qué son las estrellas variables?

El Sol es una fuente estable de luz y energía, pero no todas las estrellas son igualmente constantes. Algunas parecen parpadear o latir, aumentando o disminuyendo de brillo en un período que va desde unas horas hasta varios cientos de años. Hay dos tipos de estrellas variables. Las eclipsantes, como Algol, forman sistemas binarios de estrellas —que dan vueltas la una a la otra— en los que una estrella, vista desde la Tierra, pasa enfrente de la otra. La cantidad de luz procedente del sistema binario varía de acuerdo con la posición de las dos estrellas vista desde la Tierra. Las pulsantes son estrellas que se expanden y contraen en ciclos regulares. Éstas son normalmente estrellas rojas gigantes, como Mira, cuyas reacciones nucleares se han vuelto inestables con los años. Brillan cuando se contraen y disminuyen su luminosidad cuando se expanden.

▲ **La estrella gigante roja Mira,** varía desde el brillo *(arriba a la izquierda)* a la penumbra *(arriba a la derecha)* efectuando un ciclo regular de 332 días de contracción y expansión. La magnitud de Mira varía desde 2 a 10,1. El nombre Mira en latín significa "cosa maravillosa". Fue la primera estrella variable que se descubrió. El astrónomo alemán David Fabricius la descubrió en 1596.

● **Algol, variable eclipsante**

A Algol se la conoce como el demonio centelleante *(abajo)*. Se estudió por primera vez en 1669, pero más tarde se encontró que eran dos estrellas con brillo distinto. Cuando la más oscura pasa por delante de su compañera, vistas desde la Tierra, Algol "parpadea" y oscurece aproximadamente 1,3 magnitudes. El eclipse sucede cada 69 horas.

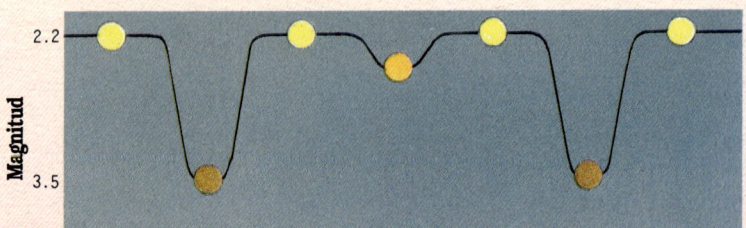

La magnitud de Algol varía desde 2,2 a 3,5.

Una estrella débil da vueltas alrededor de la principal brillante.

La luz de la principal es eclipsada.

● Estrellas variables

Las cefeidas son variables pulsantes que se expanden y contraen por períodos entre 1 y 50 días. Su brillo está en relación con el período de su variabilidad; la magnitud absoluta de una cefeida puede determinarse a partir de este período. Con estos datos, los astrónomos pueden calcular la distancia a cada cefeida.

● Beta Lira, variable eclipsante

Beta Lira es una estrella eclipsante que durante tiempo ha confundido a los astrónomos. La curva complicada de luz de Beta Lira parece ser el resultado de un intercambio de masa entre las dos estrellas que giran en órbita, una muy cerca de la otra. La gravedad de la estrella que tiene mayor masa arranca los gases de su compañera. El disco de gases alrededor de las estrellas las esconde parcialmente, vistas desde la Tierra.

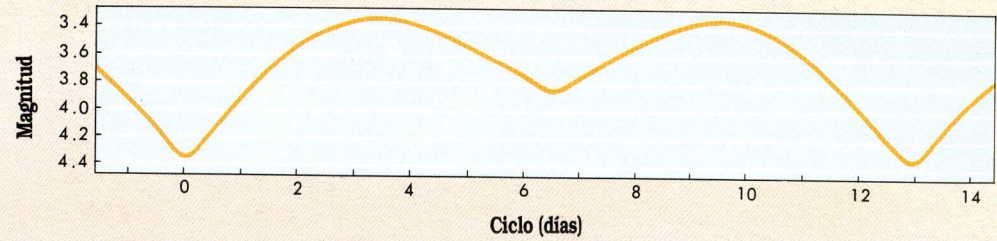

La principal emerge del eclipse.

La principal permanece brillante en este otro eclipse.

83

¿Qué es una supernova?

Dos tipos de estrellas encuentran su muerte en una explosión cataclísmica llamada supernova. En una supernova del Tipo I participan un par de estrellas que giran en órbita una respecto a la otra, y en una del Tipo II, una estrella de masa extremadamente grande que ha consumido el combustible de su núcleo. En cada caso, la gravedad hace que la estrella se colapse, comprimiendo el núcleo. El colapso provoca una gran explosión, la cual manda al espacio el resto de los gases de la estrella. Por un momento, la supernova puede brillar más que todas las otras estrellas de la galaxia. En las supernovas del Tipo I, la explosión destruye completamente la estrella. En las del Tipo II, sólo queda un núcleo denso como una estrella compuesto por entero de neutrones, o bien como un agujero negro, aún más denso, y del que ni tan sólo la luz puede escapar.

- **Supernova del Tipo II**

Una supernova del Tipo II se produce cuando una estrella con una masa al menos diez veces superior a la del Sol agota el combustible de su núcleo. Estas grandes estrellas, llamadas supergigantes rojas, no pueden generar suficiente energía nuclear para mantener su enorme masa. El colapso gravitatorio comienza al comprimirse el núcleo hasta una densidad tremenda y provocar una nube de partículas que lanza al espacio la cubierta gaseosa de la estrella. La fusión nuclear que se produce en el interior de las estrellas puede generar elementos cuyo peso puede alcanzar el del hierro. Se cree que todos los elementos más pesados que el hierro han sido creados en la fragua de las exposiciones de las supernovas.

Combustión del núcleo de helio

Combustión del núcleo de carbono

Núcleo de hierro

Final del colapso gravitatorio

Ondas de choque

Núcleo de neutrones

Ondas de choque

Núcleo de neutrones

Gas calentado

Supernova

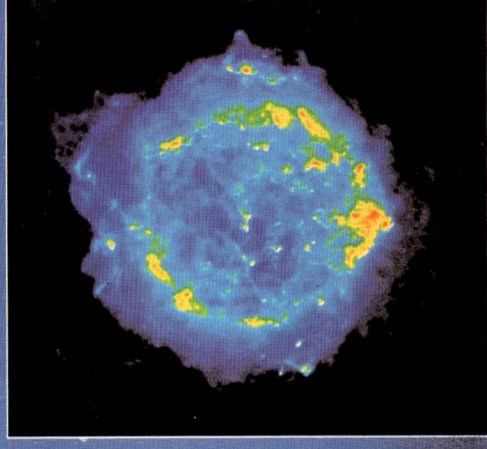

◀ **Herencias de las supernovas.** La nebulosa de Cáncer *(a la izquierda)*, en la constelación de Tauro, es una cubierta gaseosa en expansión lanzada por una supernova en 1054. En su centro hay una densa estrella de neutrones que gira con rapidez. Casiopea A *(arriba)* es lo que queda de una supernova de 1572. Se cree que en su centro hay un agujero negro.

Enana blanca

Gigante roja

● **Supernova del Tipo I**

En una supernova del Tipo I intervienen dos estrellas en un sistema binario. La estrella de mayor masa se convierte primero en una gigante roja, expandiéndose cerca de su compañera. La estrella compañera absorbe los gases de la estrella mayor hasta que la gigante roja es reducida a una enana blanca. A su vez, la estrella compañera se hincha para convertirse en una gigante roja y es reducida por su pareja. Si ésta atrapa masa suficiente, la gravedad provoca su colapso violento y explota. A diferencia de las supernovas del Tipo II, las supernovas del Tipo I se cree que no dejan ningún residuo.

Supernova

¿Qué es una nebulosa?

Una nebulosa es una nube interestelar compuesta de hidrógeno, helio y polvo cósmico. Las estrellas han nacido por una condensación de estas nubes. Cuando una estrella está cerca de una nebulosa, su luz se refleja en la nube y la nebulosa aparenta brillar. El cúmulo de las Pléyades es un ejemplo de estas nebulosas de reflexión. La radiación ultravioleta de una estrella situada dentro de la nebulosa puede excitar los átomos de hidrógeno en la nube y provocar que brille con luz propia. Orión es una de estas nebulosas de emisión. Otras pueden ser oscuras como consecuencia de que la luz proveniente de estrellas y gases situados detrás de ella ha sido bloqueada por el polvo de la nube.

La nebulosa América del Norte es una nebulosa de emisión que recuerda la forma de este subcontinente.

Nebulosa de reflexión

Las nubes de polvo y gas reflejan la luz que proviene de estrellas cercanas.

Tierra

Pléyades, una nebulosa de reflexión.

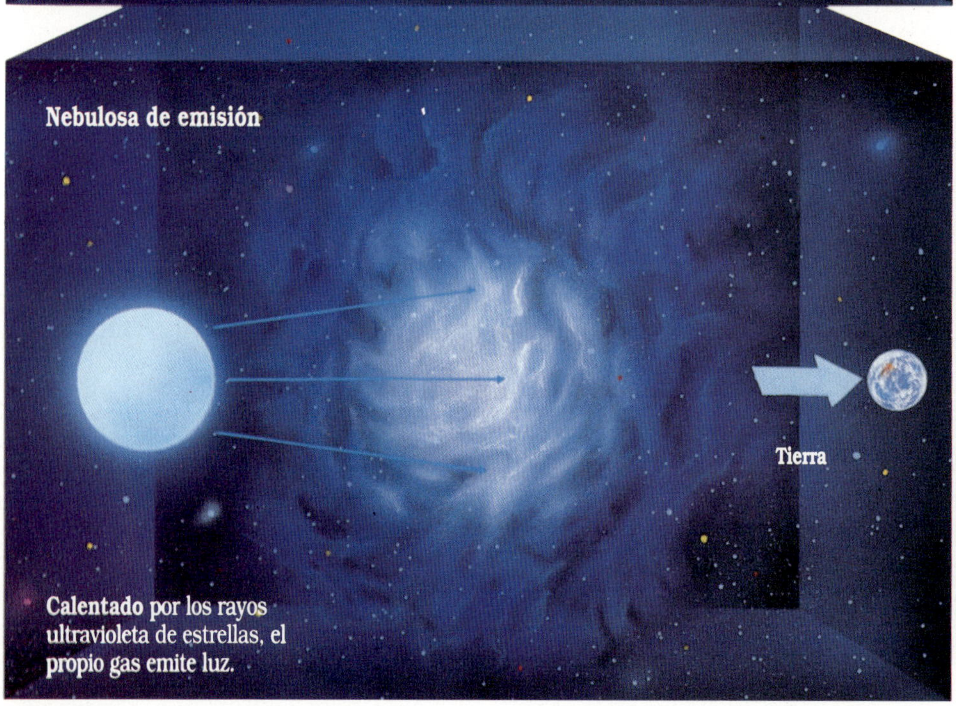

Nebulosa de emisión

Tierra

Calentado por los rayos ultravioleta de estrellas, el propio gas emite luz.

Orión, nebulosa de emisión.

Dónde se forman las estrellas

Las estrellas nacen cuando una nebulosa se fragmenta —a veces por las ondas de choque de una supernova cercana— y se comprime sobre sí misma. Normalmente, las estrellas jóvenes y calientes se condensan en grupos de varias docenas, como sucede en la nebulosa de la constelación de Orión. La formación de estrellas sucede principalmente en los brazos de las galaxias espirales, como la Vía Láctea, donde las nebulosas son frecuentes.

Nebulosa planetaria

Tierra

Cuando una estrella viaja, se expande, convirtiéndose en una gigante roja, se despoja de capas de gas que se iluminan a partir de las radiaciones ultravioleta de la estrella apareciendo en forma de anillo.

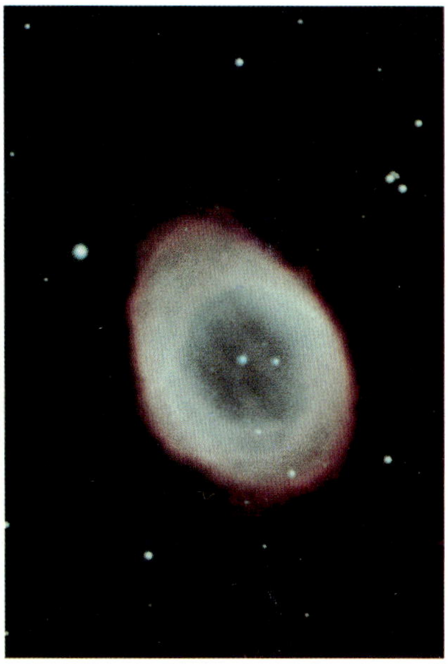

La nebulosa anular de Lira.

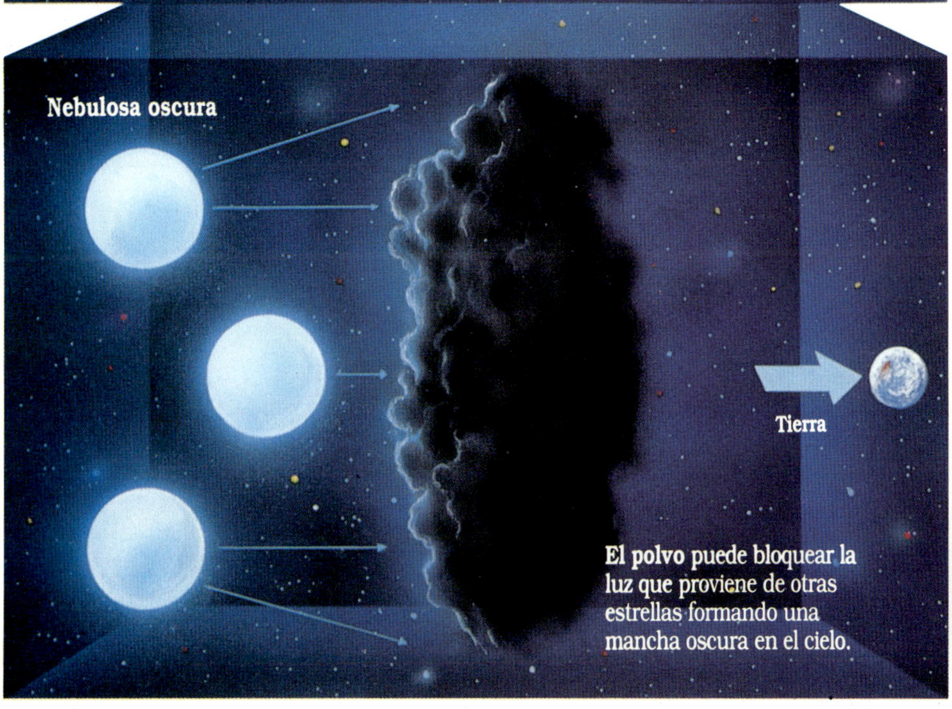

Nebulosa oscura

Tierra

El polvo puede bloquear la luz que proviene de otras estrellas formando una mancha oscura en el cielo.

La nebulosa oscura Cabeza de caballo.

¿Cómo se formó el cúmulo de las Pléyades?

1 **La formación de una estrella** empieza cuando una onda de choque fragmenta una nebulosa y los fragmentos después se colapsan sobre sí mismos.

2 **La nube colapsada** se condensa en forma de nuevas y calientes estrellas. La radiación ultravioleta que se emite crea una región de alta densidad.

Nube interestelar

Estrella recién formada

Porción más densa de nube interestelar

Ondas de choque

Estrella recién formada

▼ **Las Pléyades** son uno de los blancos favoritos de los astrónomos aficionados. Un pequeño telescopio o unos binoculares pueden revelar cientos de estas estrellas azules y blancas en las noches de finales de invierno y principios de primavera.

Una de las más bellas visiones en el cielo nocturno son las Pléyades, un cúmulo de estrellas en la constelación de Tauro. A las Pléyades se las llama a veces "Las siete hermanas", puesto que la mayoría de la gente puede ver a simple vista sólo siete de sus estrellas. Sin embargo, el cúmulo de hecho contiene unas tres mil estrellas. Las Pléyades pueden tener menos de veinte millones de años, lo que las coloca entre las estrellas más jóvenes de las visibles desde la Tierra. Probablemente todavía están formándose nuevas estrellas en el cúmulo, y el proceso, que se muestra en estas páginas, continuará hasta que el gas y el polvo de la nebulosa se hayan agotado. La luz azulada que rodea las Pléyades la provoca la reflexión de la luz estelar en la nebulosa en la que están inmersas.

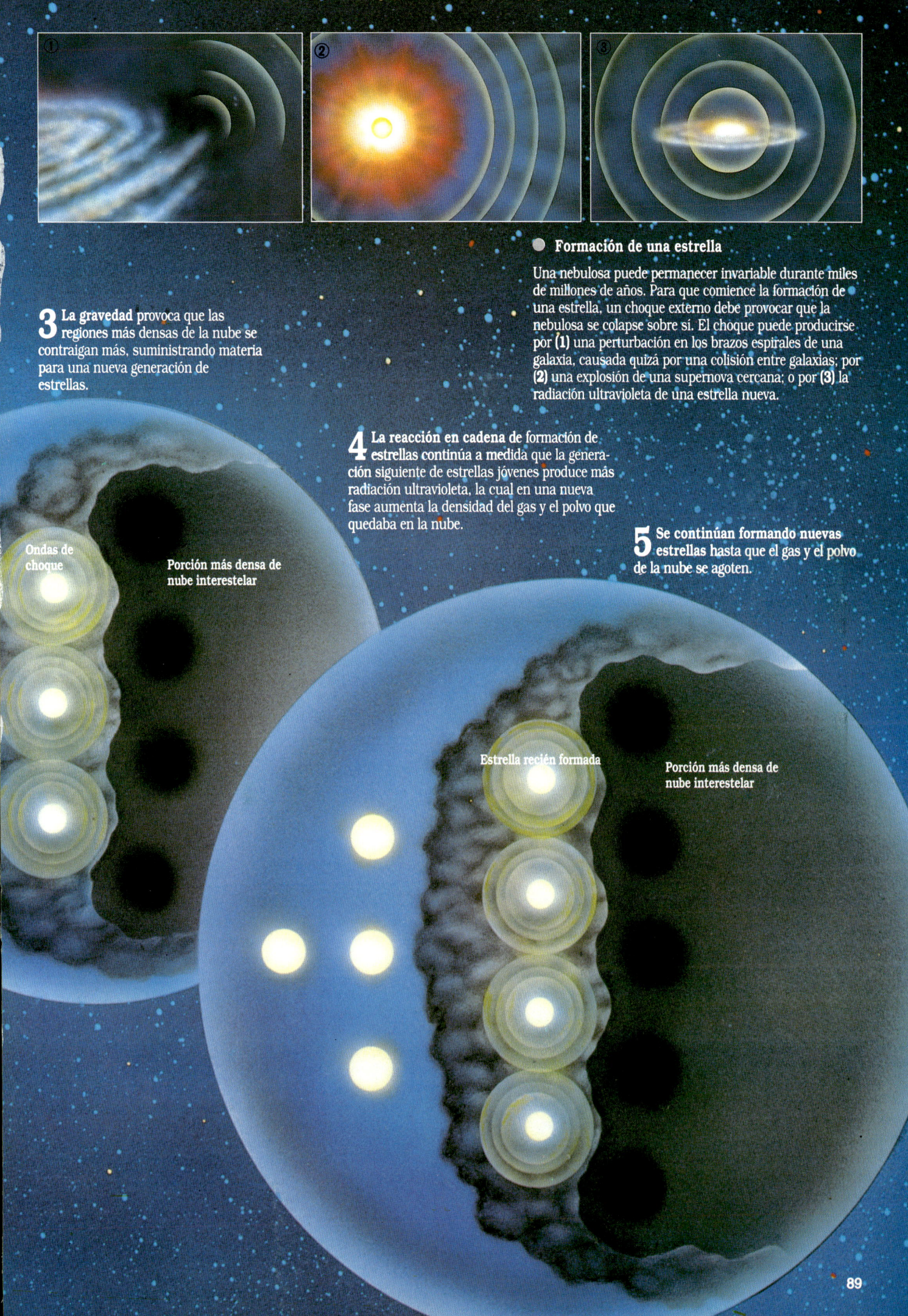

● **Formación de una estrella**

Una nebulosa puede permanecer invariable durante miles de millones de años. Para que comience la formación de una estrella, un choque externo debe provocar que la nebulosa se colapse sobre sí. El choque puede producirse por **(1)** una perturbación en los brazos espirales de una galaxia, causada quizá por una colisión entre galaxias; por **(2)** una explosión de una supernova cercana; o por **(3)** la radiación ultravioleta de una estrella nueva.

3 La gravedad provoca que las regiones más densas de la nube se contraigan más, suministrando materia para una nueva generación de estrellas.

4 La reacción en cadena de formación de estrellas continúa a medida que la generación siguiente de estrellas jóvenes produce más radiación ultravioleta, la cual en una nueva fase aumenta la densidad del gas y el polvo que quedaba en la nube.

5 Se continúan formando nuevas estrellas hasta que el gas y el polvo de la nube se agoten.

Ondas de choque

Porción más densa de nube interestelar

Estrella recién formada

Porción más densa de nube interestelar

¿Varían las constelaciones?

Noche tras noche las constelaciones aparecen sin cambios. Sin embargo, la realidad es que las estrellas que forman las constelaciones están en constante movimiento, independientemente unas de otras, y algunas a gran velocidad, pero están tan lejos, que su movimiento —y las formas cambiantes de las constelaciones— no puede ser detectado por el ojo humano sin ayuda. En 1718, el astrónomo británico Edmond Halley fue el primero en detectar lo que es conocido como el movimiento propio de las estrellas, su movimiento relativo en el cielo nocturno. Este movimiento es tan minúsculo que sólo puede ser detectado una vez transcurridos muchos años. Actualmente, por ejemplo, se identifica a la estrella Polar porque está situada en la vertical del polo Norte. Todas las estrellas parecen dar vueltas al unísono alrededor de la Polar, haciendo de ella una importante ayuda para la navegación. Pero en tiempos antiguos, la estrella Polar estaba situada en alguna otra parte del firmamento y no podía ser usada como una estrella guía. Al igual que la Polar, todas las estrellas van cambiando lentamente sus posiciones: de aquí a miles de años las constelaciones que nos son familiares serán completamente irreconocibles.

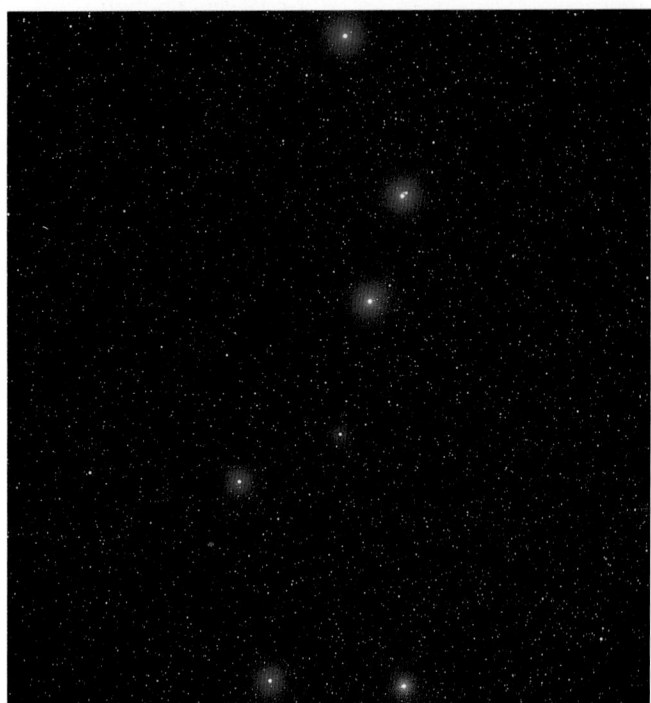

La constelación de la Osa Mayor, popularmente conocida como el Carro, es fácil de identificar. Pero cada una de las siete estrellas del Carro está a una distancia diferente de la Tierra y se mueve en una dirección distinta.

Cambios en el Carro (Osa Mayor)

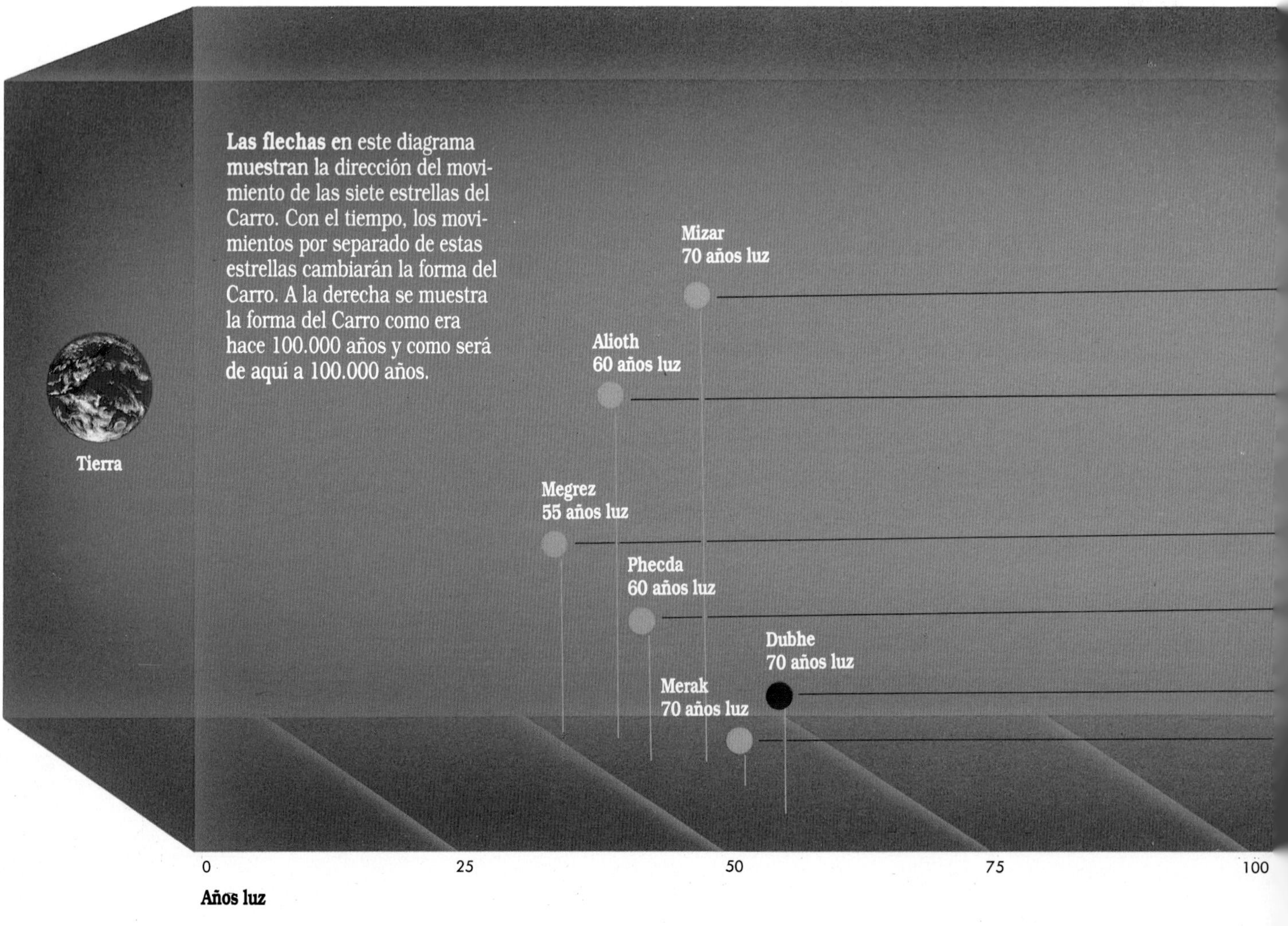

Las flechas en este diagrama muestran la dirección del movimiento de las siete estrellas del Carro. Con el tiempo, los movimientos por separado de estas estrellas cambiarán la forma del Carro. A la derecha se muestra la forma del Carro como era hace 100.000 años y como será de aquí a 100.000 años.

Tierra

Mizar
70 años luz

Alioth
60 años luz

Megrez
55 años luz

Phecda
60 años luz

Dubhe
70 años luz

Merak
70 años luz

0   25   50   75   100
Años luz

Movimiento de las estrellas

Determinar el movimiento de las estrellas puede llevar años de pacientes observaciones. Alfa Centauro, por ejemplo, una estrella cercana al Sol, tarda 506 años en moverse una distancia tan pequeña como la anchura aparente de la luna llena. Afortunadamente, los astrónomos pueden usar otros métodos para medir el movimiento de las estrellas; por ejemplo, el efecto Doppler. Las ondas de luz (o de sonido) emitidas por un objeto en movimiento cambian su longitud, según el objeto se mueva hacia el observador o en sentido contrario. Las ondas de luz de una estrella que se aproxima se acortan, es decir, se desplazan hacia el extremo azul del espectro. La luz de una estrella que se aleja se desplaza en la otra dirección: corrimiento hacia el rojo. Midiendo el corrimiento, se puede calcular la velocidad de la estrella.

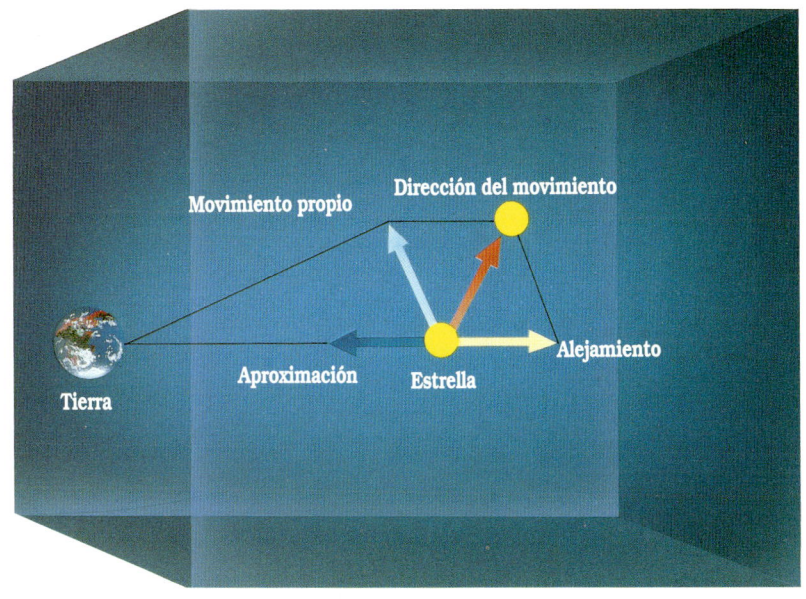

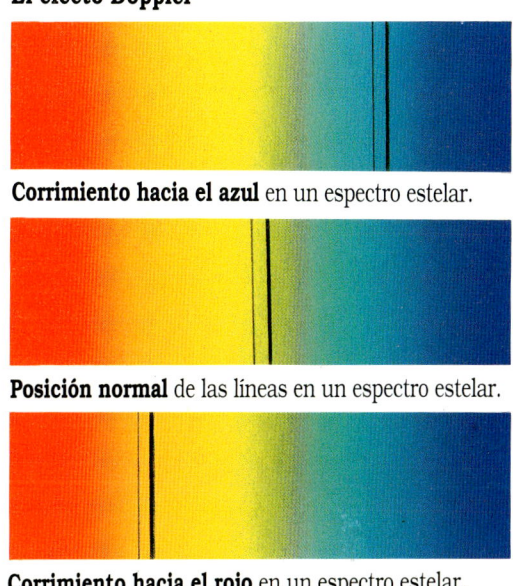

El efecto Doppler

Corrimiento hacia el azul en un espectro estelar.

Posición normal de las líneas en un espectro estelar.

Corrimiento hacia el rojo en un espectro estelar.

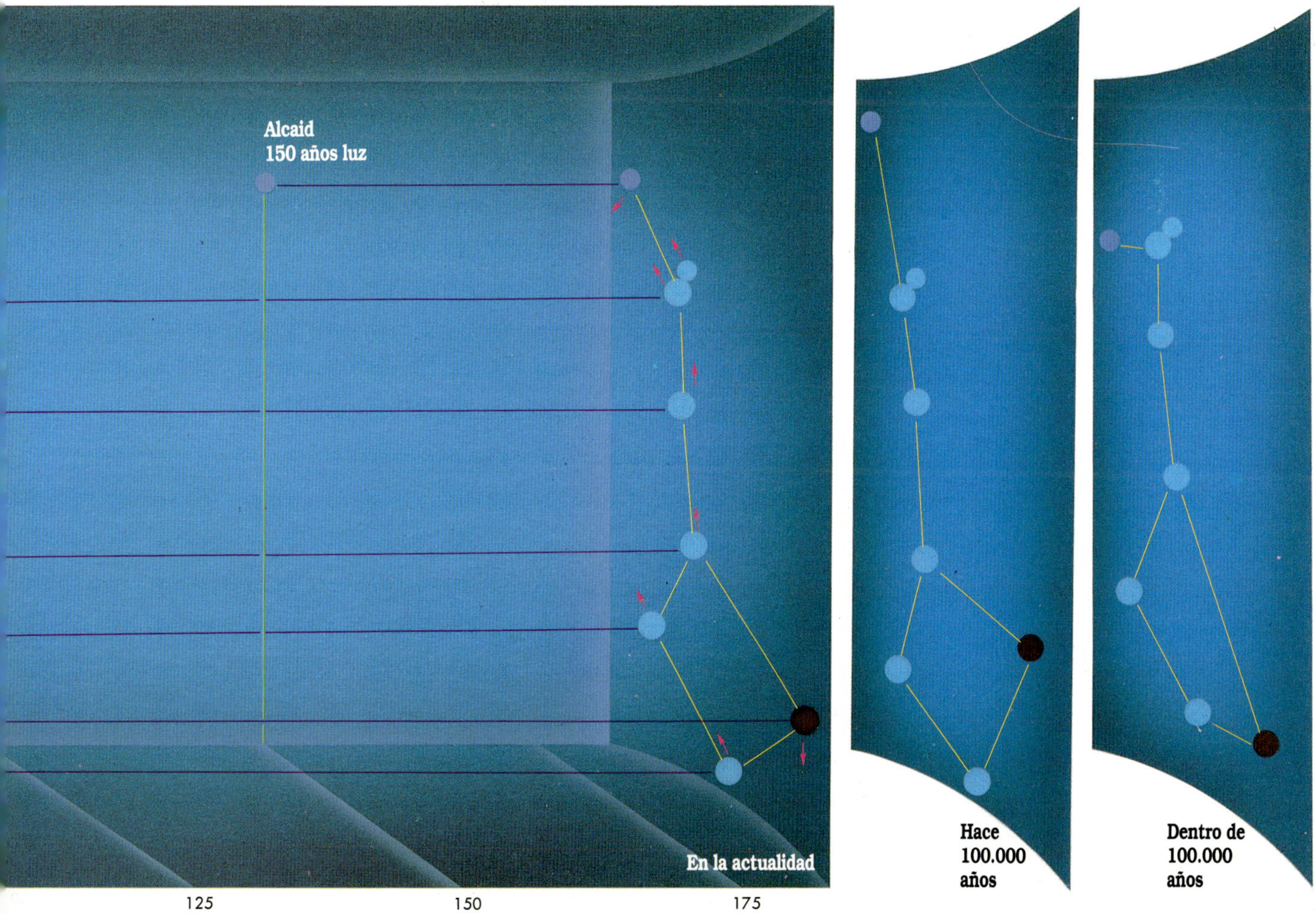

91

¿De qué depende la duración de las estrellas?

Durante la mayor parte de su tiempo de vida, las propiedades características de las estrellas se enmarcan dentro de la secuencia principal del diagrama de Hertzsprung-Russel *(pág. 79)*. En general, las estrellas con poca masa tienden a tener una vida más larga. Una estrella de tamaño medio como el Sol normalmente tiene una vida de unos 10.000 millones de años. Las estrellas con una masa superior a la del Sol arden con más brillo, pero duran menos tiempo. Cuando una estrella del tamaño del Sol consume la energía de su núcleo, se expande durante un tiempo breve, convirtiéndose en una gigante roja, y más tarde se contrae y se convierte en una enana blanca. Las estrellas de masa muy grande aumentan hasta convertirse en supergigantes, antes de explotar como supernova.

1 **Áreas densas** dentro de nubes interestelares de polvo y gas pueden ser inducidas al colapso gravitatorio por efecto de ondas de choque externas.

2 **La nube que se colapsa** va tomando gradualmente la forma de disco plano y denso

3 **A medida que la nube** se contrae, el centro denso empieza a girar rápidamente formando grumos.

4 **En el centro de uno de estos grumos**, la densidad aumenta y la estrella empieza a formarse. La presión y la temperatura aumentan.

5 **El disco se dispersa** cuando el fuerte viento estelar sopla hacia el exterior desde la protoestrella.

6 **La presión y la temperatura** en la protoestrella provocan reacciones nucleares; la estrella comienza a brillar.

Formación de una estrella

Inmensas nubes de gas y polvo en los brazos de las galaxias en espiral suministran la materia prima para la formación de estrellas. Cuando una nube se colapsa sobre sí misma, la densidad de la materia en su centro aumenta, provocando que la temperatura y la presión aumenten hasta el punto en que pueden empezar las reacciones nucleares. La materia restante de la nube podría condensarse para formar planetas, como los de nuestro sistema solar.

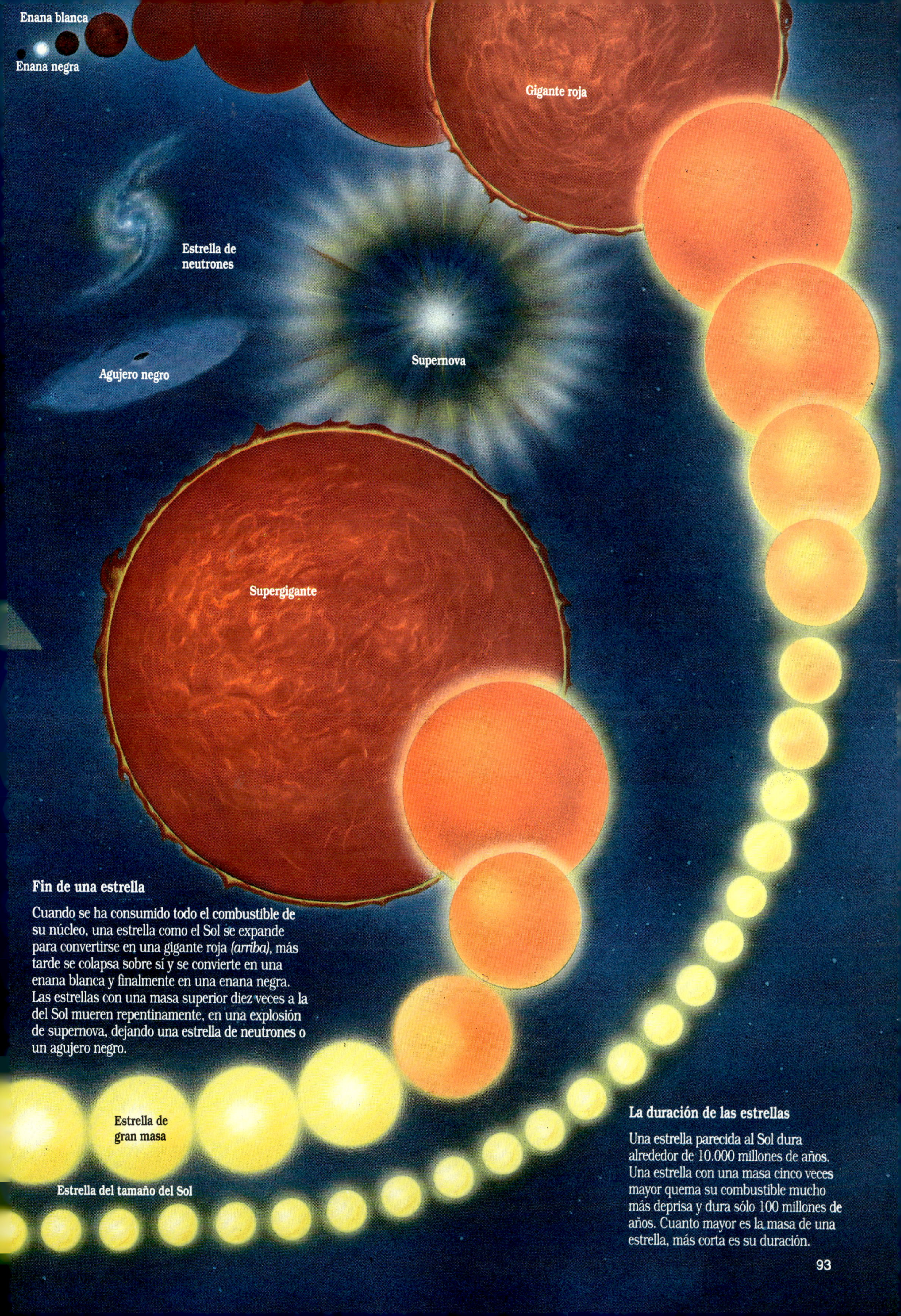

Enana blanca
Enana negra
Gigante roja
Estrella de neutrones
Agujero negro
Supernova
Supergigante

Fin de una estrella

Cuando se ha consumido todo el combustible de su núcleo, una estrella como el Sol se expande para convertirse en una gigante roja *(arriba)*, más tarde se colapsa sobre sí y se convierte en una enana blanca y finalmente en una enana negra. Las estrellas con una masa superior diez veces a la del Sol mueren repentinamente, en una explosión de supernova, dejando una estrella de neutrones o un agujero negro.

Estrella de gran masa

Estrella del tamaño del Sol

La duración de las estrellas

Una estrella parecida al Sol dura alrededor de 10.000 millones de años. Una estrella con una masa cinco veces mayor quema su combustible mucho más deprisa y dura sólo 100 millones de años. Cuanto mayor es la masa de una estrella, más corta es su duración.

¿Qué es un agujero negro?

Muchos científicos creen que como consecuencia de una explosión de supernova el núcleo de una estrella se colapsa sobre sí hasta que se convierte en un simple punto de densidad infinita. Su fuerza gravitatoria se vuelve tan grande que nada se puede escapar de él, ni tan sólo la luz, es como si el agujero negro desapareciera del universo. La naturaleza de un agujero negro hace imposible observarlo directamente. Sin embargo, la materia acumulada alrededor de un agujero negro es lo que se conoce como un disco de acreción; las estrellas normales también quedan atrapadas en una órbita alrededor de un agujero negro. Gradualmente, la materia de un disco de acreción es arrastrada dentro del agujero negro. Al desaparecer dentro del agujero negro, la materia calentada lanza radiaciones de rayos X que pueden detectarse. Para encontrar un agujero negro, los astrónomos buscan señales de rayos X y estrellas que parecen girar en órbitas alrededor de un punto vacío del espacio. Se han encontrado diversos candidatos a agujeros negros, pero de momento no se ha podido confirmar la existencia de agujeros negros.

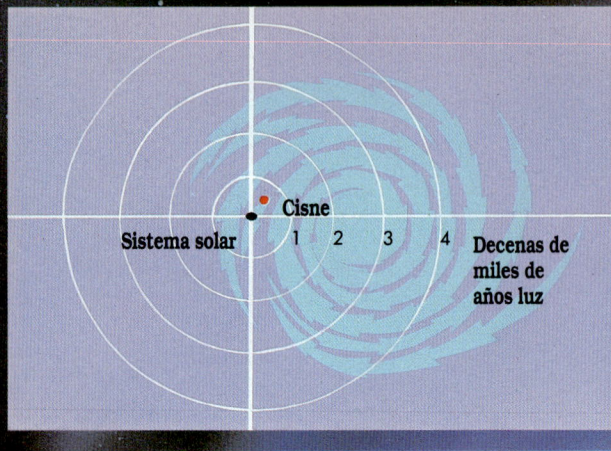

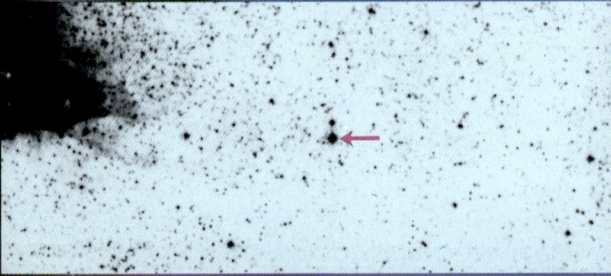

Una fuente de rayos X-1 en la constelación del Cisne *(flecha)* es un candidato importante a agujero negro. La constelación del Cisne se encuentra en los brazos en espiral de la Vía Láctea, exactamente a 8.000 años luz del sistema solar.

Corriente de gas

Supergigante

● **Aspecto de un agujero negro**

La supergigante blancoazulada HDE226868, que tiene una masa veinte veces superior a la del Sol, forma un sistema binario con un compañero invisible, posiblemente un agujero negro. Los astrónomos creen que la poderosa fuerza gravitatoria de un agujero negro arranca gas de una estrella gigante, y éste forma un disco de acreción alrededor del agujero negro. En el borde interior del disco de acreción, el gas alcanza temperaturas extremadamente altas, hasta que finalmente es atraído al interior del agujero. Al desaparecer, el gas emite intensos rayos X, que se han observado. El agujero negro continúa sin ser detectado.

Señales de agujero negro

Los agujeros negros sólo pueden detectarse indirectamente. Los rayos X emitidos por la materia que cae dentro de un agujero negro y los extraños movimientos de las estrellas que giran en órbita alrededor de un agujero negro son los métodos más eficaces de detección. Los agujeros negros también pueden revelar su presencia por el efecto que causan sobre las ondas de luz que pasan cerca de él. Albert Einstein demostró que los rayos de luz pueden ser desviados por la fuerza de la gravedad. Los rayos de luz emitidos por una fuente situada directamente detrás de un agujero negro, según se ve desde la Tierra, se desviarían alrededor del agujero negro en lo que es conocido como lentes gravitatorias. La luz distorsionada de esta manera aparece como procedente de dos fuentes separadas pero idénticas. Las ondas gravitatorias, si existen, indicarían también la presencia de un agujero negro.

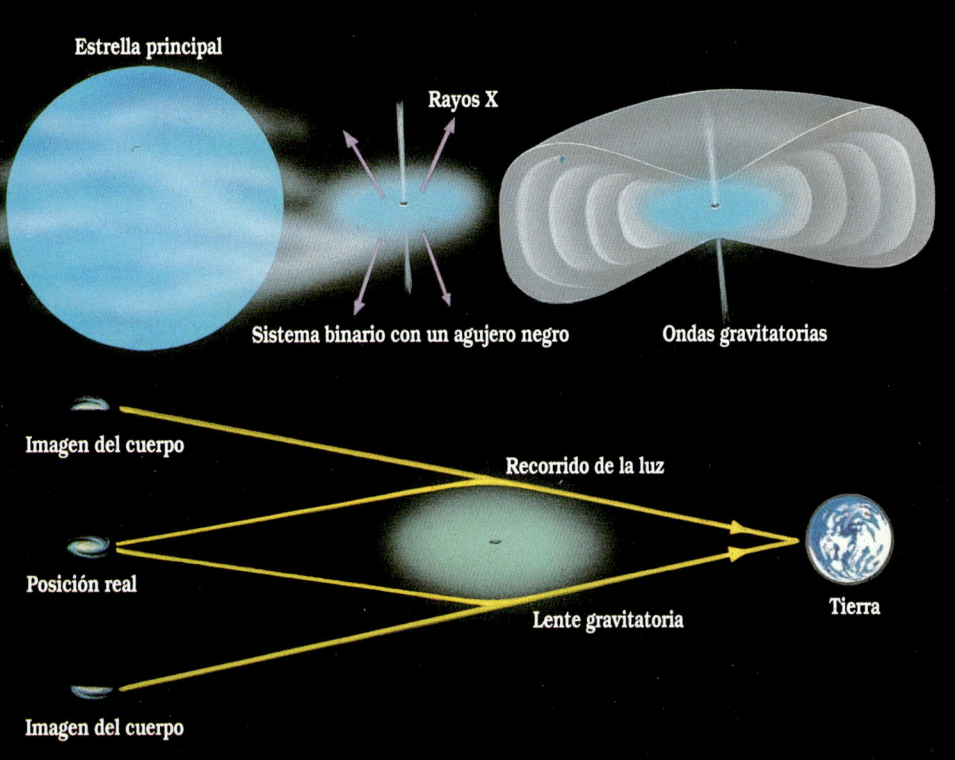

¿Qué son las estrellas de neutrones?

Después de una explosión de supernova, los restos de la estrella pueden colapsarse hacia su interior y formar o bien un agujero negro, o bien una estrella de neutrones. La existencia de agujeros negros no ha sido verificada todavía, pero han sido detectadas muchas estrellas de neutrones. Los neutrones son partículas pesadas situadas en los centros de los átomos. En una estrella de neutrones, las demás partículas, tales como protones y electrones, han desaparecido, quedando únicamente una pequeña y tupida esfera de neutrones. Una estrella de neutrones puede tener escasamente 10 kilómetros de diámetro, pero más masa que el Sol. Una cucharada de materia de una estrella de neutrones podría pesar mil millones de toneladas, o más. Las estrellas de neutrones giran muy rápidamente, al tiempo que irradian energía. Esta energía se detecta en forma de ondas de radio o rayos X.

▲ **La nebulosa de Cáncer**, en la constelación de Tauro, es una capa de gas desprendida de una supernova en el año 1054. En su centro, un púlsar gira treinta veces por segundo.

■ Ráfagas de energía

Una estrella de neutrones emite radiación a lo largo del eje de su campo magnético. Al no estar el eje magnético perfectamente alineado con el eje de rotación, las emisiones barren el cielo como si se tratara de un reflector. Cuando las emisiones barren la Tierra, una o dos veces en cada rotación, parecen pulsar (latir), encendiéndose y apagándose, por lo que estas estrellas se denominan púlsares. Las estrellas de neutrones suelen detectarse en sistemas binarios como púlsares de rayos X, en donde la materia de su estrella compañera es arrastrada hacia la estrella de neutrones. Cuando el gas cae sobre la superficie de la estrella de neutrones, emite ráfagas de rayos X.

Flujo de gas

Estrella principal

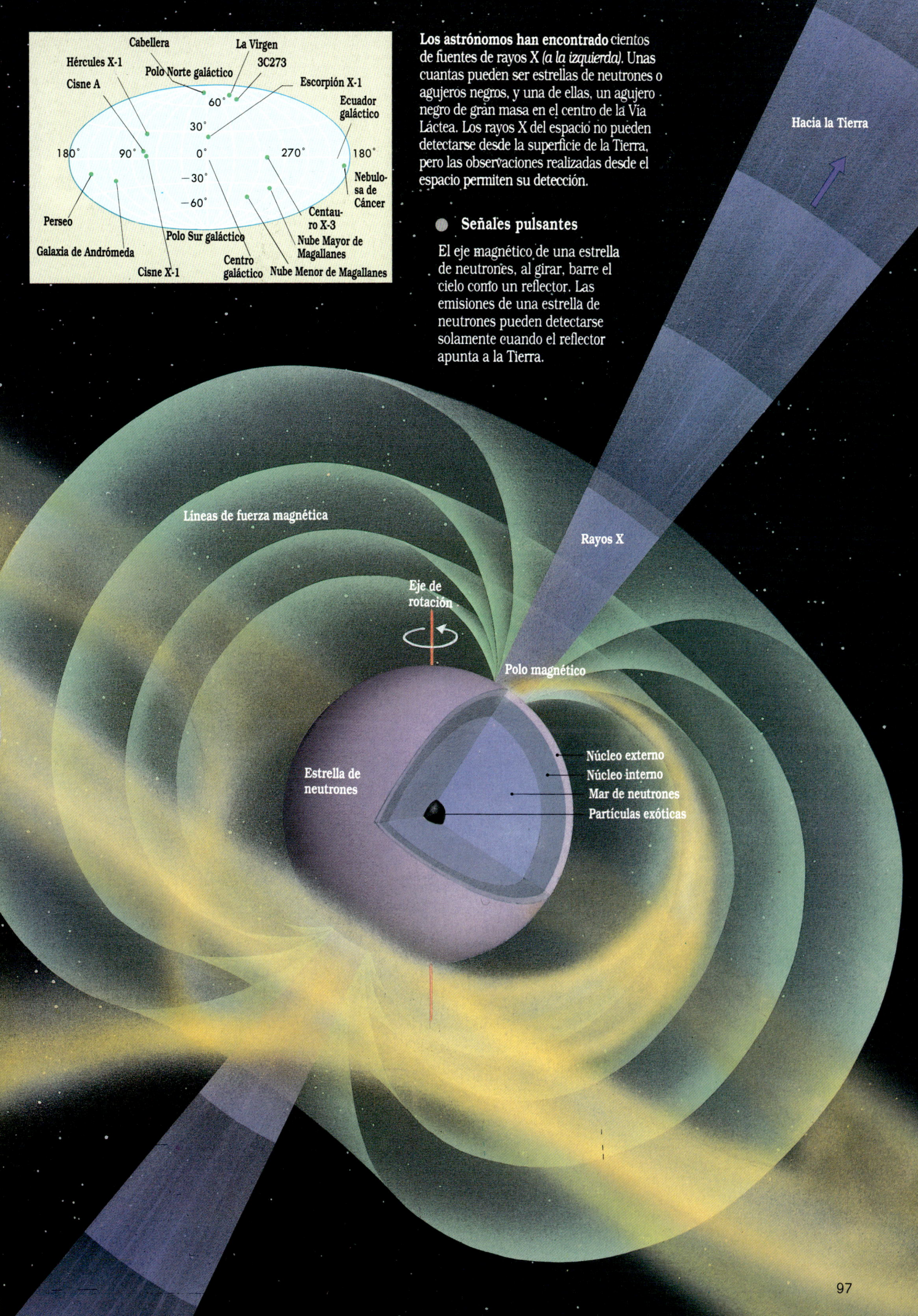

Los astrónomos han encontrado cientos de fuentes de rayos X *(a la izquierda)*. Unas cuantas pueden ser estrellas de neutrones o agujeros negros, y una de ellas, un agujero negro de gran masa en el centro de la Vía Láctea. Los rayos X del espacio no pueden detectarse desde la superficie de la Tierra, pero las observaciones realizadas desde el espacio permiten su detección.

● **Señales pulsantes**

El eje magnético de una estrella de neutrones, al girar, barre el cielo como un reflector. Las emisiones de una estrella de neutrones pueden detectarse solamente cuando el reflector apunta a la Tierra.

6
Las galaxias y el universo

El universo contiene cientos de miles de millones de galaxias: inmensos cuerpos celestes de gas ligero en movimiento, polvo cósmico e incontables estrellas. Nuestra propia galaxia, la Vía Láctea, contiene más de cien mil millones de estrellas, en donde se encuentra nuestro Sol y su sistema solar. Como la mayoría de galaxias en el universo, la Vía Láctea es un disco en forma espiral con una protuberancia en el centro. Otras galaxias son elípticas o irregulares, con las estrellas agrupadas aleatoriamente.

La mayoría de las galaxias giran alrededor de una protuberancia brillante en el centro, atestada de millones de estrellas. Cada núcleo contiene una potente fuente de energía, al parecer mantenida por un agujero negro: un misterioso cuerpo de tal densidad, que nada, ni tan sólo la luz, puede escapar de sus fronteras.

Todavía más complicado que la fuente de energía de una galaxia es el hecho curioso de que éstas parecen alejarse unas de otras en todas direcciones. Una cuidadosa observación ha llevado a la mayoría de los astrónomos a concluir que el universo se está expandiendo y que se puso en movimiento hace alrededor de 15.000 millones de años por una explosión cataclísmica conocida como Big Bang. Los científicos no saben con seguridad cuál será el destino de nuestro universo.

Algunos creen que se expandirá indefinidamente, mientras otros piensan que finalmente se contraerá y se colapsará, convirtiéndose en una masa superdensa y supercargada. Cualquiera que sea la respuesta, los astrónomos continuarán investigando las profundidades del universo, resolviendo sus misterios paso a paso.

Miles de millones de estrellas en espiral alrededor de una protuberancia central en una galaxia similar a nuestra Vía Láctea.

La Vía Láctea —vista como una espectacular banda de estrellas que cruza el cielo nocturno— es la parte visible de una galaxia espiral en forma de disco. Nuestra galaxia es tan inmensa que un rayo de luz tarda 100.000 años en cruzarla. En un tiempo se creía que el Sol estaba en el centro de la Vía Láctea, pero en realidad se encuentra a unas dos terceras partes del centro, en los brazos espirales de la galaxia. Mas de mil millones de estrellas acompañan al Sol en su viaje alrededor del centro, la mayoría se sitúan en los brazos espirales del disco, pero algunas están ampliamente esparcidas envolviendo a la galaxia como un halo de débil luz.

La Vía Láctea, cerca de Sagitario, brilla en el cielo.

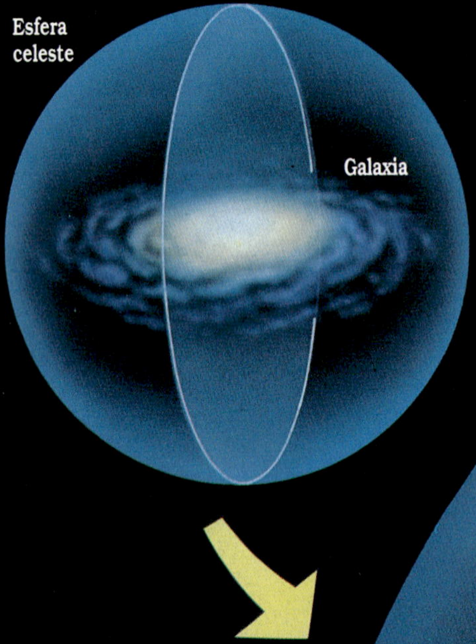

La galaxia vista desde la Tierra

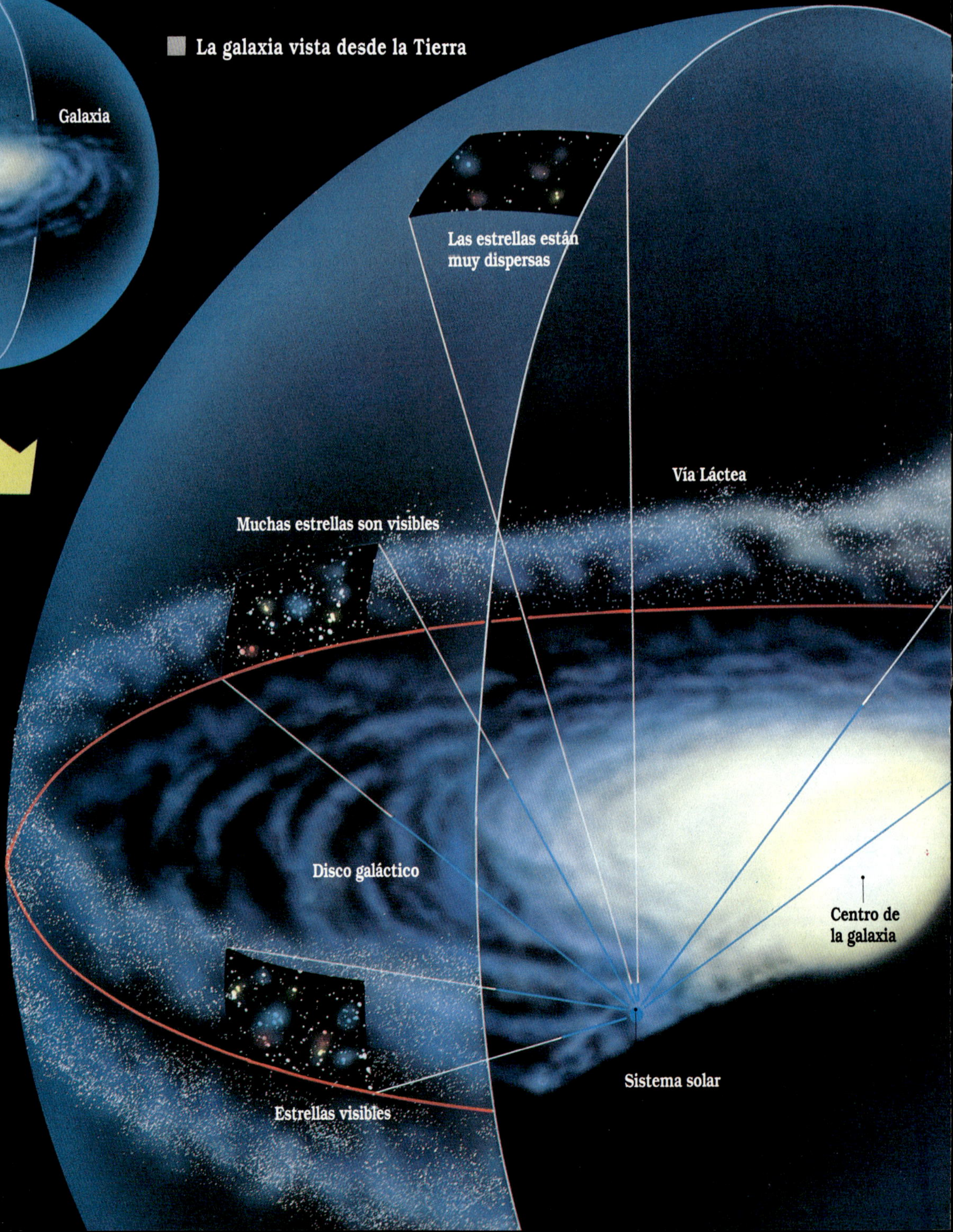

Esfera celeste

Galaxia

Las estrellas están muy dispersas

Vía Láctea

Muchas estrellas son visibles

Disco galáctico

Centro de la galaxia

Sistema solar

Estrellas visibles

La Vía Láctea

La luminosidad del cielo nocturno depende de qué parte de la Vía Láctea se observa. Los relucientes cinturones que dan su nombre a la galaxia son visibles únicamente cuando se ven de lado a través de los brazos espirales del disco. Si lo que se ve es el halo envolvente del disco, el cielo aparece más oscuro porque contiene menos estrellas.

Un mapa de la Vía Láctea

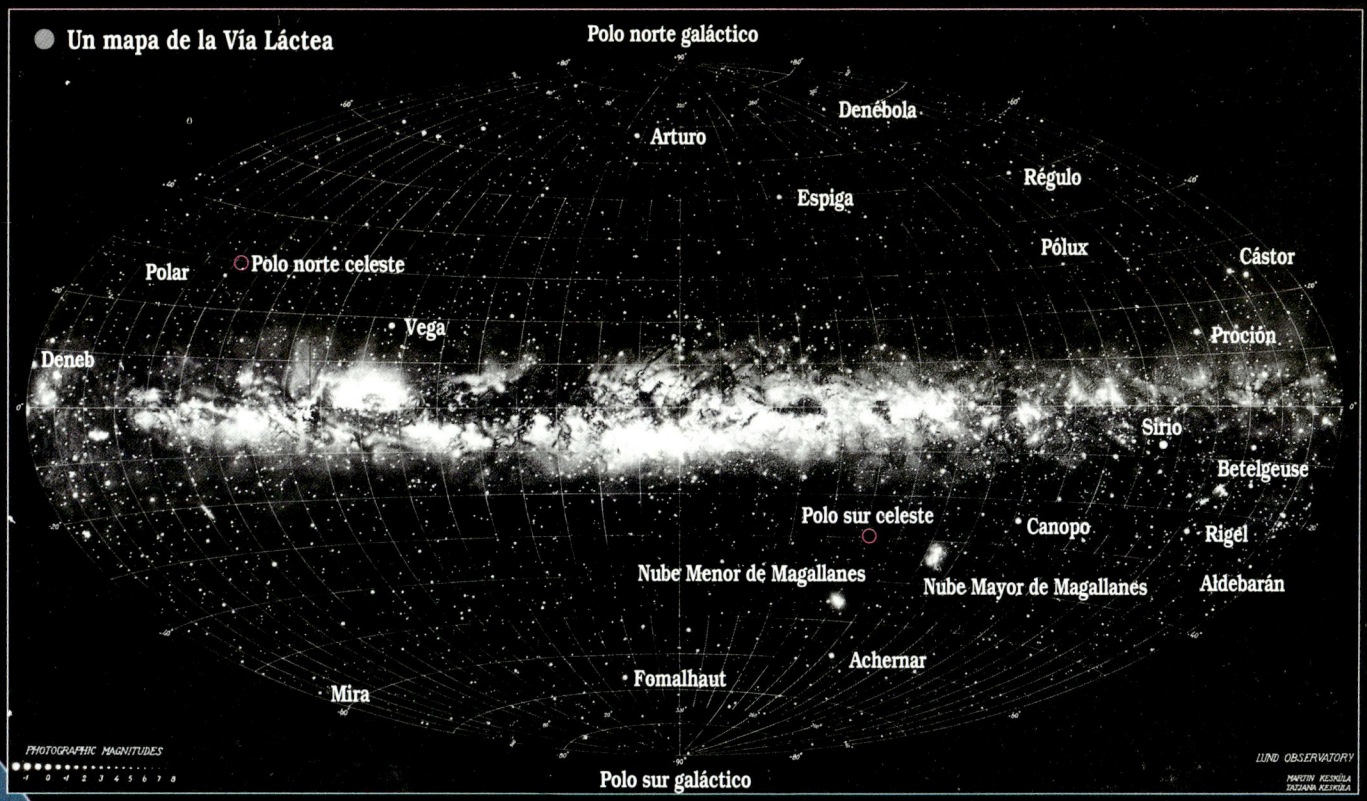

Un mosaico de fotografías del cielo nocturno revela la apariencia de disco aplanado de la Vía Láctea. La banda luminosa concentrada se debe a la agrupación de miles de millones de estrellas en el disco galáctico visto de lado. Las otras estrellas y galaxias aparecen al norte y al sur de la Vía Láctea.

Una concentración brillante

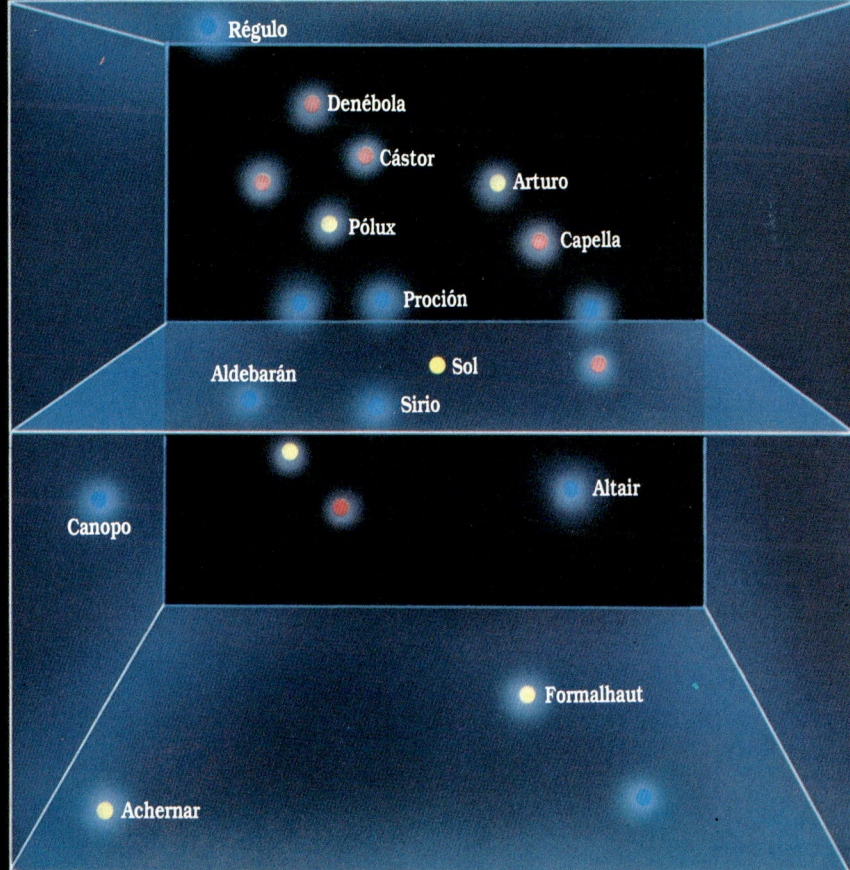

Cerca del núcleo, las estrellas están muy apretadas

Las estrellas visibles al ojo humano parecen agruparse estrechamente alrededor del Sol como las abejas en torno a una flor. En realidad, en la galaxia, las estrellas están tan lejos del Sol que sus distancias se miden en años luz. Sirio, por ejemplo, está aproximadamente a nueve años luz —87 billones de kilómetros—, mientras que la estrella Achernar se encuentra unas catorce veces más lejos.

¿Cuál es la estructura de la galaxia?

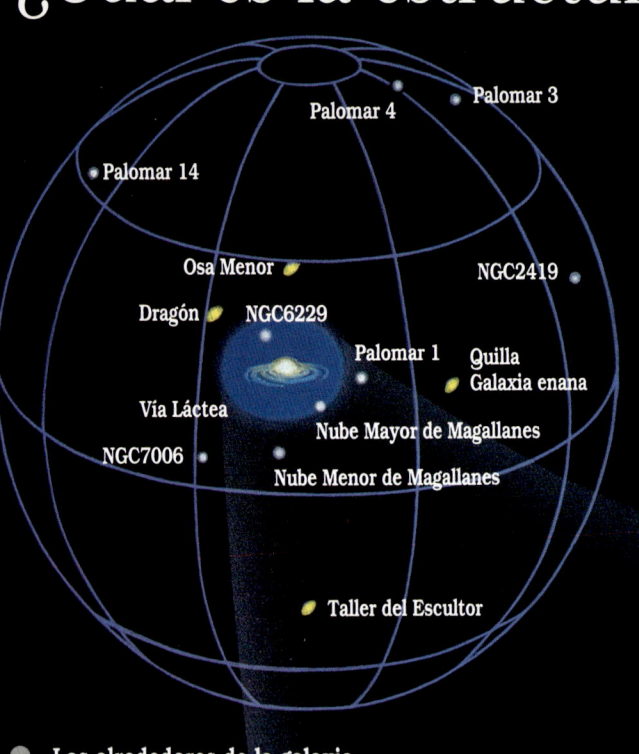

La Vía Láctea gira a través del universo como una colosal rueda lanzada por las manos de un gigante cósmico. En su centro yace una espesa protuberancia formada por mil millones de estrellas viejas densamente agrupadas. De esta protuberancia salen dos estructuras en forma de brazos con estrellas más jóvenes, polvo y gas. Estos brazos envuelven el centro, y confieren a la galaxia su apariencia espiral. Aunque la Vía Láctea es una de las galaxias más grandes del universo, tan sólo constituye una pequeña mancha entre los miles de millones de galaxias de una gran diversidad de tamaños y formas.

● **Los alrededores de la galaxia**

Aquí se reúnen más de treinta galaxias, llamadas Grupo Local, retenidas conjuntamente por la atracción gravitatoria mútua. Emplazada cómodamente dentro de esta vecindad en forma de globo, la Vía Láctea sirve de foco para las órbitas de algunos de sus vecinos más pequeños.

● **Halo y disco galácticos**

Girando dentro de un halo de gas caliente y estrellas en órbita, aquí apreciamos una disección de la Vía Láctea en la que se pone de manifiesto la estructura de su disco. En su espeso centro, se puede ver el resplandor amarillo de estrellas envejecidas que emiten radiaciones; a medida que el disco se hace más delgado, brilla con la luz azul de las estrellas recién formadas. El halo —de unos 400.000 años luz de anchura— puede ser los restos del gas del cual se formó nuestra galaxia.

Variedad de galaxias

Las galaxias se presentan en cuatro formas básicas: espiral, espiral barrada, elíptica e irregular. Las espirales son más prominentes, mientras que las elípticas son más abundantes. Las espirales están formadas por un núcleo brillante con brazos que giran; los brazos de una espiral barrada emergen de la barra que se extiende más allá del núcleo. Los núcleos de las elípticas llegan hasta los bordes de la galaxia. Las galaxias irregulares, las menos comunes, no giran alrededor de un núcleo central.

Andrómeda (espiral)

NGC1300 (espiral barrada)

NGC5128 (elíptica)

NGC3031 (espiral)

NGC1073 (espiral barrada)

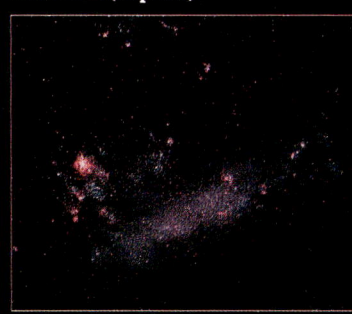
Nube Mayor de Magallanes (irregular)

Proyección de la galaxia

Vista lateralmente, la Vía Láctea parece unos platillos en acción *(arriba)*. Su diámetro asciende a 100.000 años luz, y el grosor del núcleo es de 15.000 años luz. Los brazos de la galaxia se enrollan alrededor de la protuberancia central *(centro y abajo)*. El Sol, la Tierra y los otros planetas dan vueltas a 30.000 años luz del centro y están situados en el brazo de Orión de la espiral. El Sol tarda más de 250 millones de años en dar una vuelta completa alrededor del centro.

¿Cómo es el centro de la galaxia?

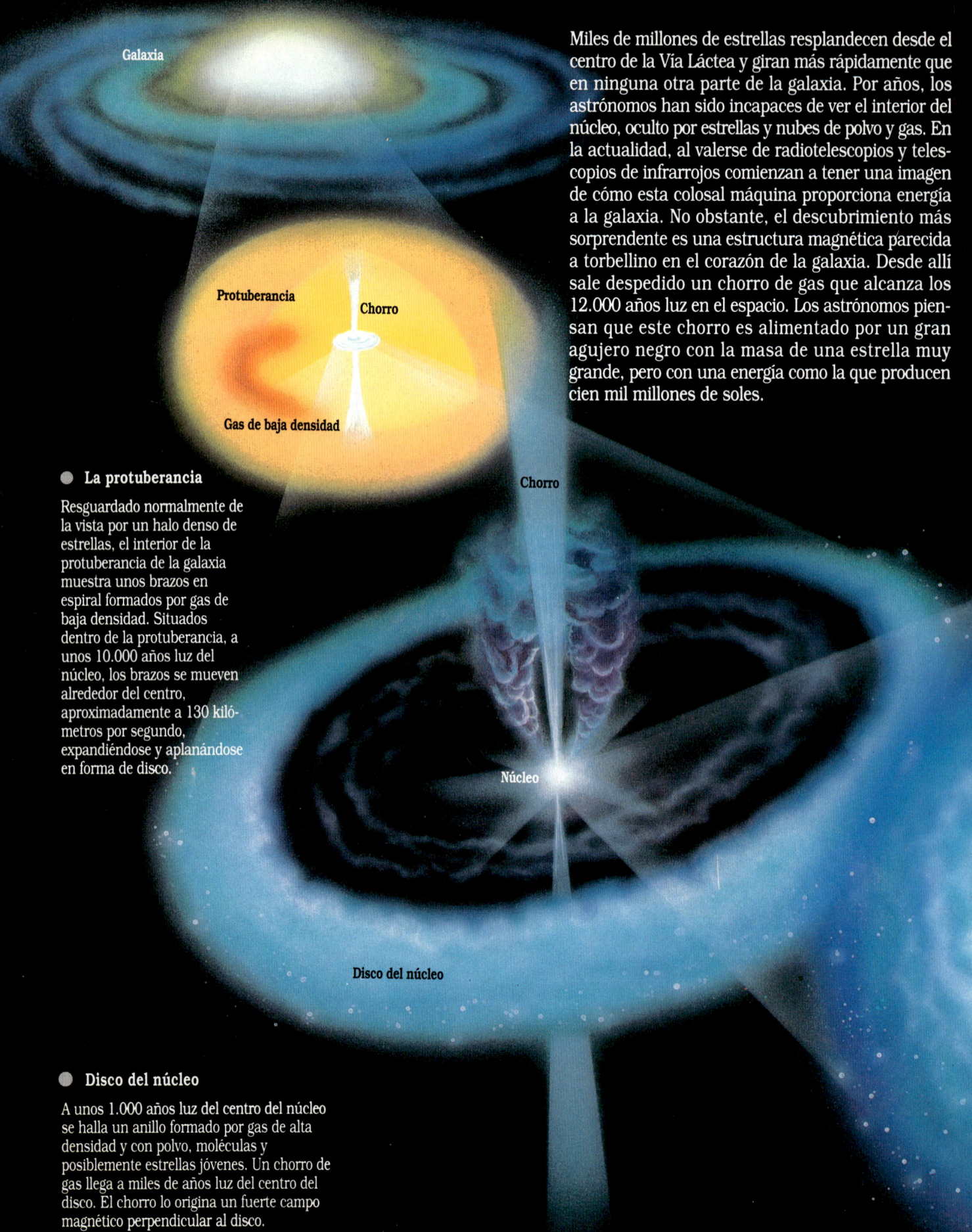

Miles de millones de estrellas resplandecen desde el centro de la Vía Láctea y giran más rápidamente que en ninguna otra parte de la galaxia. Por años, los astrónomos han sido incapaces de ver el interior del núcleo, oculto por estrellas y nubes de polvo y gas. En la actualidad, al valerse de radiotelescopios y telescopios de infrarrojos comienzan a tener una imagen de cómo esta colosal máquina proporciona energía a la galaxia. No obstante, el descubrimiento más sorprendente es una estructura magnética parecida a torbellino en el corazón de la galaxia. Desde allí sale despedido un chorro de gas que alcanza los 12.000 años luz en el espacio. Los astrónomos piensan que este chorro es alimentado por un gran agujero negro con la masa de una estrella muy grande, pero con una energía como la que producen cien mil millones de soles.

● **La protuberancia**

Resguardado normalmente de la vista por un halo denso de estrellas, el interior de la protuberancia de la galaxia muestra unos brazos en espiral formados por gas de baja densidad. Situados dentro de la protuberancia, a unos 10.000 años luz del núcleo, los brazos se mueven alrededor del centro, aproximadamente a 130 kilómetros por segundo, expandiéndose y aplanándose en forma de disco.

● **Disco del núcleo**

A unos 1.000 años luz del centro del núcleo se halla un anillo formado por gas de alta densidad y con polvo, moléculas y posiblemente estrellas jóvenes. Un chorro de gas llega a miles de años luz del centro del disco. El chorro lo origina un fuerte campo magnético perpendicular al disco.

● Radiofuente del centro galáctico

Un radiomapa del Radio Observatorio de Nobeyama, en Japón, muestra un detalle del centro de la galaxia. Los círculos concéntricos indican los niveles de intensidad de una enorme fuente de calor y energía, tal vez un agujero negro. La gravedad de un agujero negro provoca que las estrellas y la materia que hay alrededor caigan en el interior, calentando la materia hasta temperaturas extremadamente altas y generando radiación explosiva. La proyección en forma de serpiente a la izquierda del núcleo parece ser un chorro de gas caliente.

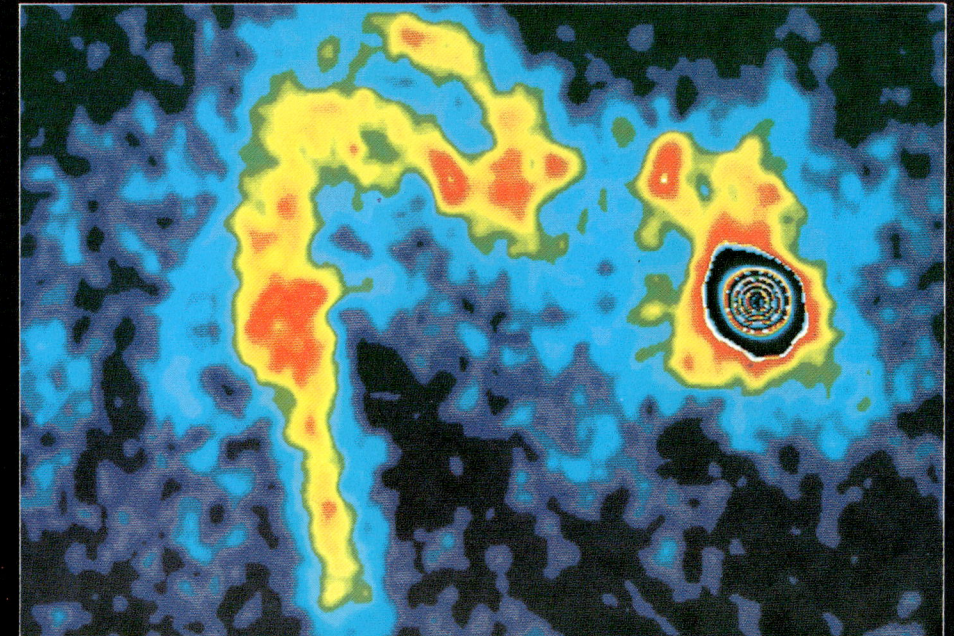

● El corazón de la galaxia

Rodeado por dos anillos fríos de gas y un anillo caliente interior, el núcleo de la galaxia se presenta como un disco giratorio de aproximadamente tres años luz de diámetro. Los científicos han llegado a la conclusión de que sólo un agujero negro, con una supermasa cinco millones de veces la del Sol, podría producir la prodigiosa cantidad de energía que emana de este núcleo. Debido a la atracción de la gravedad sobre la materia que hay alrededor, el rozamiento de las partículas que caen al interior del agujero genera inmensas temperaturas y radiaciones.

Brazos en espiral

Núcleo

Disco de gas

¿Por qué es una espiral la Vía Láctea?

1

■ Los brazos en espiral de la Vía Láctea

2

En esta demostración de cómo se origina una estructura en espiral, las estrellas se disponen a lo largo de una línea de salida imaginaria en ambos lados del centro de la galaxia, de manera muy similar a lo que hacen los corredores al empezar una carrera alrededor de una pista.

Cada estrella se mueve en el sentido de las agujas del reloj alrededor del centro a su propio ritmo. Las estrellas situadas más al interior completan una órbita cada veinte millones de años, mientras que las estrellas del borde exterior tardan diez veces más.

3

Los brazos en espiral formados por estrellas, gas y polvo que envuelven el núcleo de la galaxia resultan ser uno de los más misteriosos rompecabezas del universo. Se desconoce el origen exacto de la espiral, y los astrónomos tampoco están seguros de cómo el disco conserva su forma espiral. Como una cuerda atada alrededor del extremo de un palo giratorio, los brazos deberían estar actualmente fuertemente enrollados alrededor del centro de la galaxia. Los astrónomos creen que la espiral se mantiene fija a causa de ondas que se mueven entre las estrellas y el gas como las olas de un estanque. Piensan que estas ondas de choque se pusieron en movimiento debido a fuertes perturbaciones que tuvieron lugar en la formación de la galaxia hace miles de millones de años. Al moverse más despacio que las estrellas y el gas que se encuentran en los caminos en espiral de la galaxia, las ondas provocan enormes compresiones de materia que origina nuevas estrellas. Muchas de estas estrellas son tan grandes que finalmente explotan emitiendo más ondas de choque. La combinación de las estructuras ondulantes y la formación de estrellas podría ayudar a mantener la forma en espiral y a surtirla de materia nueva.

Nubes arremolinadas de estrellas, gas y polvo se mueven alrededor del núcleo pequeño y brillante de la galaxia en espiral M51, a unos 21 millones de años luz de la Tierra.

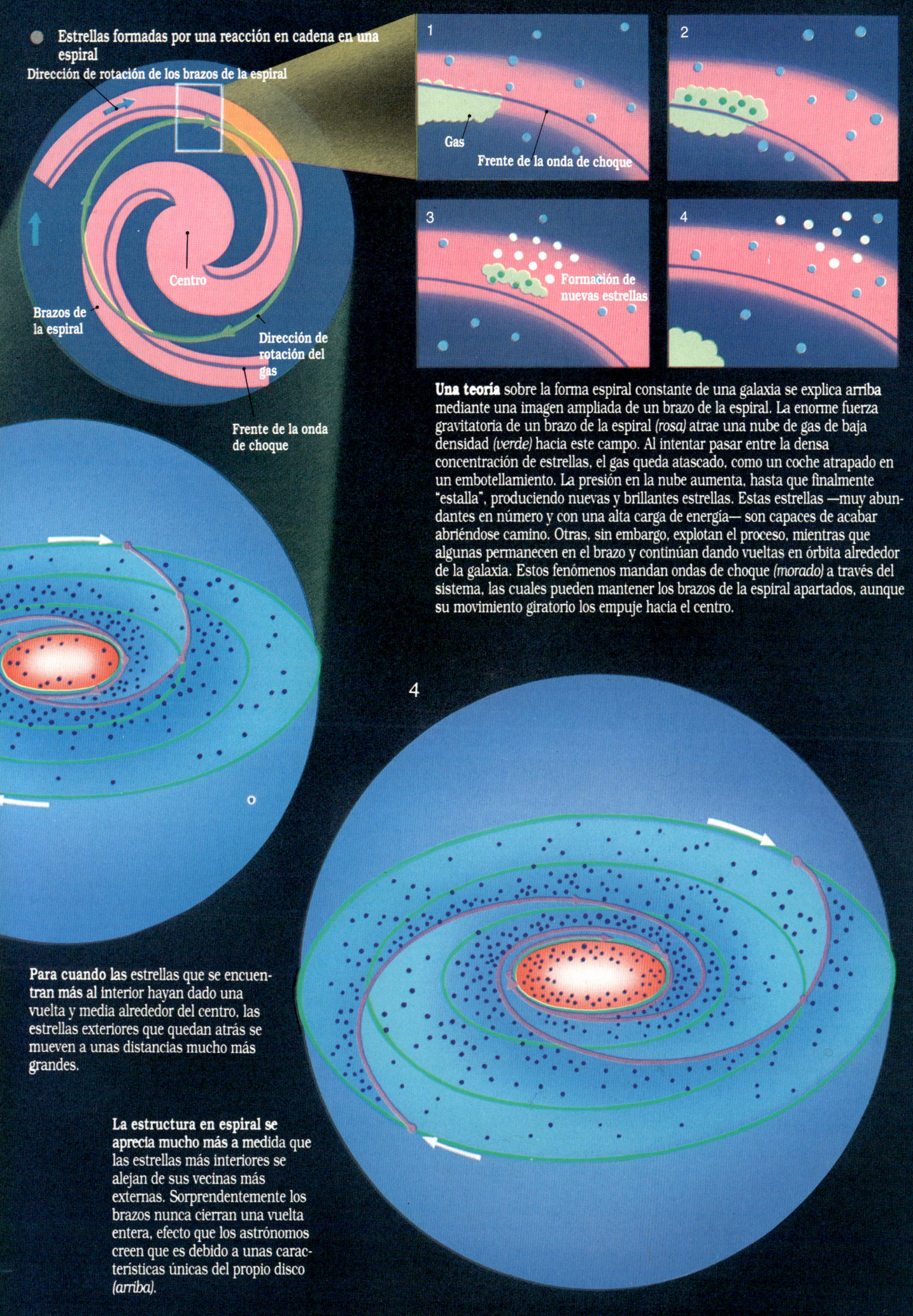

Estrellas formadas por una reacción en cadena en una espiral
Dirección de rotación de los brazos de la espiral
Centro
Brazos de la espiral
Dirección de rotación del gas
Frente de la onda de choque

1. Gas — Frente de la onda de choque
2.
3. Formación de nuevas estrellas
4.

Una teoría sobre la forma espiral constante de una galaxia se explica arriba mediante una imagen ampliada de un brazo de la espiral. La enorme fuerza gravitatoria de un brazo de la espiral *(rosa)* atrae una nube de gas de baja densidad *(verde)* hacia este campo. Al intentar pasar entre la densa concentración de estrellas, el gas queda atascado, como un coche atrapado en un embotellamiento. La presión en la nube aumenta, hasta que finalmente "estalla", produciendo nuevas y brillantes estrellas. Estas estrellas —muy abundantes en número y con una alta carga de energía— son capaces de acabar abriéndose camino. Otras, sin embargo, explotan el proceso, mientras que algunas permanecen en el brazo y continúan dando vueltas en órbita alrededor de la galaxia. Estos fenómenos mandan ondas de choque *(morado)* a través del sistema, las cuales pueden mantener los brazos de la espiral apartados, aunque su movimiento giratorio los empuje hacia el centro.

Para cuando las estrellas que se encuentran más al interior hayan dado una vuelta y media alrededor del centro, las estrellas exteriores que quedan atrás se mueven a unas distancias mucho más grandes.

La estructura en espiral se aprecia mucho más a medida que las estrellas más interiores se alejan de sus vecinas más externas. Sorprendentemente los brazos nunca cierran una vuelta entera, efecto que los astrónomos creen que es debido a unas características únicas del propio disco *(arriba)*.

¿Cómo se formó el universo?

El universo comenzó probablemente hace alrededor de 15.000 millones de años con el Big Bang, una explosión muy fuerte de un punto de infinita densidad que provocó el nacimiento del tiempo, el espacio y la energía. Segundos después de la explosión, el universo se convirtió en una sopa hirviente de radiaciones y partículas exóticas. A medida que el universo se fue expandiendo, comenzó a enfriarse y perdió densidad. Después de cientos de miles de años, los electrones, los protones y los neutrones se unieron y surgieron los átomos de hidrógeno y helio. Mil millones de años después del Big Bang, la gravedad atrajo estos gases formando enormes nubes conocidas como protogalaxias. Mil millones de años más tarde, las protogalaxias engendraron las primeras estrellas. En la actualidad, el universo se asemeja a una inmensa burbuja, con agrupaciones de galaxias formando muros alrededor de grandes huecos.

Big Bang

Expansión rápida

1 **Inmediatamente después** del Big Bang *(izquierda)*, el universo se expandió rápidamente, desde el tamaño de un alfiler hasta dos mil veces el tamaño del Sol.

2 **Antes de que** el universo tuviera un segundo de existencia *(arriba)*, era una masa caliente arremolinada formada por las partículas más elementales. Esta masa era tan densa como el hierro y tan opaca que la luz no podía atravesarla.

Formación de los átomos

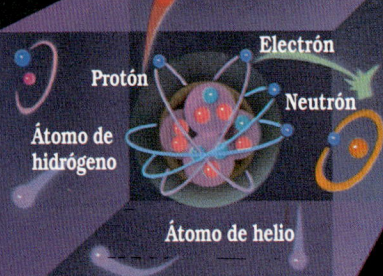

Protón
Electrón
Neutrón
Átomo de hidrógeno
Átomo de helio

3 **Después de los primeros 500.000 años** *(arriba)*, el universo se fue enfriando gradualmente hasta los 3.000 °K. Las partículas elementales se fusionaron formando la sabia del universo: el hidrógeno y el helio. La débil iluminación cósmica de la radiación de microondas de 3 °K, visible a través del universo, se cree que es un residuo del Big Bang.

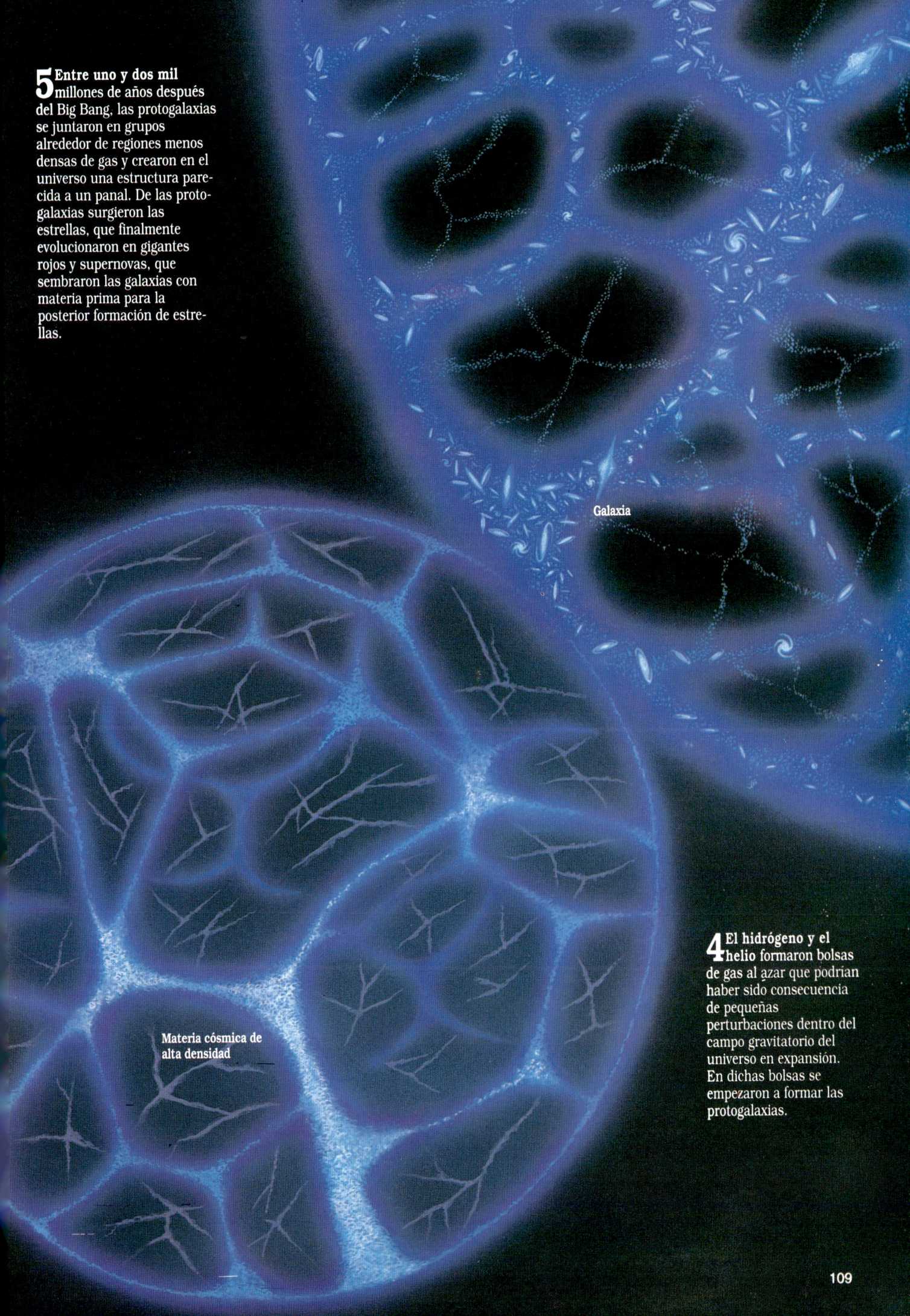

5 Entre uno y dos mil millones de años después del Big Bang, las protogalaxias se juntaron en grupos alrededor de regiones menos densas de gas y crearon en el universo una estructura parecida a un panal. De las protogalaxias surgieron las estrellas, que finalmente evolucionaron en gigantes rojos y supernovas, que sembraron las galaxias con materia prima para la posterior formación de estrellas.

Galaxia

Materia cósmica de alta densidad

4 El hidrógeno y el helio formaron bolsas de gas al azar que podrían haber sido consecuencia de pequeñas perturbaciones dentro del campo gravitatorio del universo en expansión. En dichas bolsas se empezaron a formar las protogalaxias.

¿Cuál es la estructura del universo?

● Cúmulos de cúmulos

Las agrupaciones de gran masa de cúmulos de galaxias se mantienen unidas debido a la gravedad formando una especie de paredes de burbujas. Estos cúmulos cubren extensiones de entre 30 y 40 millones de años luz; los supercúmulos son diez veces más grandes.

● El Supercúmulo Local

Una pequeña porción del Supercúmulo Local que contiene nuestro Grupo Local se muestra en la ilustración de abajo. Se extiende a lo largo de 150 millones de años luz a través del espacio.

Cúmulos de supercúmulos

Supercúmulos, imagen ampliada

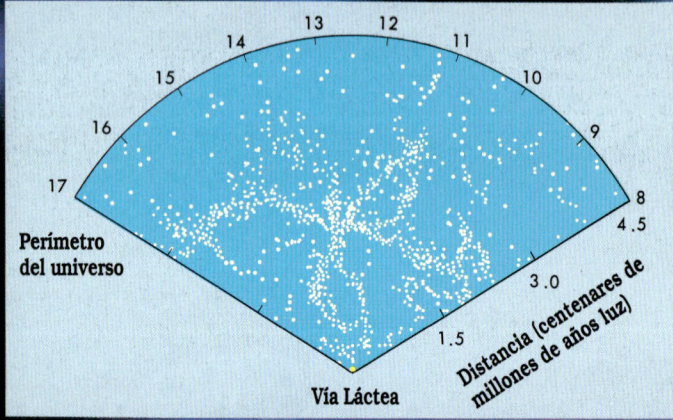

Perímetro del universo

Vía Láctea

Distancia (centenares de millones de años luz)

En esta porción del universo en forma de abanico, vista desde la Tierra, los supercúmulos están dispuestos a modo de espuma alrededor de burbujas vacías del espacio. La gran concentración del centro indica el grupo de La Virgen

Los astrónomos calculan que en el universo puede haber más de cien mil millones de galaxias, y casi todas ellas reunidas en grupos reconocibles o cúmulos. La gravedad mantiene unidas a las galaxias. La Vía Láctea forma parte de un conjunto de treinta galaxias conocido como el Grupo Local, con una extensión de treinta millones de años luz. Algunos cúmulos de galaxias son pequeños, pero otros no, y abarcan millones de millones de años luz. Estas galaxias se reúnen a su vez en agrupaciones más grandes llamadas supercúmulos. Nuestro Grupo Local forma parte del Supercúmulo Local, que reúne más de cien cúmulos. Tanto los cúmulos como los supercúmulos están colocados en corredores densos alrededor de huecos negros que dan al espacio una apariencia de burbujas. Los astrónomos sospechan que pueden ser también cúmulos de supercúmulos.

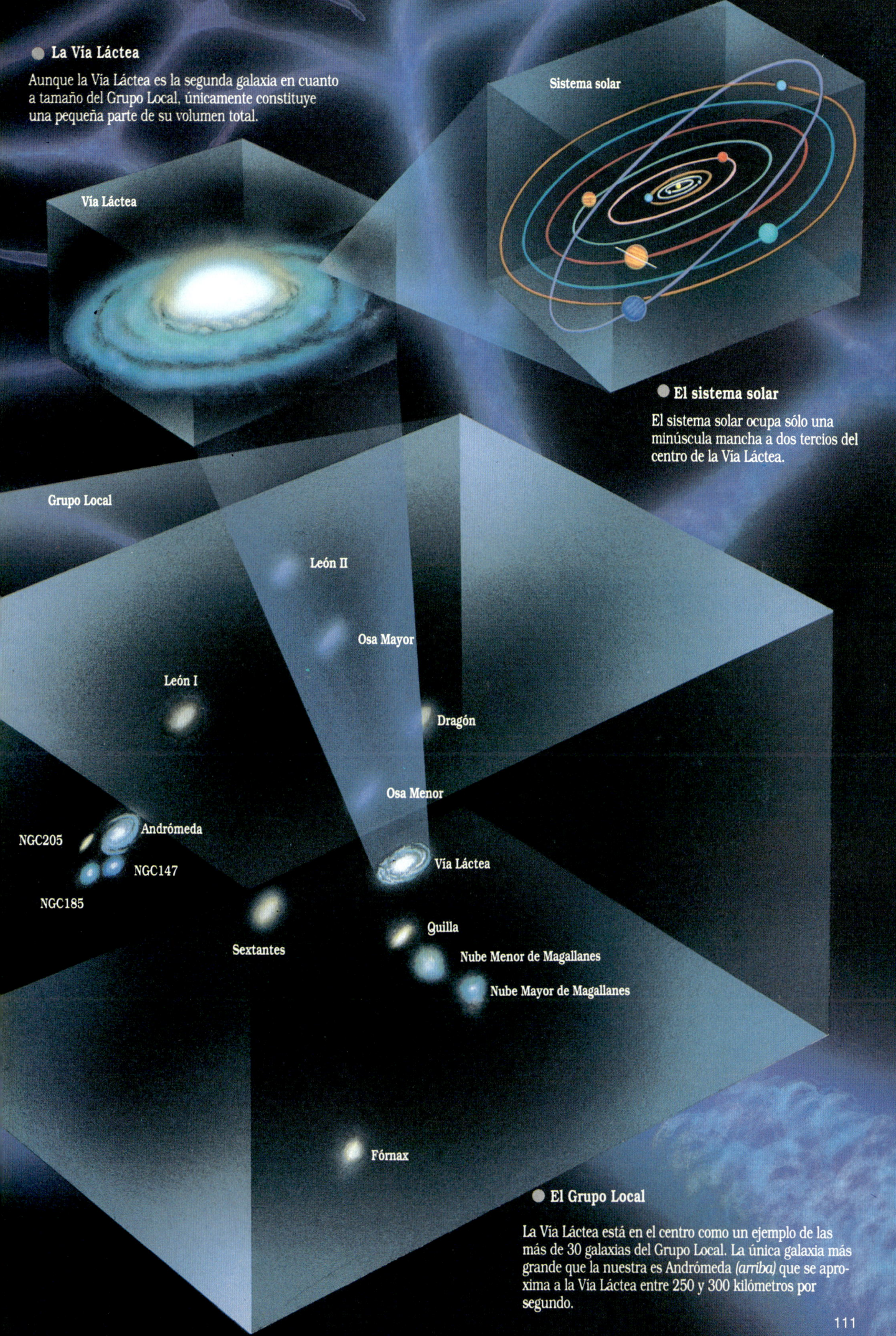

● **La Vía Láctea**

Aunque la Vía Láctea es la segunda galaxia en cuanto a tamaño del Grupo Local, únicamente constituye una pequeña parte de su volumen total.

● **El sistema solar**

El sistema solar ocupa sólo una minúscula mancha a dos tercios del centro de la Vía Láctea.

● **El Grupo Local**

La Vía Láctea está en el centro como un ejemplo de las más de 30 galaxias del Grupo Local. La única galaxia más grande que la nuestra es Andrómeda *(arriba)* que se aproxima a la Vía Láctea entre 250 y 300 kilómetros por segundo.

¿Qué son los quásars?

A comienzos de los años sesenta, los astrónomos detectaron fuertes señales de radio provenientes de objetos apenas perceptibles parecidos a una estrella. Los astrónomos les llamaron quasars (del inglés, *quasi-stelar radio sources*, "radiofuentes casi estelares"). El espectro de estas misteriosas fuentes muestra líneas de emisión muy desplazadas hacia el rojo, lo que significa que están localizadas lejos de la Tierra y que se alejan a grandes velocidades. Además los quásars aparecen como más pequeños que las galaxias. Los astrónomos están desconcertados por el hecho de que objetos de este tamaño puedan desprender una radiación tan intensa. No llegan a entender por qué los quásars poseen semejante brillo: un billón de veces el brillo del Sol. Una teoría sugiere que los quásars son el centro de una galaxia joven, que es extremadamente luminosa debido a la fuerza de la gravedad de un agujero negro gigante encerrado en su interior. Los quásars parecen débiles porque está muy distantes. El quásar más cercano está a tres mil millones de años luz de la Tierra, mientras que los más lejanos se encuentran seis veces más lejos. Los astrónomos han descubierto objetos todavía más alejados o más viejos que los quásars, algunos se remontan al tiempo en que el universo tenía solamente dos mil millones de años. Los quásars, por tanto, son puertas hacia el pasado, que ofrecen a los científicos una tentadora visión de las condiciones que se produjeron después del Big Bang.

Galaxias cercanas

Estrellas de la Vía Láctea

Tierra

Distancia (en años luz)

Velocidad de recesión
(Velocidad de la luz = 1)

Hidrógeno
ionizado y helio

Radiación cósmica
de fondo

Hidrógeno atómico
y helio

Protogalaxias

Galaxias primitivas

0.99999

0.9999

0.999

Quásars

1.64 × 10¹⁰

Galaxias demasiado
débiles para ser vistas

0.99

1.5 × 10¹⁰

0.9

Galaxias remotas

0.7

0.5

10¹⁰

0.1

10⁹

0.01

10⁸

10⁷

● Una radiación enigmática

Un débil chorro de gas es emitido desde la parte superior derecha del quásar 3C273; los científicos creen que es provocado por un gigantesco agujero negro situado en su centro. El agujero negro también puede ser la causa del gran brillo del quásar, el cual emite tanta energía en un segundo como el Sol en 300.000 años.

● Evolución cósmica

Mirar al espacio desde la Tierra es observar atrás en el tiempo, como revela esta imagen del universo en forma de cono. Una galaxia cercana, a diez millones de años luz, se ve como era hace diez millones de años, puesto que su luz tarda ese tiempo en alcanzarnos. La región del extremo más lejano del cono *(arriba, a la derecha)* representa los primeros años después del Big Bang, cuando el universo brillaba con la radiación cósmica de fondo. Posteriormente, se produjo un rápido enfriamiento, en el que la materia se solidificó para formar las protogalaxias. Los primeros quásars descubiertos fueron los más cercanos, aquellos que se encuentran a unos tres mil millones de años luz. Los astrónomos piensan que estos jóvenes quásars son galaxias a medio hacer. Aproximándonos ya a nuestros días, los quásars se desvanecen para ser reemplazados por un mayor número de galaxias "normales".

¿Se está expandiendo el universo?

En un tiempo los astrónomos creían que el universo era infinitamente grande, pero que nunca cambió ni su forma ni su tamaño. Más tarde, a finales de los años veinte, el astrónomo estadounidense Edwin P. Hubble realizó un asombroso descubrimiento después de representar las distancias entre galaxias y compararlas con sus velocidades de recesión: cuanto más lejos está la galaxia, más rápidamente se aleja. La ley de Hubble, como se la conoce, llevó a los astrónomos a una ineludible conclusión: si las galaxias se alejan unas de otras en todas las direcciones, entonces es que el universo se expande. No se sabe si esta expansión continuará o no.

Galaxia

El diagrama ilustra el principio de la ley de Hubble: cuanto más lejos está un grupo de galaxias de cualquier otro grupo a lo largo de la línea, más rápidamente se aleja de él.

El universo se debate entre dos posibilidades: si su densidad es menor que tres átomos de hidrógeno por metro cúbico, el universo no dispone de gravedad suficiente como para mantenerse unido y se expandirá para siempre *(abajo, derecha)*. Si es superior a dicha densidad crítica, la gravedad provocará que en el universo se produzca el Big Crunch (Gran Colpaso).

Universo cerrado

Universo abierto

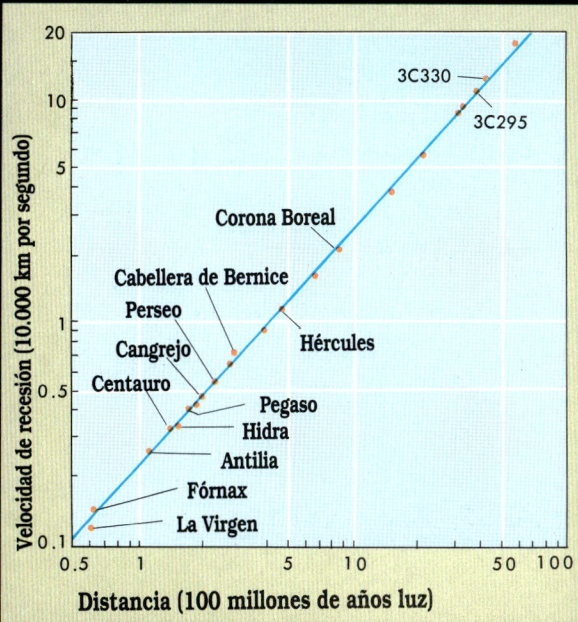

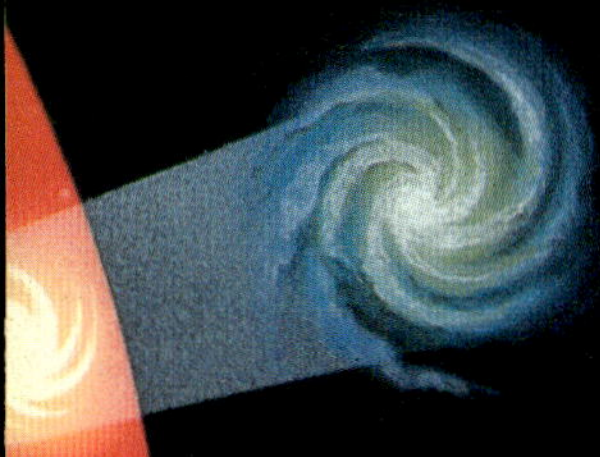

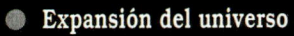

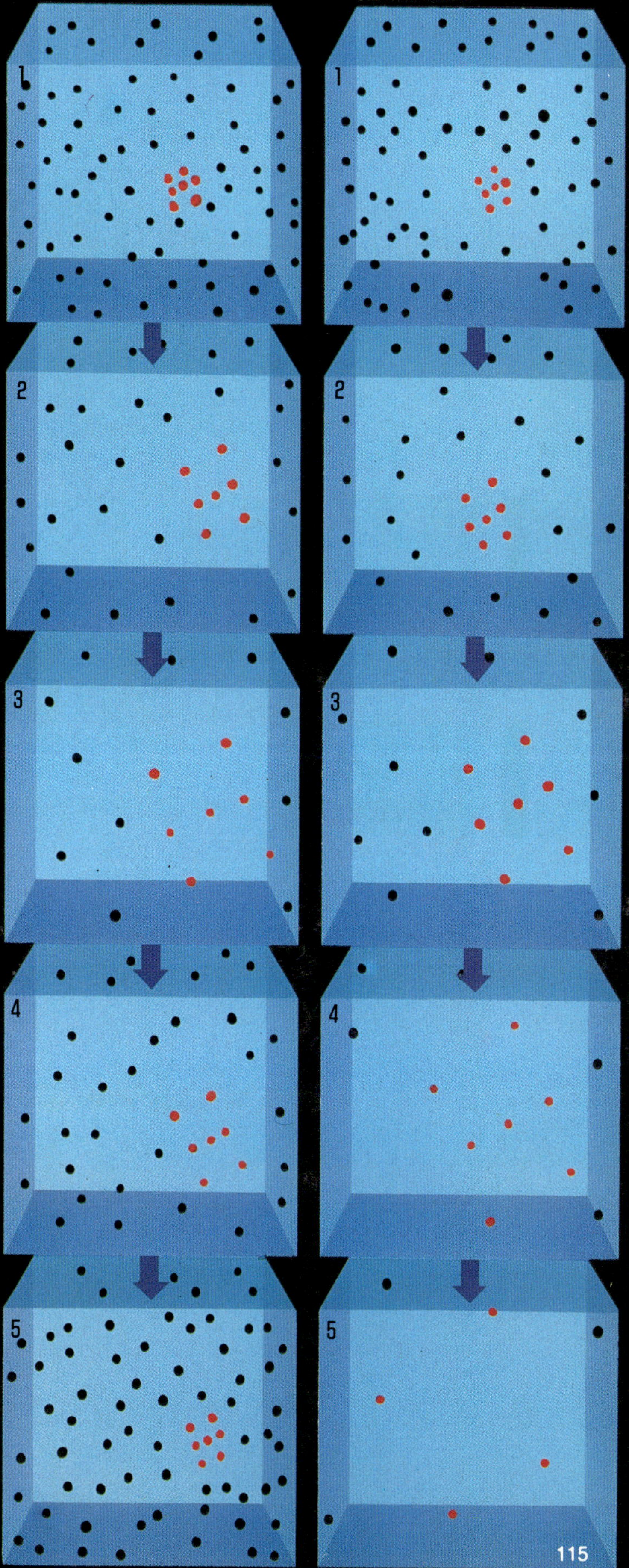

Expansión del universo

Al utilizar una única galaxia como punto de referencia *(a la izquierda)*, todas las demás galaxias se alejan a velocidades relativas a sus distancias. Los quásars, por ejemplo, son los objetos más remotos en el universo. Como se muestra abajo, sus líneas de absorción están desplazadas hacia el extremo rojo del espectro *(abajo, parte superior)*, lo que significa que retroceden a velocidades superiores a las de los objetos más cercanos *(centro e inferior)*. Aunque se usara otra galaxia como punto de origen, la relación entre velocidad y distancia continuaría siendo la misma. Esta constancia sugiere que el universo se expande en todas las direcciones.

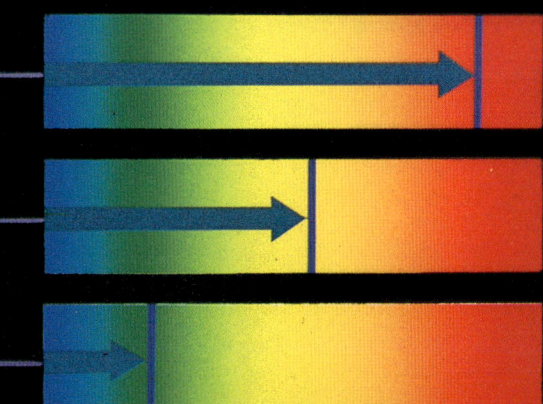

7
Observando el firmamento

Antes que los telescopios, ya existía el ojos humano. Con él, los primeros astrónomos construyeron los fundamentos de su ciencia. Pusieron nombre a las estrellas visibles y a las figuras que dibujaban. Descubrieron cinco planetas y representaron los primeros eclipses solares y lunares. No obstante, la verdadera naturaleza de los objetos celestes tuvo que esperar a la invención del telescopio.

En 1609, al saber de la construcción de un telescopio por un óptico holandés, el científico italiano Galileo Galilei se hizo su propia versión del invento, que consistía en una lente convexa y una cóncava montadas en un tubo de plomo. "Al colocar mi ojo ante la lente cóncava —escribió—, vi los objetos mucho más grandes y más cerca". En pocos años descubrió los cráteres de la Luna, las manchas del Sol, los anillos de Saturno y cuatro lunas de Júpiter.

Ahora, incluso los prismáticos revelan mucho más que los instrumentos de Galileo, y los telescopios modernos pueden ver hasta cerca de los bordes del universo. Pero el cosmos emite muchas más longitudes de ondas que las de la luz visible. En décadas recientes, los astrónomos han desarrollado telescopios en tierra que les permiten ver las ondas de radio, las microondas y la radiación infrarroja. Los satélites proporcionan incluso imágenes más claras del universo en estas longitudes de onda. También detectan aquellas porciones del espectro electromagnético emitidas desde objetos celestes que no logran penetrar en la atmósfera: rayos X, rayos gamma y radiación ultravioleta. En los últimos años, la exploración espacial ha experimentado notables progresos con la incorporación del telescopio Hubble en órbita.

Dentro de la bóveda móvil de un observatorio, un telescopio moderno enfoca a uno de los miles de millones de objetos celestes que llenan el cielo nocturno.

¿Cómo funcionan los telescopios ópticos?

A lo largo de cuatro siglos, los telescopios ópticos han captado la luz dirigida hacia la Tierra desde cualquier rincón del universo. Estos telescopios son de dos tipos: refractores, que usan lentes para enfocar la luz directamente hacia el ocular; y reflectores, los cuales hacen rebotar la luz en espejos antes de mandarla al ocular.

Los telescopios más antiguos son del tipo refractor, pero sus lentes ceden y se deforman cuando su aberturas, o amplitudes, exceden los 100 centímetros. Los grandes telescopios —como el Hale, en el oeste de Estados Unidos, que mostramos aquí— son reflectores. Con su espejo de 5 metros, puede captar una gran cantidad de luz. Cuando está acompañado de una cámara electrónica —supersensitiva a la luz—, se pueden ver las galaxias que están a miles de millones de años luz.

▲ **El telescopio Hale** de 5 metros se abre al cielo nocturno.

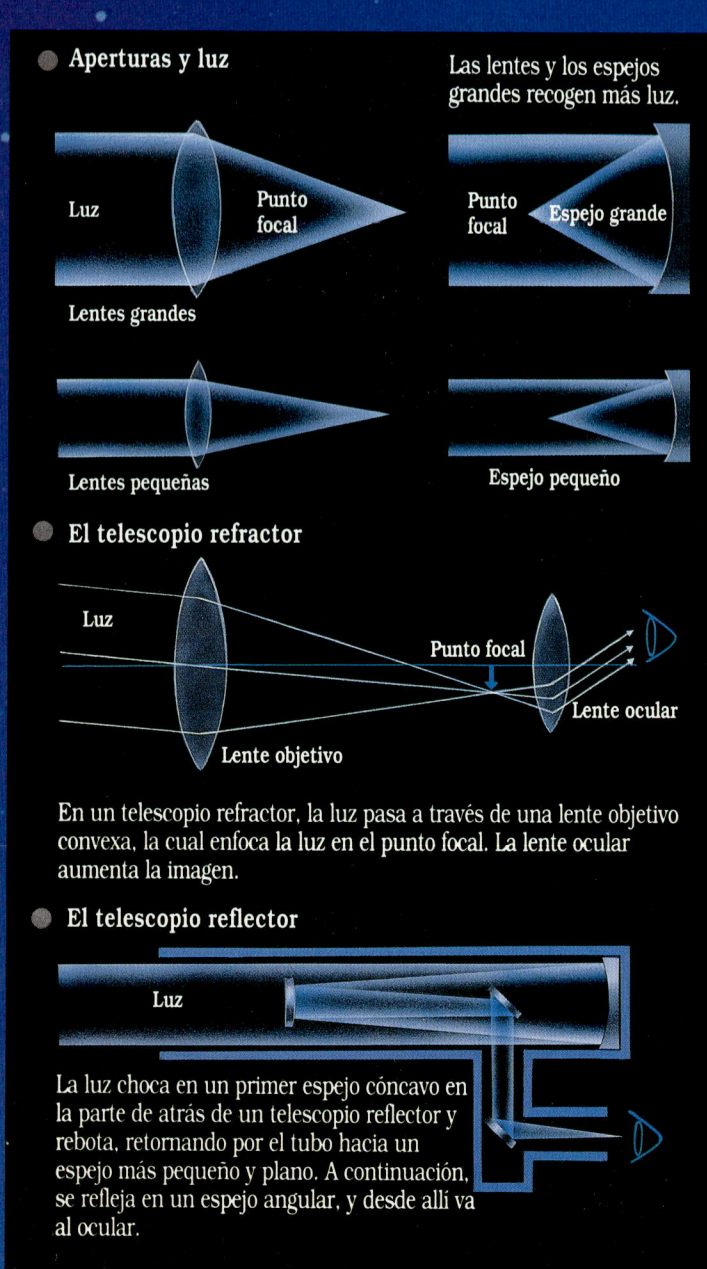

● **Aperturas y luz**

Las lentes y los espejos grandes recogen más luz.

Luz — Punto focal — Lentes grandes

Punto focal — Espejo grande

Lentes pequeñas

Espejo pequeño

● **El telescopio refractor**

Luz — Punto focal — Lente ocular — Lente objetivo

En un telescopio refractor, la luz pasa a través de una lente objetivo convexa, la cual enfoca la luz en el punto focal. La lente ocular aumenta la imagen.

● **El telescopio reflector**

Luz

La luz choca en un primer espejo cóncavo en la parte de atrás de un telescopio reflector y rebota, retornando por el tubo hacia un espejo más pequeño y plano. A continuación, se refleja en un espejo angular, y desde allí va al ocular.

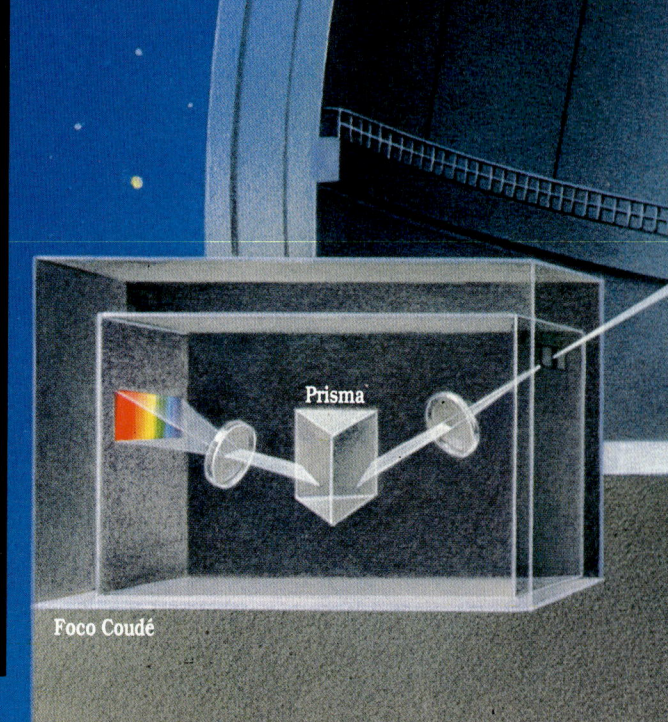

Prisma

Foco Coudé

■ Anatomía del telescopio Hale

A pesar de los grandes avances en la tecnología de los telescopios en las cuatro décadas transcurridas desde la aparición del telescopio Hale, éste todavía es uno de los instrumentos ópticos más potentes del mundo. El gran reflector —sobre una montura que le permite girar— tiene tres puntos principales de enfoque (o focos), cada uno a una distancia distinta del centro del espejo. El foco primario está en una cabina en la parte superior del tubo. El foco Cassegrain, que produce imágenes grandes, se encuentra al fondo del tubo. Y el foco Coudé está localizado en una habitación aparte debajo del telescopio. Este último sistema hace al telescopio especialmente valioso al descomponer la luz de las estrellas en un espectro, el cual revela los gases atmosféricos de la estrella y su temperatura.

¿Cómo funcionan los radiotelescopios?

En 1937 un ingeniero electrónico estadounidense llamado Grote Reber construyó un inmenso receptor de radio en forma de parábola en su patio trasero y con él demostró que desde el espacio exterior llegan a la Tierra señales de radio. Los astrónomos pronto se dieron cuenta que muchos objetos en el espacio, desde las estrellas a las nubes de polvo, emiten ondas de radio, y que su estudio no puede decir mucho sobre el universo. Por esa razón, empezaron a diseñar inmensas antenas parabólicas para captar lo que de otro modo eran ondas cósmicas invisibles e indetectables.

Los radioastrónomos tienen que utilizar telescopios que son muy distintos de los instrumentos ópticos tradicionales. Las ondas de radio tienen una longitud de onda mucho más larga que las ondas de luz visible, como resultado, sólo pueden verse si primero son captadas por grandes antenas parabólicas y más tarde convertidas en señales electrónicas. La parte más importante de un radiotelescopio es la inmensa parábola, normalmente de más de 30 metros de diámetro, que capta las señales y, como el espejo principal de un telescopio reflector, las manda a un receptor electrónico. El receptor emite las señales a un ordenador, el cual las traduce en dibujos y gráficos que los astrónomos pueden entender.

El subreflector —colocado en el foco principal de la parábola— refleja las ondas de la antena hacia los receptores en la base del telescopio.

El interior de la parábola, también conocido como reflector principal, está cubierto con seiscientos paneles reflectores hechos de un material ligero y altamente resistente al calor. La parábola desvía las ondas de radio hacia el subreflector.

La estructura de la párabola tiene una lámina para mantenerlo a una temperatura estable, evitando la distorsión de las señales.

Reflector plano nº 1

Un sistema de rotación rápida permite que los astrónomos apunten la antena con mucha precisión.

Sala de máquinas inferior

Receptor de ondas de 3 cm

Ruedas

Captar las ondas de radio

El radiotelescopio del Radio Observatorio Nobeyama, Japón *(que se muestra aquí)*, tiene una parábola de 45 metros que da a los científicos imágenes detalladas del cosmos. Las ondas de radio chocan en la inmensa parábola y rebotan hacia el subreflector que está sujeto encima de la parábola mediante una estructura. A su vez, el subreflector manda las ondas de radio a través del agujero central de la antena hacia el receptor. Las señales son amplificadas y más tarde mandadas a un computador que crea las imágenes y las gráficas.

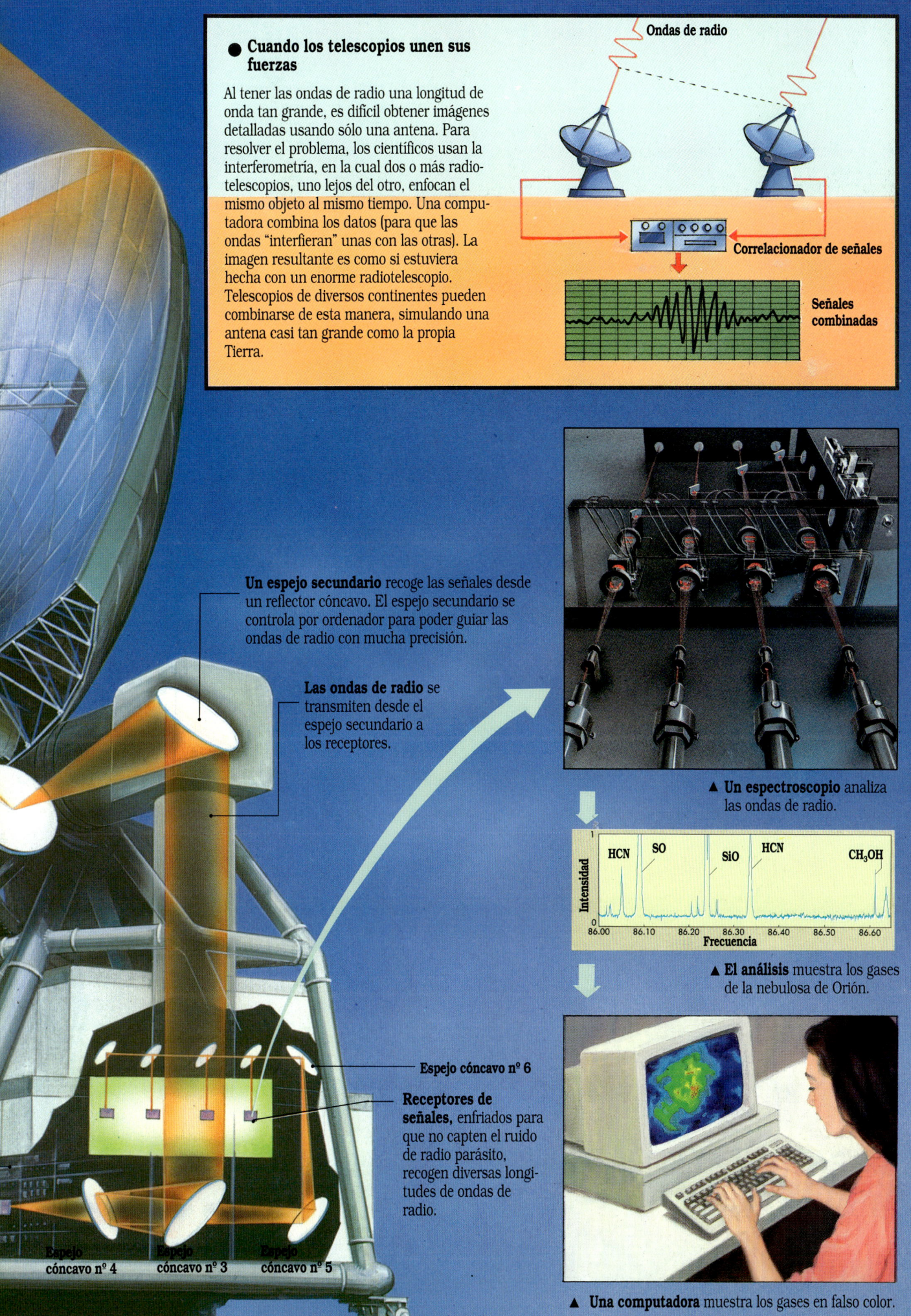

● **Cuando los telescopios unen sus fuerzas**

Al tener las ondas de radio una longitud de onda tan grande, es difícil obtener imágenes detalladas usando sólo una antena. Para resolver el problema, los científicos usan la interferometría, en la cual dos o más radiotelescopios, uno lejos del otro, enfocan el mismo objeto al mismo tiempo. Una computadora combina los datos (para que las ondas "interfieran" unas con las otras). La imagen resultante es como si estuviera hecha con un enorme radiotelescopio. Telescopios de diversos continentes pueden combinarse de esta manera, simulando una antena casi tan grande como la propia Tierra.

Ondas de radio
Correlacionador de señales
Señales combinadas

Un espejo secundario recoge las señales desde un reflector cóncavo. El espejo secundario se controla por ordenador para poder guiar las ondas de radio con mucha precisión.

Las ondas de radio se transmiten desde el espejo secundario a los receptores.

▲ **Un espectroscopio** analiza las ondas de radio.

▲ **El análisis** muestra los gases de la nebulosa de Orión.

Espejo cóncavo nº 6

Receptores de señales, enfriados para que no capten el ruido de radio parásito, recogen diversas longitudes de ondas de radio.

Espejo cóncavo nº 4
Espejo cóncavo nº 3
Espejo cóncavo nº 5

▲ **Una computadora** muestra los gases en falso color.

121

¿Cómo estudian el Sol los astrónomos?

Es sólo una estrella normal y corriente, no obstante da vida al proporcionar calor y luz a la Tierra quemando aproximadamente cuatro millones de toneladas métricas de gases cada segundo a temperaturas que alcanzan millones de grados Celsius. Nuestra estrella desprende energía de tantas maneras distintas que únicamente durante los últimos cuarenta años los científicos han comenzado a entender su naturaleza.

Como emite radiaciones en muchas longitudes de onda, el Sol no puede estudiarse completamente mediante un único instrumento. Por ejemplo, los astrónomos utilizan un telescopio óptico para captar la luz visible emitida por los gases de baja temperatura cercanos a la superficie solar. Los radiotelescopios pueden estudiar el movimiento de gases en el interior de la corona. Cada gama de longitudes de onda revela nuevos detalles. Los telescopios ópticos y los radiotelescopios, los satélites y los observatorios solares especiales contribuyen, todos ellos, a dar nuevos datos sobre el Sol.

▲ **El telescopio McMath** *(arriba)*, en Estados Unidos, con sus 150 metros de tubo bajo tierra, es el observatorio solar más grande del mundo.

● **Radiotelescopios**

Los radiotelescopios captan las ondas de gran longitud de onda que configuran el extremo radio del espectro. Por ejemplo, pueden observar la radiación emitida por gases calientes en su movimiento en la corona solar.

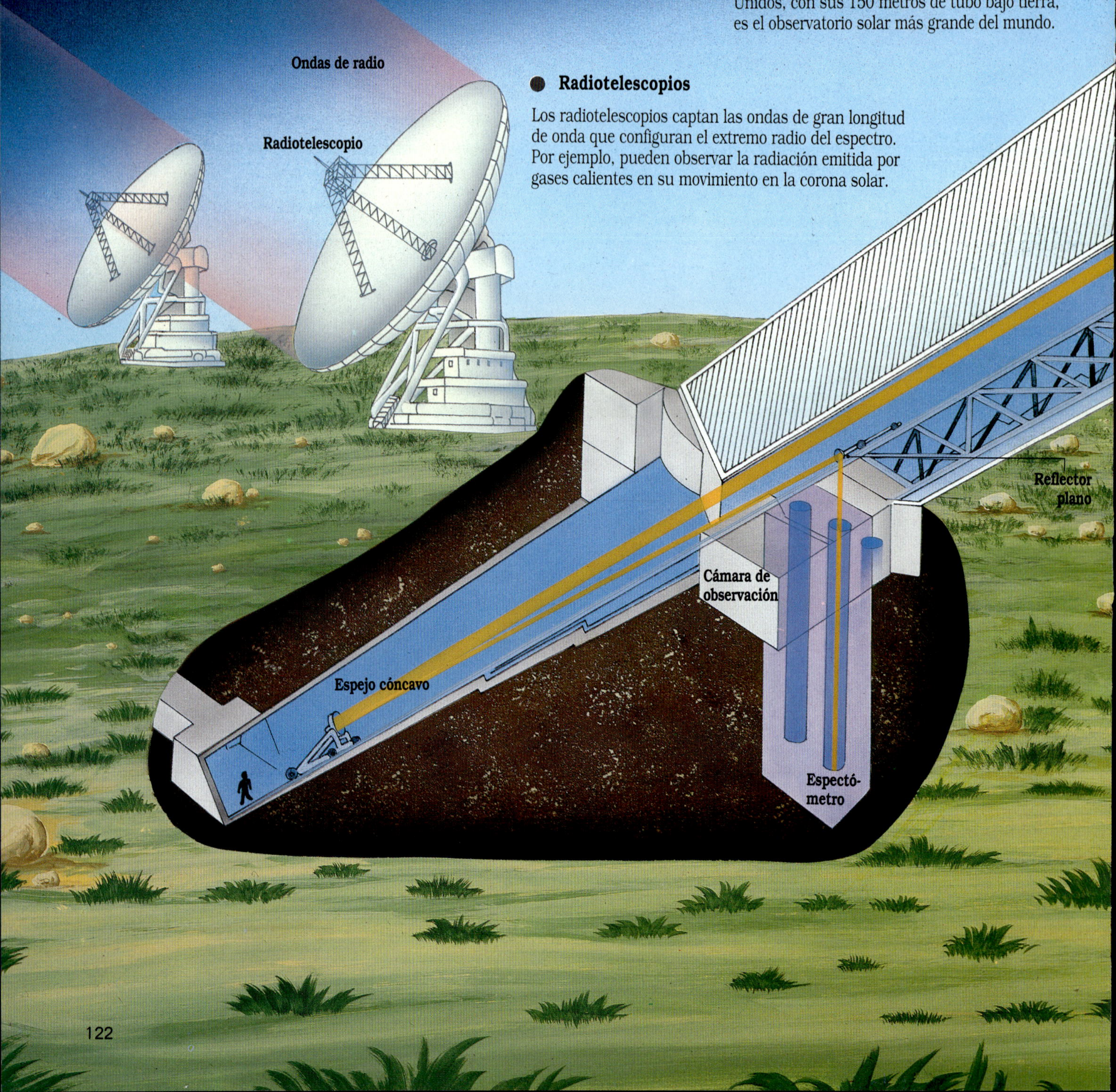

Ondas de radio

Radiotelescopio

Reflector plano

Cámara de observación

Espejo cóncavo

Espectómetro

Satélites

Las emisiones solares de rayos X y ultravioleta tienen las longitudes de onda más cortas y no pueden pasar a través de la atmósfera de la Tierra. Estas formas de radiación pueden estudiarse solamente instalando pequeños telescopios sobre cohetes y satélites.

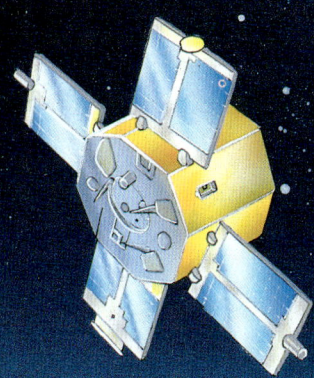

El telescopio solar McMath

A fin de poder observar los detalles del resplandeciente Sol, se requiere un telescopio especialmente diseñado, como el McMarth *(a la izquierda)*. Para ver detalles de sólo 160 kilómetros de tamaño, el telescopio debe de tener una longitud focal larga, y el McMath se puede comparar con un edificio de 50 pisos inclinado. La torre de 11 pisos *(por encima del suelo)* permite que la luz del Sol entre sin perturbaciones provocadas por las turbulencias del aire cercano al suelo. La luz choca contra un espejo plano móvil que sigue al Sol, el cual dirige los rayos a un espejo cóncavo al fondo del tubo. Desde allí, es reflejada, por medio de otro espejo cóncavo, hacia la cámara de observación.

Coronógrafo

Un coronógrafo *(arriba)* es un tipo especial de telescopio óptico que permite a los astrónomos observar la delgada atmósfera superior del Sol, o corona. Puesto que la corona sólo puede observarse cuando se bloquea la luz brillante de la superficie del Sol, el coronógrafo tiene un disco en su tubo que provoca un eclipse artificial.

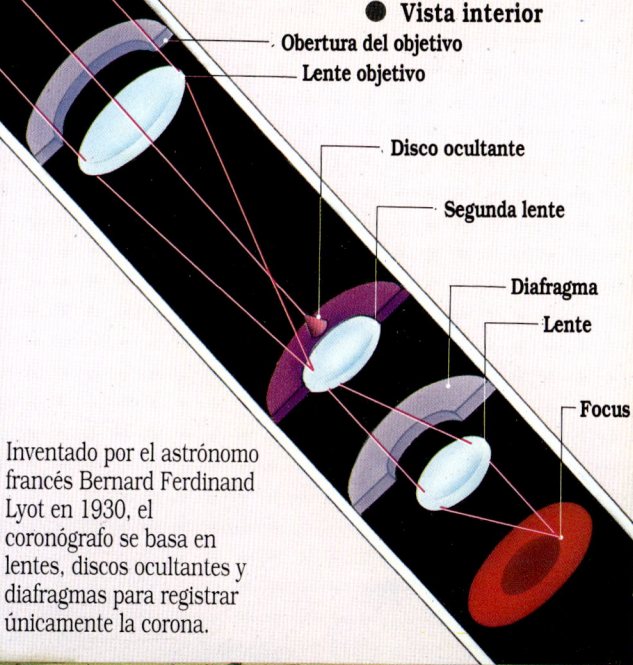

Vista interior

Inventado por el astrónomo francés Bernard Ferdinand Lyot en 1930, el coronógrafo se basa en lentes, discos ocultantes y diafragmas para registrar únicamente la corona.

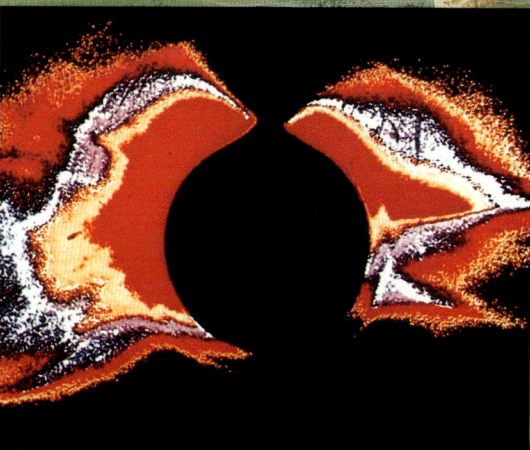

La corona del Sol, fotografiada por un coronógrafo desde el *Skylab* en 1973. La corona se extiende hasta dos veces el diámetro del Sol, en dirección al espacio.

¿Qué ven los satélites?

Cientos de satélites artificiales han sido puestos en órbita desde que la antigua Unión Soviética lanzó el *Sputnik* en 1957. Estas máquinas han cambiado de manera notable tanto nuestra visión del universo como la de la propia Tierra.

Los satélites y las sondas espaciales se encuadran en tres grupos: aquellos que observan y realizan servicios al planeta Tierra, aquellos que exploran el espacio lejano, y los vehículos espaciales que viajan a otros planetas del sistema solar. Los satélites tienen una gran importancia al seguir las variaciones del tiempo, el medio ambiente y proporcionar rápidas comunicaciones por teléfono, televisión y radio. Otros satélites son observatorios astronómicos, hacia galaxias y estrellas lejanas. Libres de las limitaciones de visibilidad de la atmósfera de la Tierra, los satélites pueden estudiar los rayos cósmicos y la radiación de alta frecuencia que procede de las profundidades del espacio, y proporcionar nuevos conocimientos sobre las supernovas y las estrellas de neutrones. Los vehículos espaciales que van a otros planetas proporcionan fotografías y mediciones de los extraños mundos más próximos.

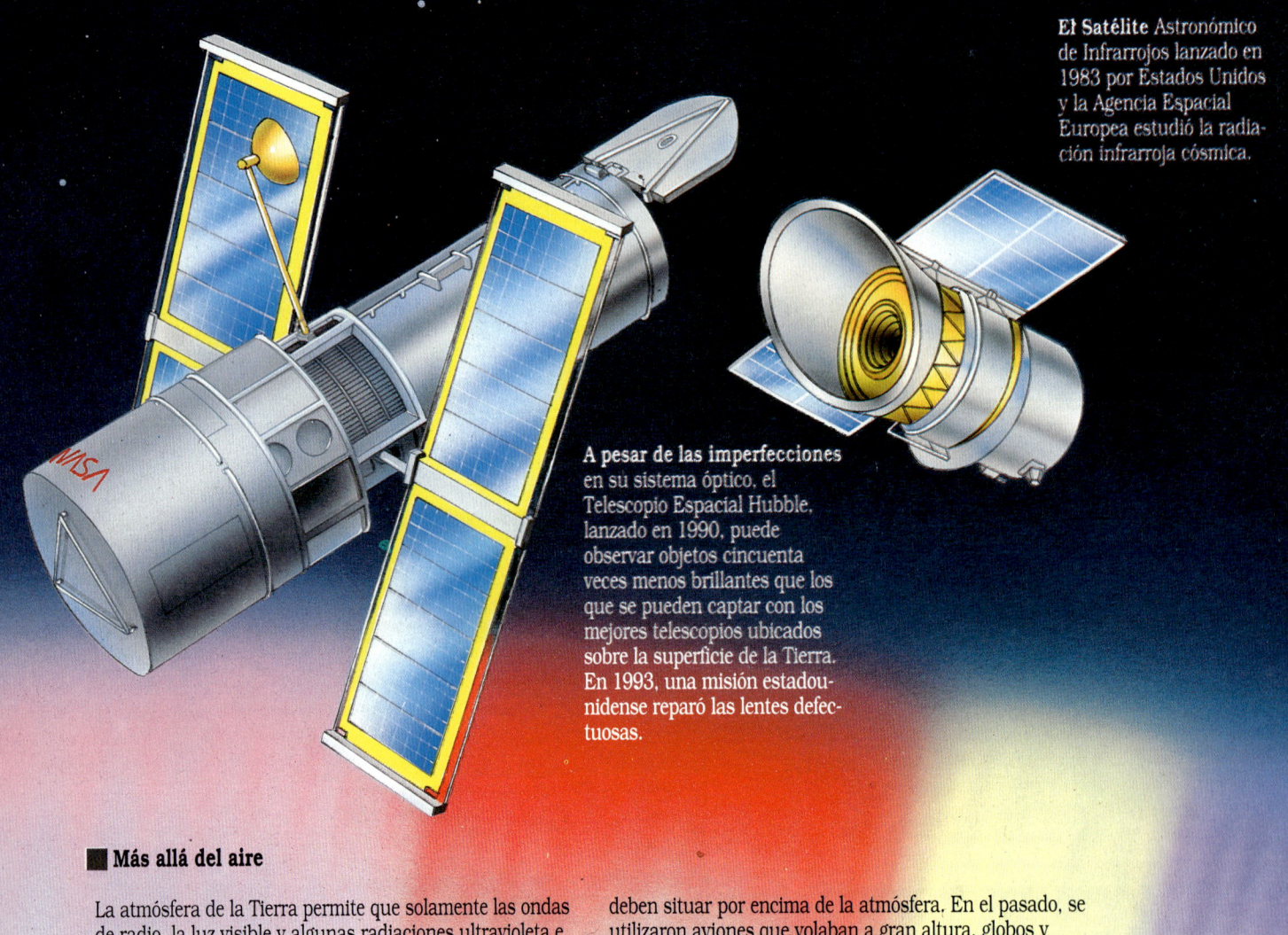

El Satélite Astronómico de Infrarrojos lanzado en 1983 por Estados Unidos y la Agencia Espacial Europea estudió la radiación infrarroja cósmica.

A pesar de las imperfecciones en su sistema óptico, el Telescopio Espacial Hubble, lanzado en 1990, puede observar objetos cincuenta veces menos brillantes que los que se pueden captar con los mejores telescopios ubicados sobre la superficie de la Tierra. En 1993, una misión estadounidense reparó las lentes defectuosas.

■ Más allá del aire

La atmósfera de la Tierra permite que solamente las ondas de radio, la luz visible y algunas radiaciones ultravioleta e infrarrojas lleguen a la Tierra desde el espacio. Para observar los rayos X, los rayos gamma y la mayor parte de la radiación ultravioleta e infrarroja, los científicos se deben situar por encima de la atmósfera. En el pasado, se utilizaron aviones que volaban a gran altura, globos y pequeños cohetes. En la actualidad, los satélites que giran en órbita proporcionan a los científicos una ventana constante en el espacio.

Radioobservatorio

Observatorio infrarrojo

Observatorio óptico

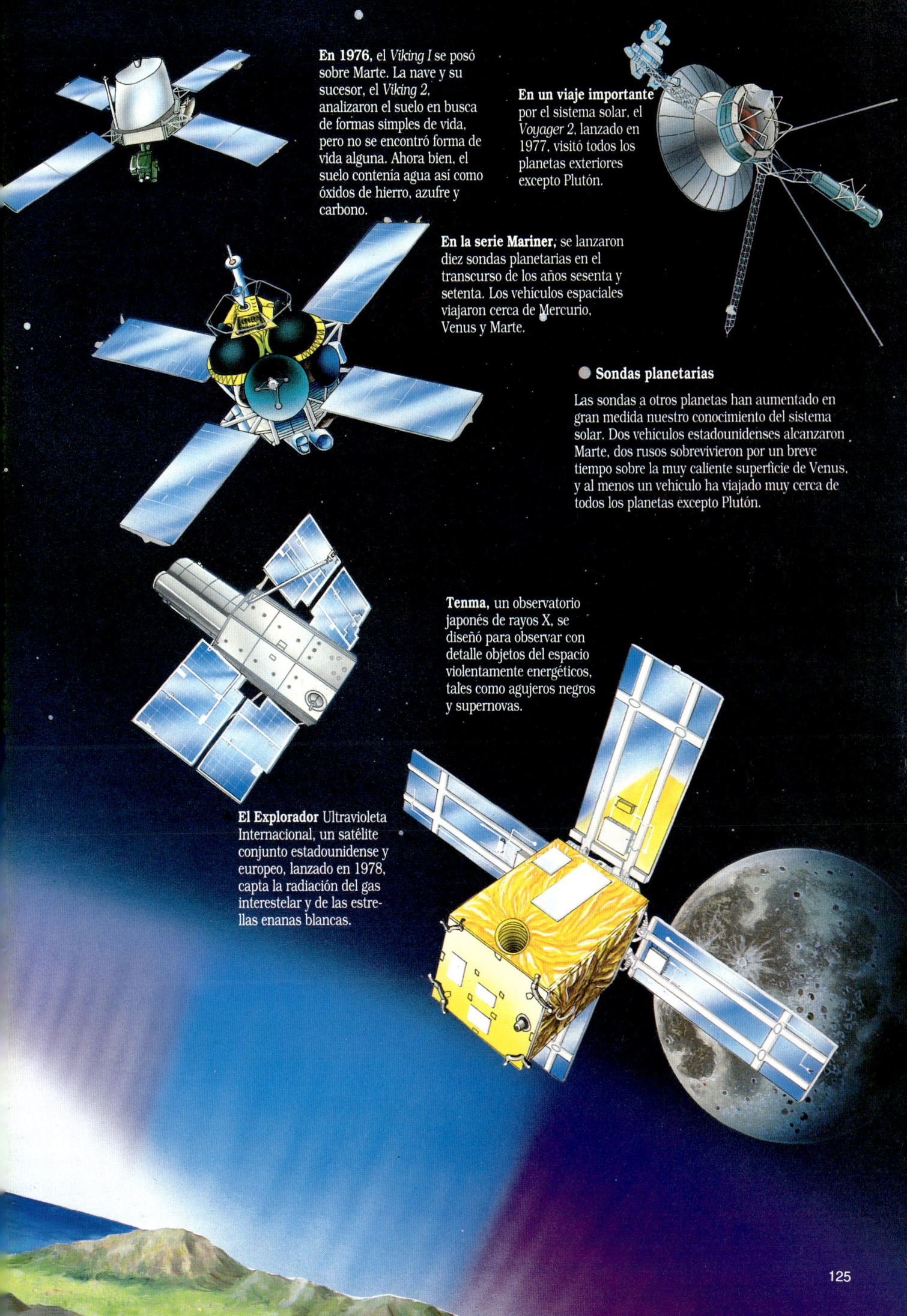

En 1976, el *Viking 1* se posó sobre Marte. La nave y su sucesor, el *Viking 2*, analizaron el suelo en busca de formas simples de vida, pero no se encontró forma de vida alguna. Ahora bien, el suelo contenía agua así como óxidos de hierro, azufre y carbono.

En un viaje importante por el sistema solar, el *Voyager 2*, lanzado en 1977, visitó todos los planetas exteriores excepto Plutón.

En la serie Mariner, se lanzaron diez sondas planetarias en el transcurso de los años sesenta y setenta. Los vehículos espaciales viajaron cerca de Mercurio, Venus y Marte.

● **Sondas planetarias**

Las sondas a otros planetas han aumentado en gran medida nuestro conocimiento del sistema solar. Dos vehículos estadounidenses alcanzaron Marte, dos rusos sobrevivieron por un breve tiempo sobre la muy caliente superficie de Venus, y al menos un vehículo ha viajado muy cerca de todos los planetas excepto Plutón.

Tenma, un observatorio japonés de rayos X, se diseñó para observar con detalle objetos del espacio violentamente energéticos, tales como agujeros negros y supernovas.

El Explorador Ultravioleta Internacional, un satélite conjunto estadounidense y europeo, lanzado en 1978, capta la radiación del gas interestelar y de las estrellas enanas blancas.

¿Qué es un planetario?

Un planetario es un universo construido en el interior de un edificio. Estrellas, planetas y otras imágenes celestes se proyectan sobre una cúpula mediante una máquina sofisticada que no es más que un conjunto de proyectores que trabajan de manera combinada. Diseñado para mostrar el firmamento como se ve desde la Tierra, los planetarios también nos ofrecen una vista del cielo nocturno tal como aparece en el hemisferio Norte y en el hemisferio Sur. Constelaciones como la Cruz del Sur, que no son visibles desde el hemisferio Norte, aparecen de una manera muy real en la cúpula.

El primer planetario moderno fue construido en Alemania, en los años veinte, por la compañía óptica Carl Zeiss. En la década de los noventa, se suelen usar con computadoras, sonido y proyectores de vídeo, así como otros sistemas avanzados para sumergir al espectador completamente en la sensación de estar en el espacio exterior. Los planetarios de diseños más reciente incluso pueden simular vuelos a otras estrellas.

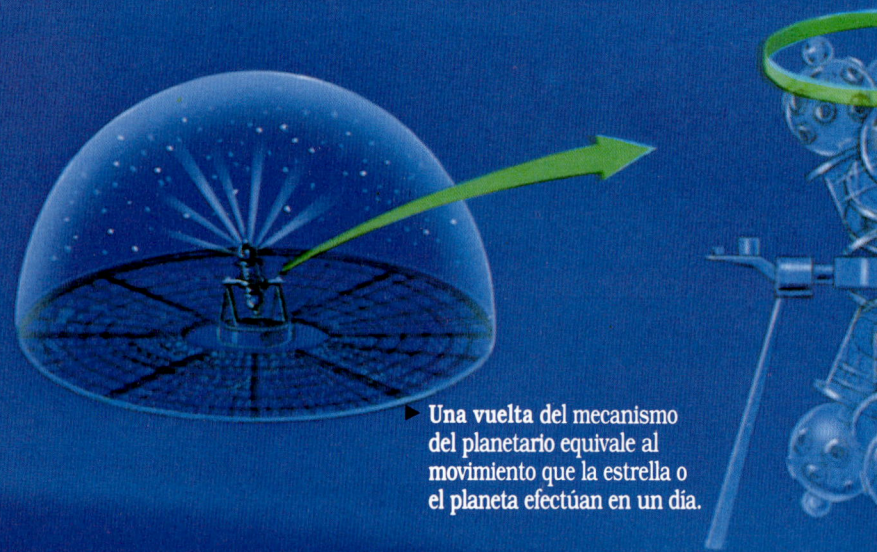

▶ **Una vuelta** del mecanismo del planetario equivale al movimiento que la estrella o el planeta efectúan en un día.

● **El planetario Zeiss**

Las esferas que están en los extremos del planetario Zeiss, en forma de pesa *(arriba)*, proyectan las estrellas de los hemisferios Norte y Sur. Los planetas se proyectan desde la estructura que conecta las dos esferas. Unos engranajes coordinados hacen girar el planetario, y permiten que la máquina muestre los cambios diarios y anuales en el aspecto del cielo.

▲ **Infinium**, el planetario más nuevo y sofisticado, en el Tsukuba Expo Centre, de Japón, utiliza un proyector de estrellas de una única esfera.

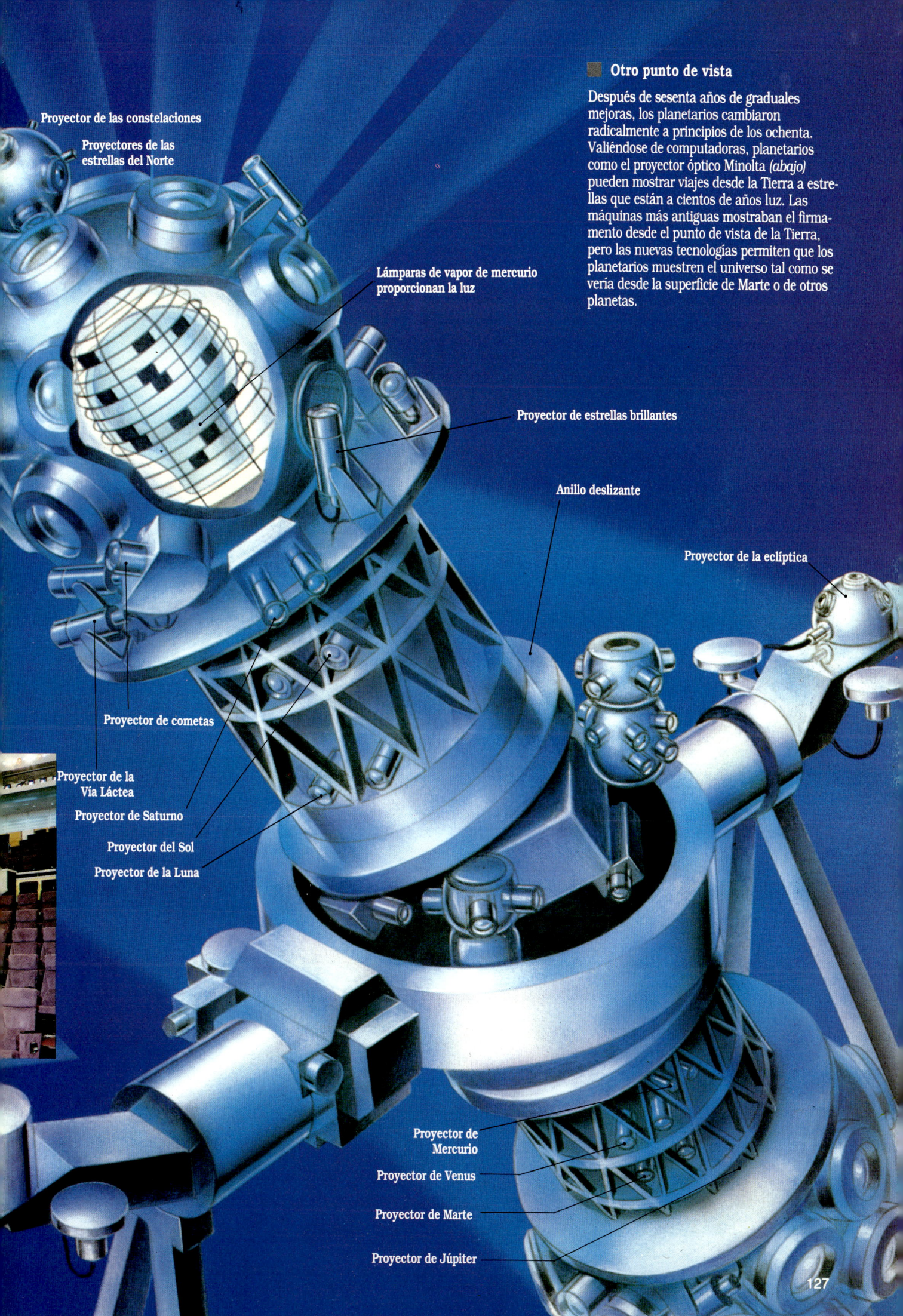

Otro punto de vista

Después de sesenta años de graduales mejoras, los planetarios cambiaron radicalmente a principios de los ochenta. Valiéndose de computadoras, planetarios como el proyector óptico Minolta *(abajo)* pueden mostrar viajes desde la Tierra a estrellas que están a cientos de años luz. Las máquinas más antiguas mostraban el firmamento desde el punto de vista de la Tierra, pero las nuevas tecnologías permiten que los planetarios muestren el universo tal como se vería desde la superficie de Marte o de otros planetas.

Proyector de las constelaciones
Proyectores de las estrellas del Norte
Lámparas de vapor de mercurio proporcionan la luz
Proyector de estrellas brillantes
Anillo deslizante
Proyector de la eclíptica
Proyector de cometas
Proyector de la Vía Láctea
Proyector de Saturno
Proyector del Sol
Proyector de la Luna
Proyector de Mercurio
Proyector de Venus
Proyector de Marte
Proyector de Júpiter

8
La vida en el espacio

Viajar y explorar el espacio era únicamente un sueño hasta el 4 de octubre de 1957, cuando la antigua Unión Soviética lanzó el *Sputnik*, el primer satélite artificial puesto en órbita alrededor de la Tierra. Desde ese día, más de tres mil vehículos espaciales han dado la vuelta al globo, y docenas de vehículos no pilotados ha sido enviados a visitar la Luna, al encuentro del cometa Halley y a explorar la mayoría de los planetas del sistema solar.

El 20 de julio de 1969, los astronautas estadounidenses Neil Armstrong y Edwin Aldrin se convirtieron en los primeros hombres —después lo harían ocho más— en caminar por la Luna. Si los humanos tuvieran que viajar más lejos, una estación espacial orbital sería una buena escala. Un vehículo espacial lanzado desde una de tales plataformas no tendría que vencer la gravedad de la Tierra para comenzar sus viajes. Las partes necesarias para construir la estación podrían llevarse a la órbita mediante un transbordador espacial, cuyo diseño y modo de operar se tratan en este capítulo *(páginas 130-133)*. Quince países ya se han ofrecido voluntarios para colaborar en la construcción de una estación espacial.

El paso siguiente —la colonización del espacio— sería todavía más emocionante con cientos de miles de antiguos residentes de la Tierra viviendo en puestos de avanzada por todo el sistema solar. Un viaje más allá de los planetas sería el proyecto más ambicioso. *El Voyager 2*, un vehículo no tripulado lanzado desde la Tierra en 1977, pasó por Neptuno en 1989 y tardará diez años más en llegar al borde del sistema solar. Los viajeros del espacio del futuro suponiendo que pudieran alcanzar la décima parte de la velocidad de la luz, es decir, 30.000 kilómetros por segundo—, necesitarían al menos 45 años para viajar desde la Tierra a la Próxima Centauro, la estrella más cercana al Sol.

Capaz de transportar astronautas, satélites y provisiones a las estaciones espaciales en órbita alrededor de la Tierra, el transbordador espacial ha supuesto un importante progreso en la exploración del espacio.

¿Cómo vuela el transbordador espacial?

El vuelo del transbordador espacial, consta de tres fases distintas: despegue, órbita y aterrizaje. En el despegue, cuando pesa aproximadamente dos mil toneladas métricas, el vehículo se eleva verticalmente en el cielo. Para la propulsión lleva dos cohetes secundarios gemelos y un tanque de combustible externo. Los cohetes queman combustible sólido, mientras que el tanque suministra combustible líquido para el consumo de los tres motores que el transbordador espacial lleva a bordo. Una vez los dos cohetes han consumido sus últimos gramos de combustible —aproximadamente dos minutos después del despegue—, son lanzados y caen al océano.

Poco tiempo antes de que el vehículo espacial se sitúe en órbita, se agota el combustible del tanque externo y es liberado. Ésta es una de las pocas partes del transbordador espacial que no puede usarse de nuevo, ya que el tanque se abrasa cuando cae a la atmósfera. En órbita, el vehículo vuela cabeza abajo —la puerta del departamento de carga se abre en dirección a la Tierra—, a menos que esté lanzando un satélite.

Para preparar el aterrizaje, el transbordador espacial —que ahora pesa solamente 85 toneladas— se da la vuelta, de manera que sus motores estén encarados con la dirección de su vuelo. A continuación, se ponen en marcha los motores para disminuir la velocidad de la nave. Después de dar nuevamente la vuelta, de modo que la superficie de abajo esté de cara al suelo, el vehículo entra en la atmósfera. Finalmente, volando hacia la Tierra el transbordador espacial se desplaza a unos 350 kilómetros por hora.

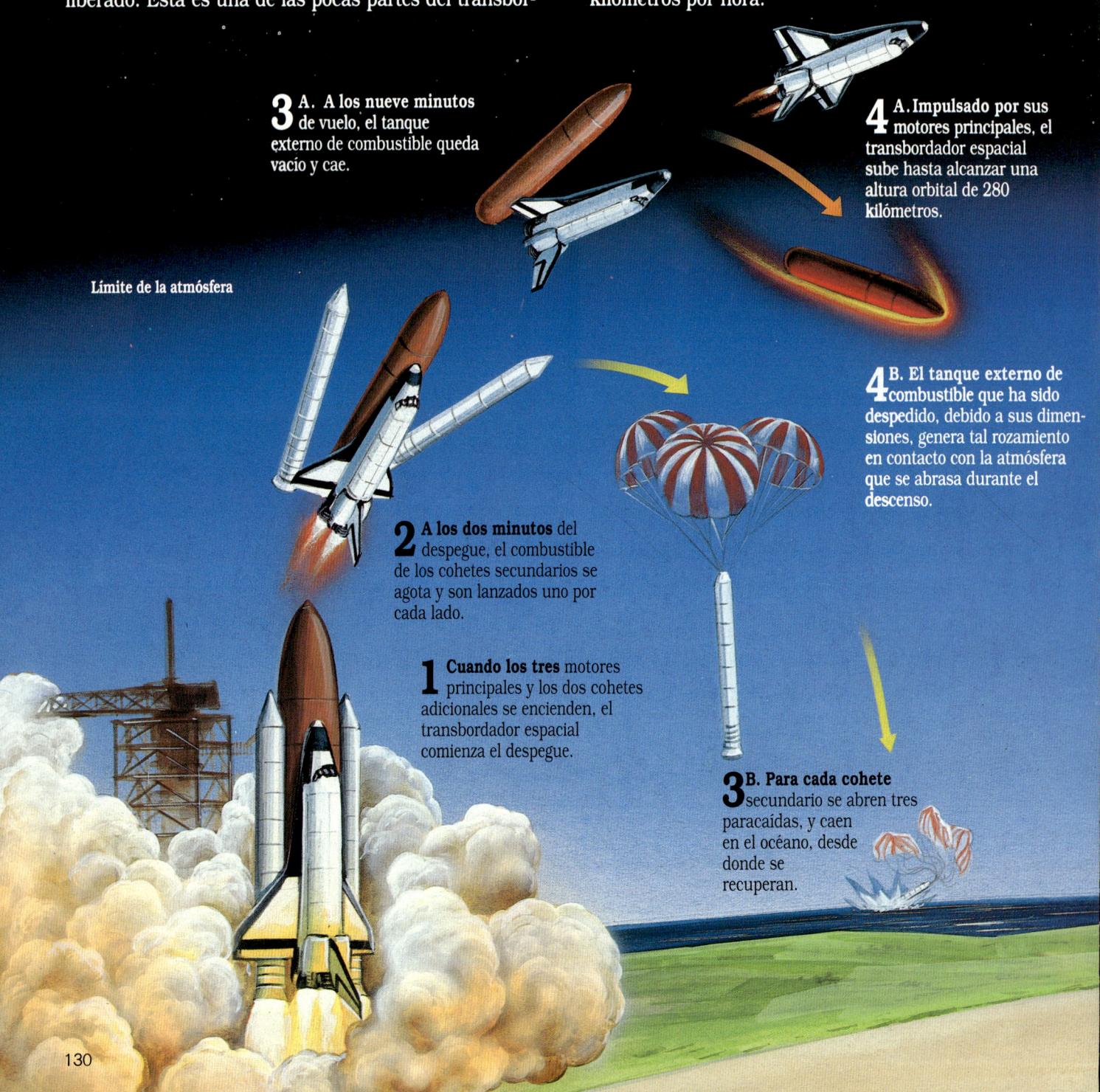

3 A. A los nueve minutos de vuelo, el tanque externo de combustible queda vacío y cae.

4 A. Impulsado por sus motores principales, el transbordador espacial sube hasta alcanzar una altura orbital de 280 kilómetros.

Límite de la atmósfera

4 B. El tanque externo de combustible que ha sido despedido, debido a sus dimensiones, genera tal rozamiento en contacto con la atmósfera que se abrasa durante el descenso.

2 A los dos minutos del despegue, el combustible de los cohetes secundarios se agota y son lanzados uno por cada lado.

1 Cuando los tres motores principales y los dos cohetes adicionales se encienden, el transbordador espacial comienza el despegue.

3 B. Para cada cohete secundario se abren tres paracaídas, y caen en el océano, desde donde se recuperan.

Perfil de un transbordador

En el lanzamiento, el transbordador espacial es reforzado por un tanque externo de combustible y dos cohetes secundarios delgados. Los cohetes, que nuevamente pueden ser utilizados, llevan alrededor de 450 toneladas métricas de combustible sólido cada uno, sin embargo, estas reservas se consumen totalmente en sólo dos minutos, y crean tres millones de kilogramos de empuje. Los tres motores principales del transbordador queman una mezcla de oxígeno e hidrógeno superenfriado, los cuales están almacenados separadamente en el tanque externo de combustible y combinados a una alta presión en la cámara de combustión para su encendido. Dos motores más pequeños en la cola realizan los cambios de dirección.

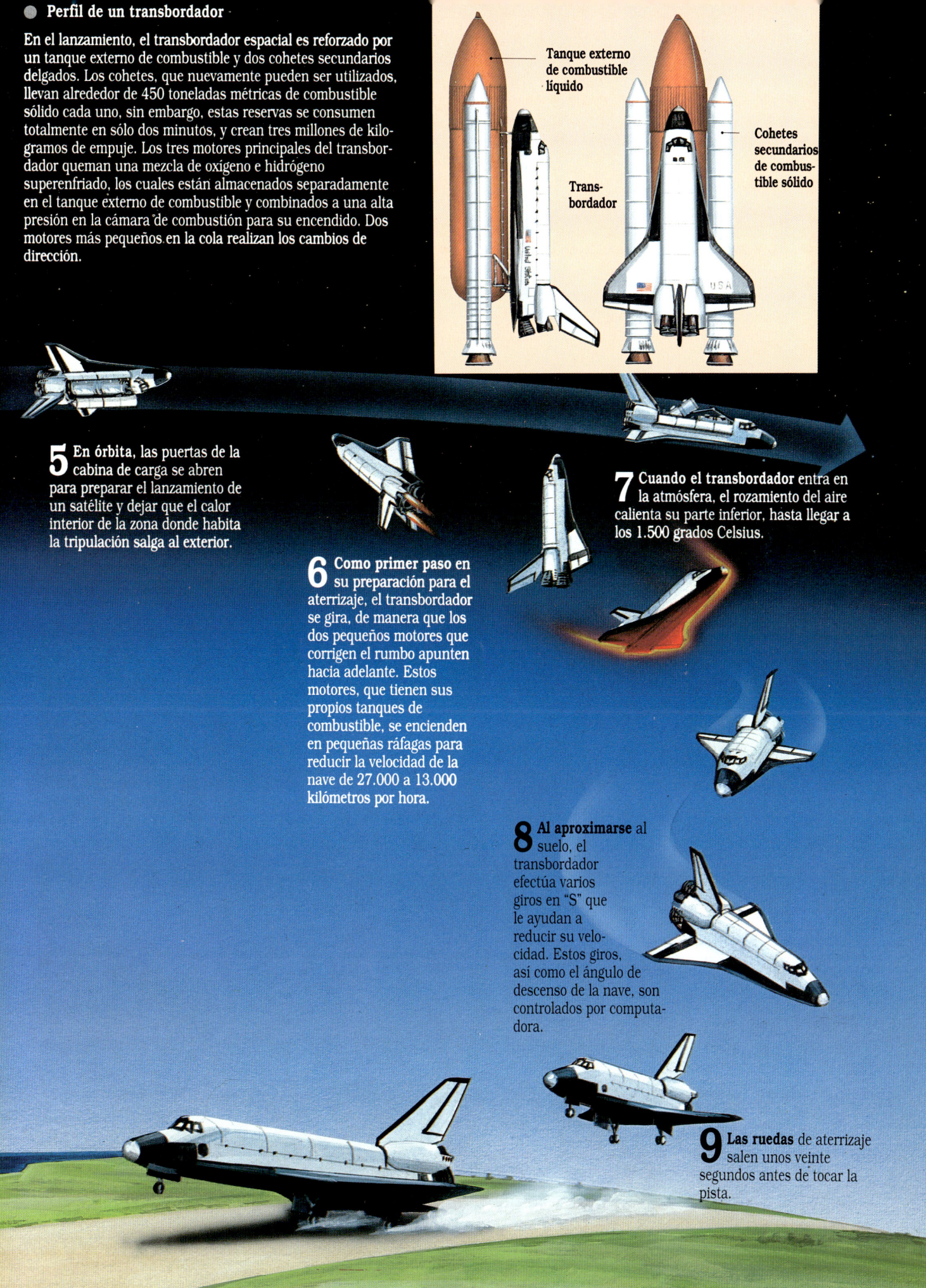

- Tanque externo de combustible líquido
- Cohetes secundarios de combustible sólido
- Transbordador

5 En órbita, las puertas de la cabina de carga se abren para preparar el lanzamiento de un satélite y dejar que el calor interior de la zona donde habita la tripulación salga al exterior.

6 Como primer paso en su preparación para el aterrizaje, el transbordador se gira, de manera que los dos pequeños motores que corrigen el rumbo apunten hacia adelante. Estos motores, que tienen sus propios tanques de combustible, se encienden en pequeñas ráfagas para reducir la velocidad de la nave de 27.000 a 13.000 kilómetros por hora.

7 Cuando el transbordador entra en la atmósfera, el rozamiento del aire calienta su parte inferior, hasta llegar a los 1.500 grados Celsius.

8 Al aproximarse al suelo, el transbordador efectúa varios giros en "S" que le ayudan a reducir su velocidad. Estos giros, así como el ángulo de descenso de la nave, son controlados por computadora.

9 Las ruedas de aterrizaje salen unos veinte segundos antes de tocar la pista.

¿Es difícil vivir sin gravedad?

Un vehículo espacial debe reproducir el medio ambiente de la Tierra a pequeña escala en medio del vacío helado del espacio. Dentro de este cómodo refugio, los astronautas tratan de desarrollar su vida diaria como si estuvieran todavía en la Tierra. Sin embargo, al no estar afectados por la gravedad del planeta, los astronautas no tienen peso; comer, dormir y realizar ejercicios representa una dificultad especial. No obstante, los ingenieros han sabido cómo solucionarlo. Puesto que las porciones se esparcirían fuera del plato en el espacio, la comida que se desmigaja con facilidad debe prepararse en forma de crema y servirse a través de un tubo. Comidas más solidas, por el contrario, se sirven en plato. Un ejemplo de comida típica del transbordador espacial puede ser cóctel de gambas, un filete con coliflor, pudín y zumo de uva.

Cuando duermen, los astronautas se mantienen en su sitio por cinturones o utilizan sacos de dormir fijados en una litera. Sin estas sujeciones flotarían y se darían golpes con las paredes de la cabina.

El realizar ejercicio físico ocupa un lugar importante, puesto que los músculos que no se ven obligados a trabajar en contra de la gravedad pueden quedarse fláccidos. Los astronautas hacen bicicleta durante unos treinta minutos cada día.

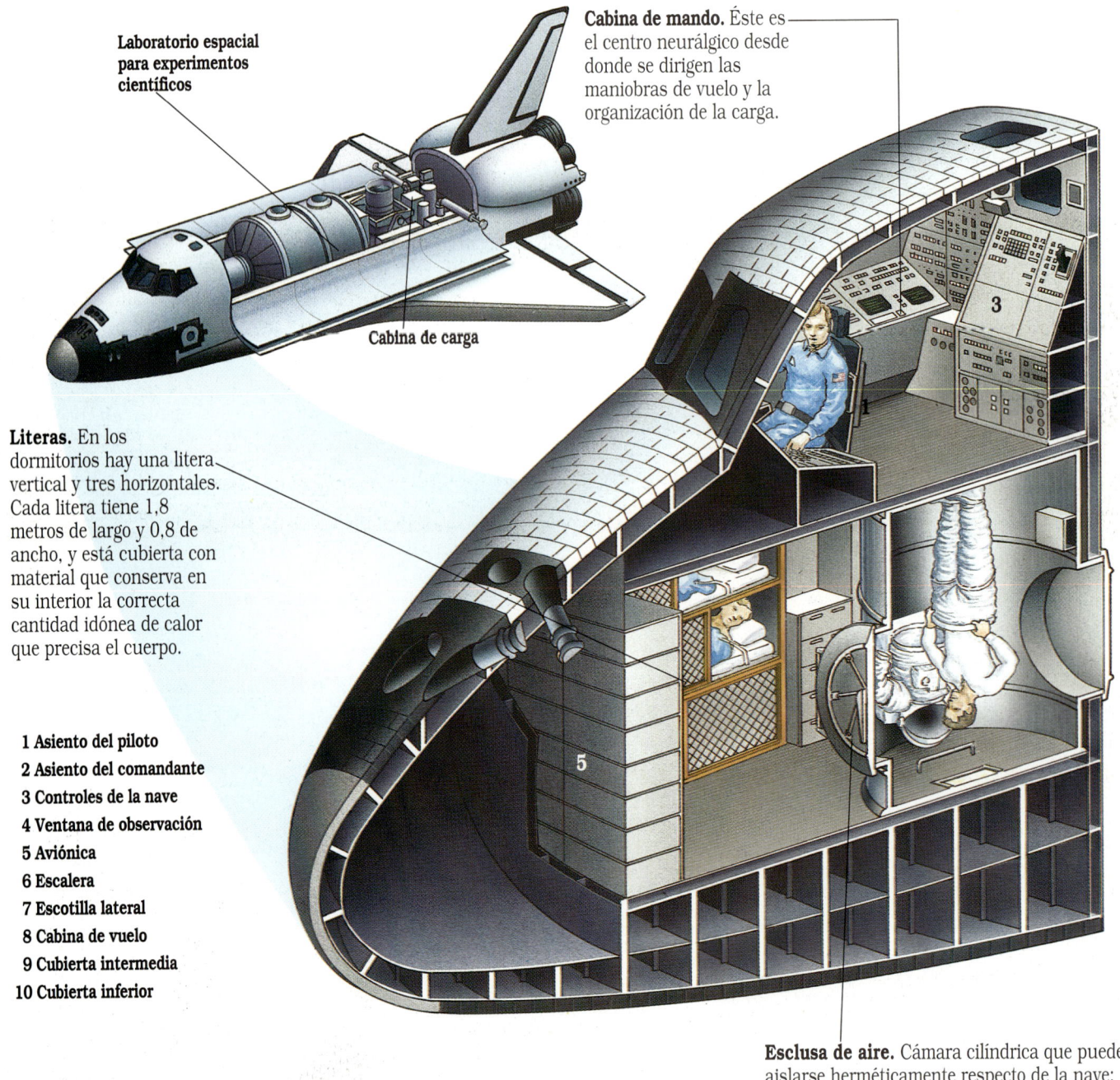

Laboratorio espacial para experimentos científicos

Cabina de carga

Cabina de mando. Éste es el centro neurálgico desde donde se dirigen las maniobras de vuelo y la organización de la carga.

Literas. En los dormitorios hay una litera vertical y tres horizontales. Cada litera tiene 1,8 metros de largo y 0,8 de ancho, y está cubierta con material que conserva en su interior la correcta cantidad idónea de calor que precisa el cuerpo.

1 Asiento del piloto
2 Asiento del comandante
3 Controles de la nave
4 Ventana de observación
5 Aviónica
6 Escalera
7 Escotilla lateral
8 Cabina de vuelo
9 Cubierta intermedia
10 Cubierta inferior

Esclusa de aire. Cámara cilíndrica que puede aislarse herméticamente respecto de la nave; la esclusa tiene espacio suficiente para que dos astronautas puedan ponerse y quitarse sus trajes antes y después de cada paseo espacial.

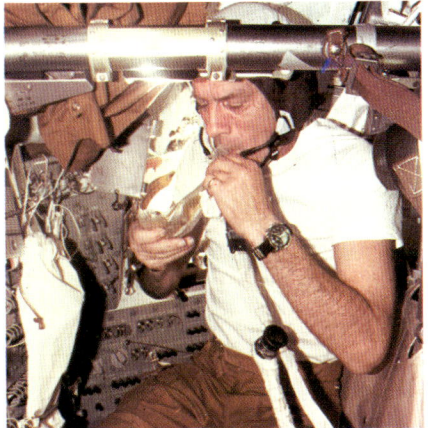

Alimentación. El astronauta Deke Slayton toma una comida aspirando a través de un tubo. La carne, la fruta y los dulces se toman enteros.

SLEEP
RESTRAINT

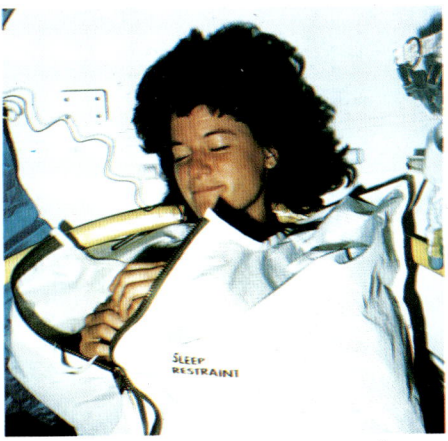

Descanso. Instalada cómodamente, Sally Ride, astronauta del transbordador espacial, duerme en un ligero saco sujeto a su litera.

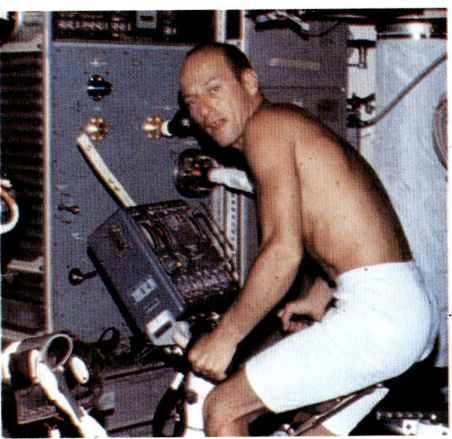

Ejercicio. El astronauta Pete Conrad hace en órbita ejercicios en una bicicleta fija para evitar que sus músculos de la parte inferior del cuerpo queden fláccidos.

Especialista en la carga. Este astronauta acciona los instrumentos localizados en la cabina de carga.

Consola de carga. Este panel se usa para controlar los instrumentos que se encuentran en la cabina de carga.

4
8
2
9
6
7
10

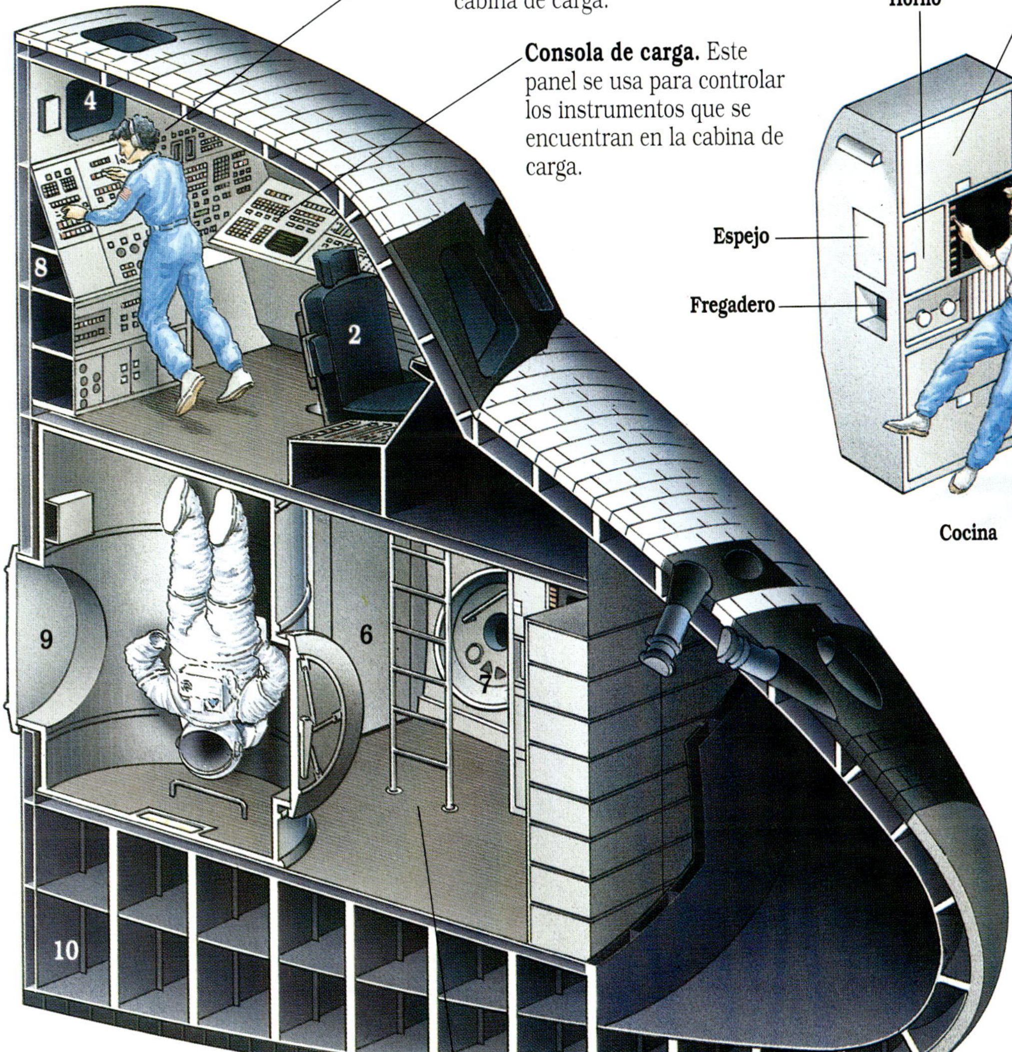

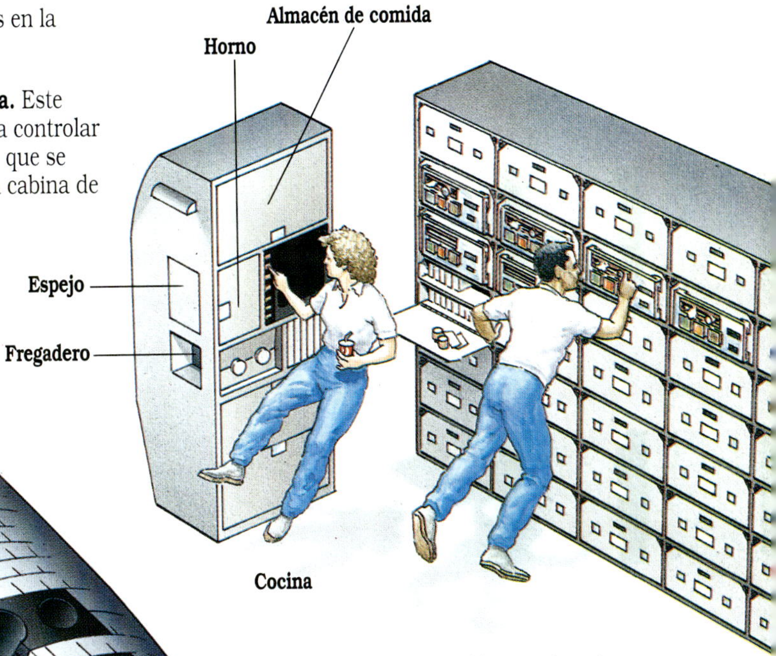

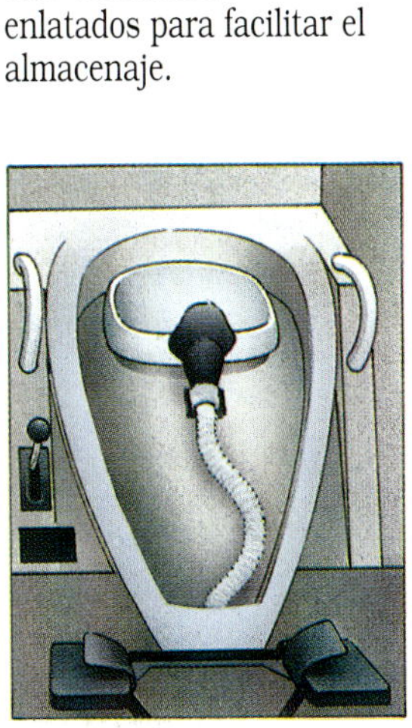

Servicio. Las deposiciones son absorbidas por un aspirador. Los desechos sólidos son secados y esterilizados para su recogida en la Tierra. Los líquidos van a un tanque de agua sucia.

Almacén de comida
Horno
Espejo
Fregadero

Cocina

Alimentación. Muchas de las comidas a bordo del transbordador espacial están hechas de alimentos que han sido deshidratados o enlatados para facilitar el almacenaje.

Servicio

¿Cómo protegen a los astronautas los trajes espaciales?

Un traje espacial tiene que funcionar como una armadura hermética. Debe proteger al astronauta desde temperaturas de 185 grados Celsius bajo cero hasta 150 sobre cero. Ha de resguardarle del vacío del espacio, donde la baja presión haría hervir la sangre. Asimismo, debe ser capaz de desviar los micrometeoritos que, de otro modo, podrían rasgar el traje, con fatales consecuencias.

Por otra parte, un traje espacial debe ser también tanto flexible como duro. Para que los astronautas puedan realizar las delicadas tareas de reparación fuera de la nave, el traje debe ser flexible, y a fin de que puedan trabajar en el espacio durante largos períodos, el traje ha de proporcionar aire respirable así como una temperatura confortable y constante en el interior. Además, y para prevenir al astronauta de una deshidratación mientras está trabajando, el traje tiene que contener una fuente de agua potable.

Si juntamos todas estas características, puede que un traje pese 113 kilogramos. Naturalmente, en la Tierra; en el espacio el peso casi es nulo.

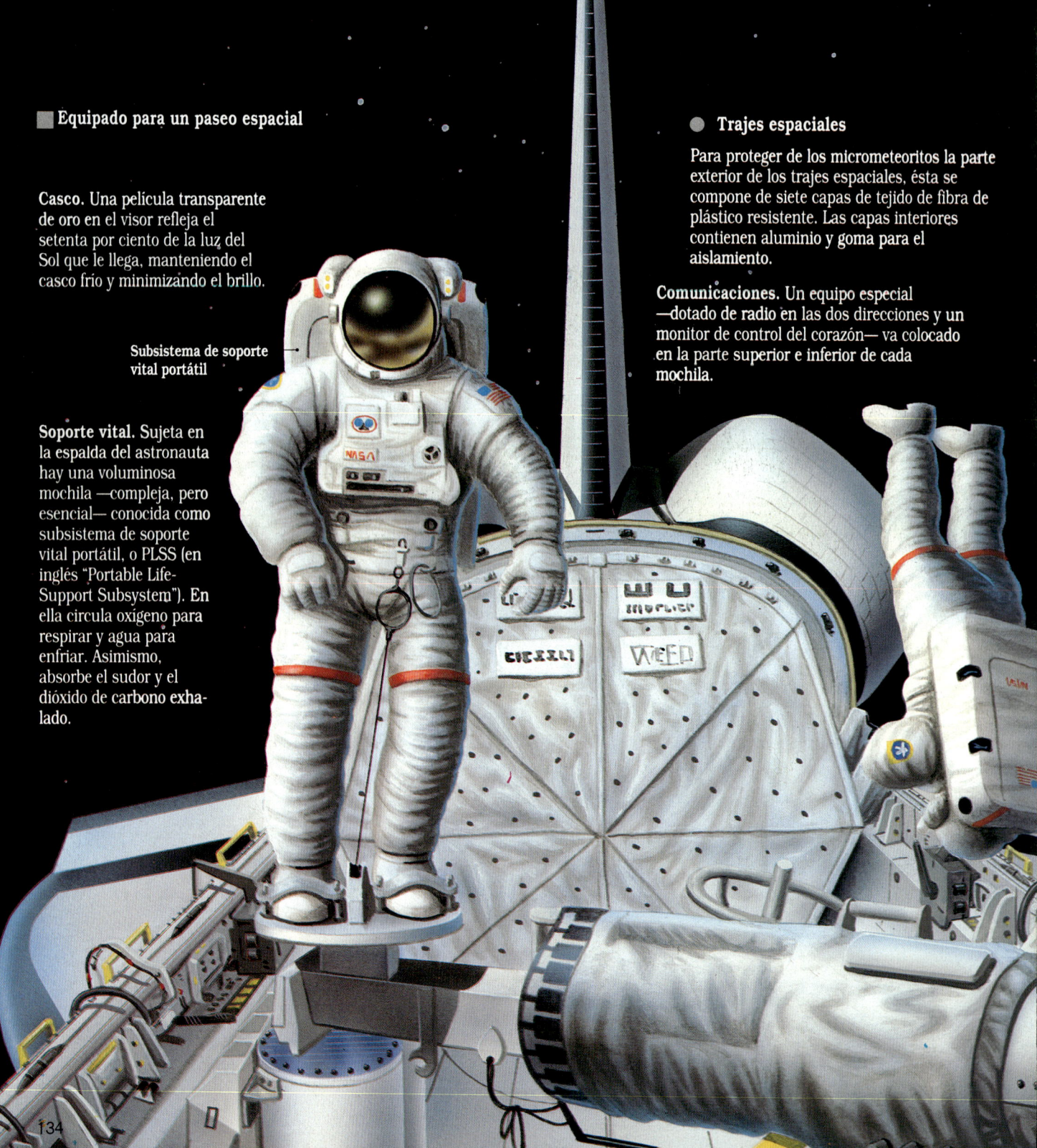

■ **Equipado para un paseo espacial**

Casco. Una película transparente de oro en el visor refleja el setenta por ciento de la luz del Sol que le llega, manteniendo el casco frío y minimizando el brillo.

Subsistema de soporte vital portátil

Soporte vital. Sujeta en la espalda del astronauta hay una voluminosa mochila —compleja, pero esencial— conocida como subsistema de soporte vital portátil, o PLSS (en inglés "Portable Life-Support Subsystem"). En ella circula oxígeno para respirar y agua para enfriar. Asimismo, absorbe el sudor y el dióxido de carbono exhalado.

● **Trajes espaciales**

Para proteger de los micrometeoritos la parte exterior de los trajes espaciales, ésta se compone de siete capas de tejido de fibra de plástico resistente. Las capas interiores contienen aluminio y goma para el aislamiento.

Comunicaciones. Un equipo especial —dotado de radio en las dos direcciones y un monitor de control del corazón— va colocado en la parte superior e inferior de cada mochila.

Un traje resistente para trabajadores de la construcción en el espacio

Los astronautas que participan en la construcción de una estación espacial permanecerán durante largos períodos en el espacio, por lo que sus trajes tienen que ser muy resistentes. A fin de reproducir la atmósfera de la Tierra dentro de los trajes, debe mantenerse una presión alta. Para resistir este esfuerzo, la próxima generación de trajes serán holgadas conchas hechas de materiales y plásticos de nuevo desarrollo. Abajo podemos apreciar algunos posibles diseños.

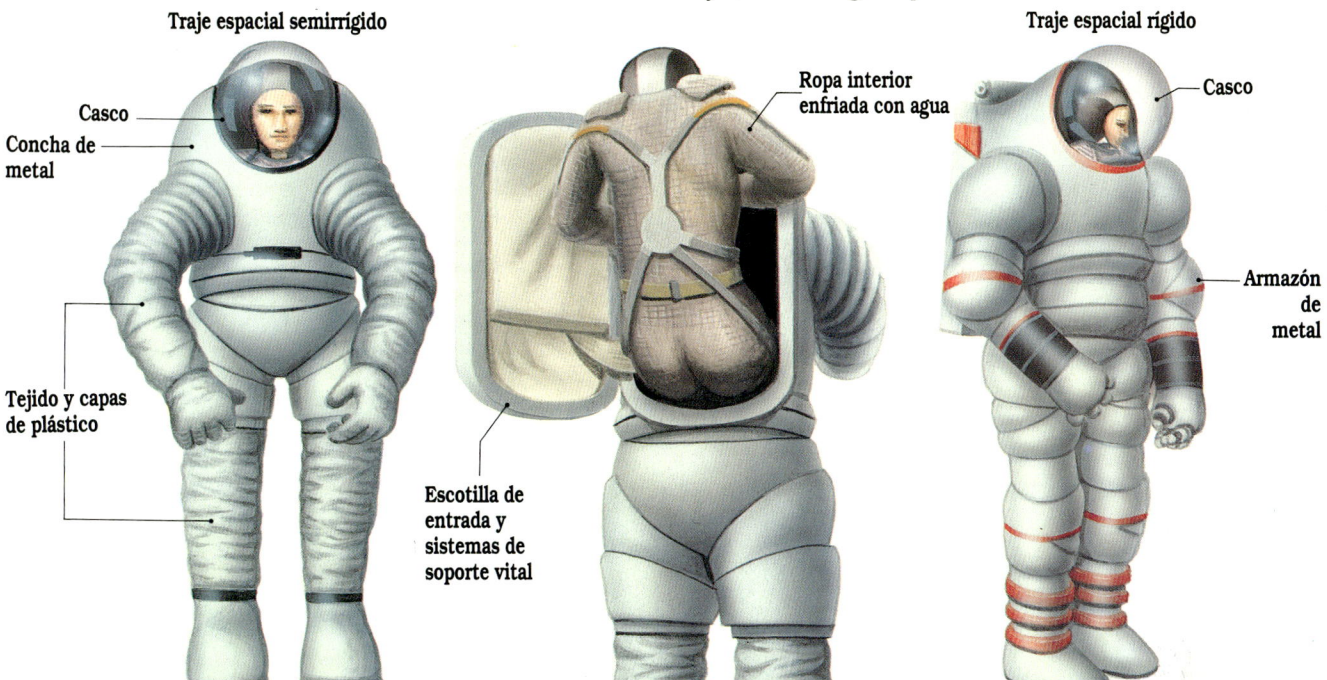

Traje espacial semirrígido — Casco, Concha de metal, Tejido y capas de plástico, Escotilla de entrada y sistemas de soporte vital, Ropa interior enfriada con agua

Traje espacial rígido — Casco, Armazón de metal

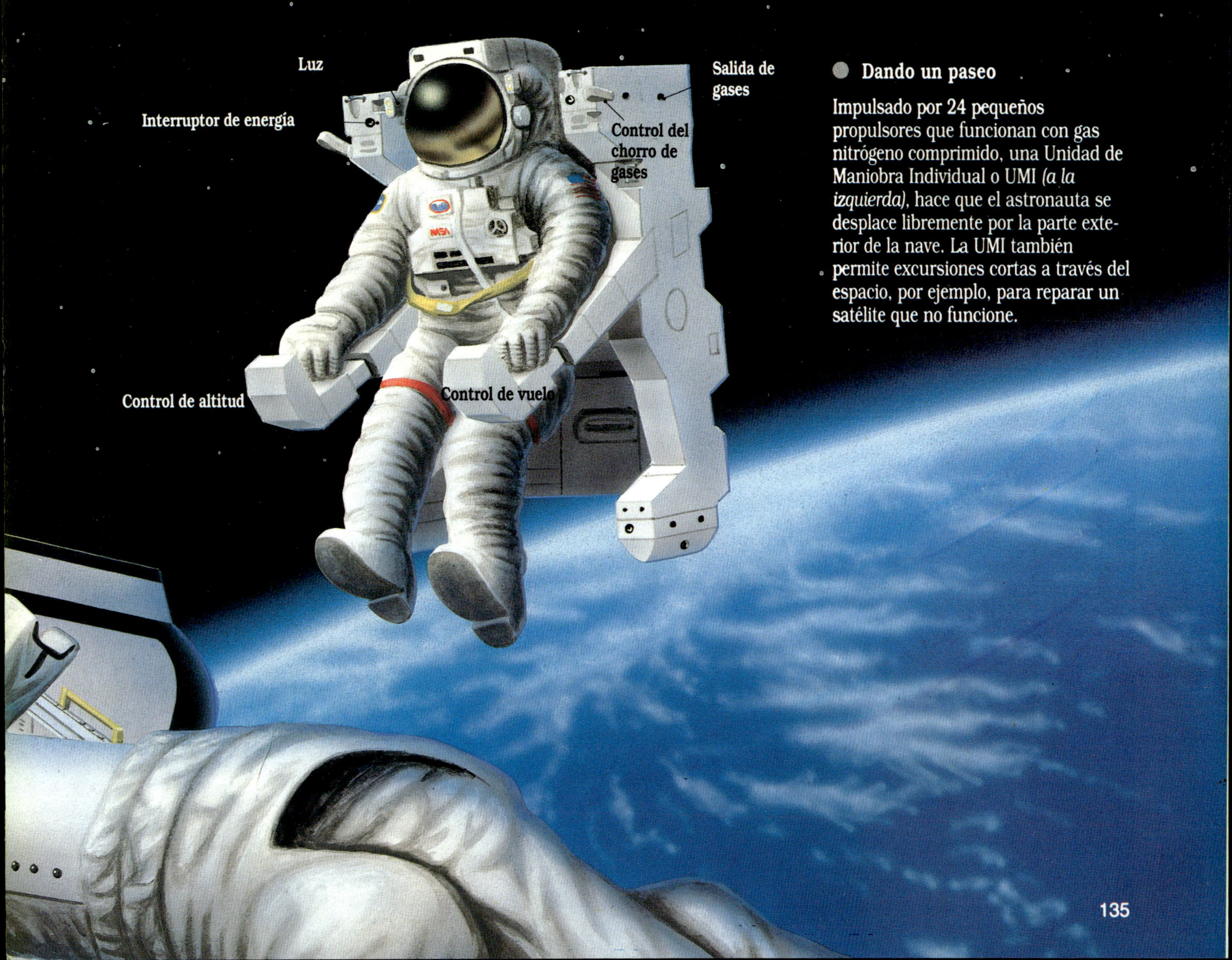

Dando un paseo

Impulsado por 24 pequeños propulsores que funcionan con gas nitrógeno comprimido, una Unidad de Maniobra Individual o UMI *(a la izquierda)*, hace que el astronauta se desplace libremente por la parte exterior de la nave. La UMI también permite excursiones cortas a través del espacio, por ejemplo, para reparar un satélite que no funcione.

Luz — Interruptor de energía — Salida de gases — Control del chorro de gases — Control de altitud — Control de vuelo

¿Cómo se entrenan los astronautas?

Los astronautas realizan muchas tareas. En los vuelos del transbordador espacial, por ejemplo, son especialistas en uno de tres trabajos. Los pilotos se encargan del aparato. Los especialistas de la misión trabajan dentro y fuera del transbordador para comprobar que los principales objetivos del vuelo —reparación o despliegue de un satélite, por ejemplo— se han cumplido. Los especialistas de la carga controlan el equipo en la cápsula del *Spacelab* —un laboratorio modular para experimentos que van desde la creación de hormonas hasta el crecimiento de cristales en microgravedad—, que a veces se transporta en la cabina de carga.

A pesar de sus distintas tareas, todos los astronautas llevan a cabo al menos 18 meses de entrenamiento para acostumbrarse a la falta de peso y a la aceleración, así como familiarizarse con los controles del transbordador. El entrenamiento requiere clases teóricas y preparación física intensiva.

Misión de rescate en el espacio. Al realizar en el espacio una misión que previamente han practicado en tierra, los dos astronautas del transbordador recogen en órbita el satélite Solar Max, fuera de servicio.

Entrenamiento para ser perfecto

El largo camino para ser astronauta comienza con unas pruebas escritas y reconocimientos médicos *(a la derecha)*. Los solicitantes que pasen estas pruebas comienzan el entrenamiento. Estudian cuestiones generales —el equipamiento del transbordador y cómo adaptarse a la vida en el espacio, por ejemplo— y tareas específicas de su misión; cómo llevar a cabo experimentos en vuelo o cómo reparar un satélite en órbita.

Simulador de falta de peso en un avión

Perder peso en la Tierra

El trabajar sin peso es una sensación distinta a la de trabajar bajo la gravedad de la Tierra. Para acostumbrarse, los astronautas se entrenan en simuladores. El de la izquierda es un simulador de falta de peso a bordo de un avión. El de arriba, a la derecha, consiste en sumergirse en agua para recrear la sensación de carencia de peso. Estos dispositivos ayudan a los astronautas a desarrollar la necesaria musculatura y coordinación.

Un simulador de laboratorio espacial

Los astronautas del transbordador espacial que realizan el entrenamiento repiten sus experimentos en una réplica del laboratorio espacial que nunca dejará la Tierra. Los especialistas de la misión y la carga a menudo se entrenan para una tarea o experimento en particular —crecimiento de vegetales en órbita, por ejemplo—, como se ve en la figura de la derecha. Los astronautas se pueden entrenar aquí durante dos años antes de que el vuelo real despegue.

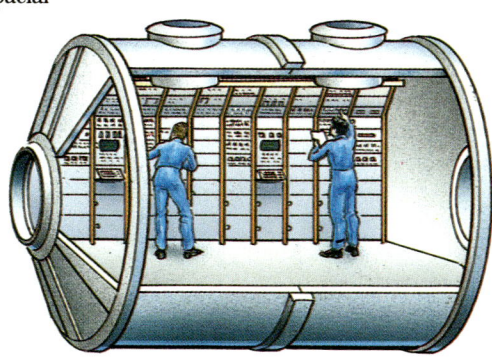

Un transbordador simulado

Para enseñar a los futuros astronautas cómo manejar el transbordador espacial, la NASA ha construido réplicas de distintas secciones de la nave. Los especialistas de la carga aprenden a controlar el brazo de manipulación remota que está situado en la cabina de la carga. Los pilotos y especialistas de la misión se entrenan en la cabina de mando. Cada astronauta debe saber también cómo preparar comidas, utilizar el servicio y cómo bañarse en el espacio usando sólo toallas húmedas.

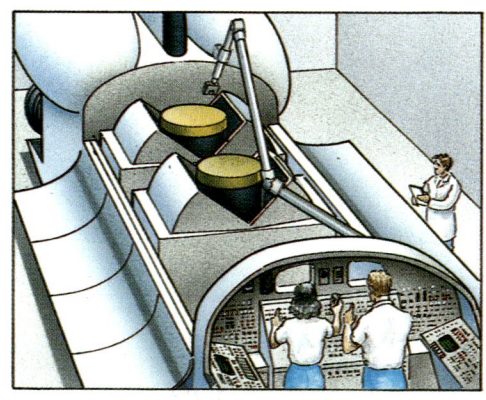

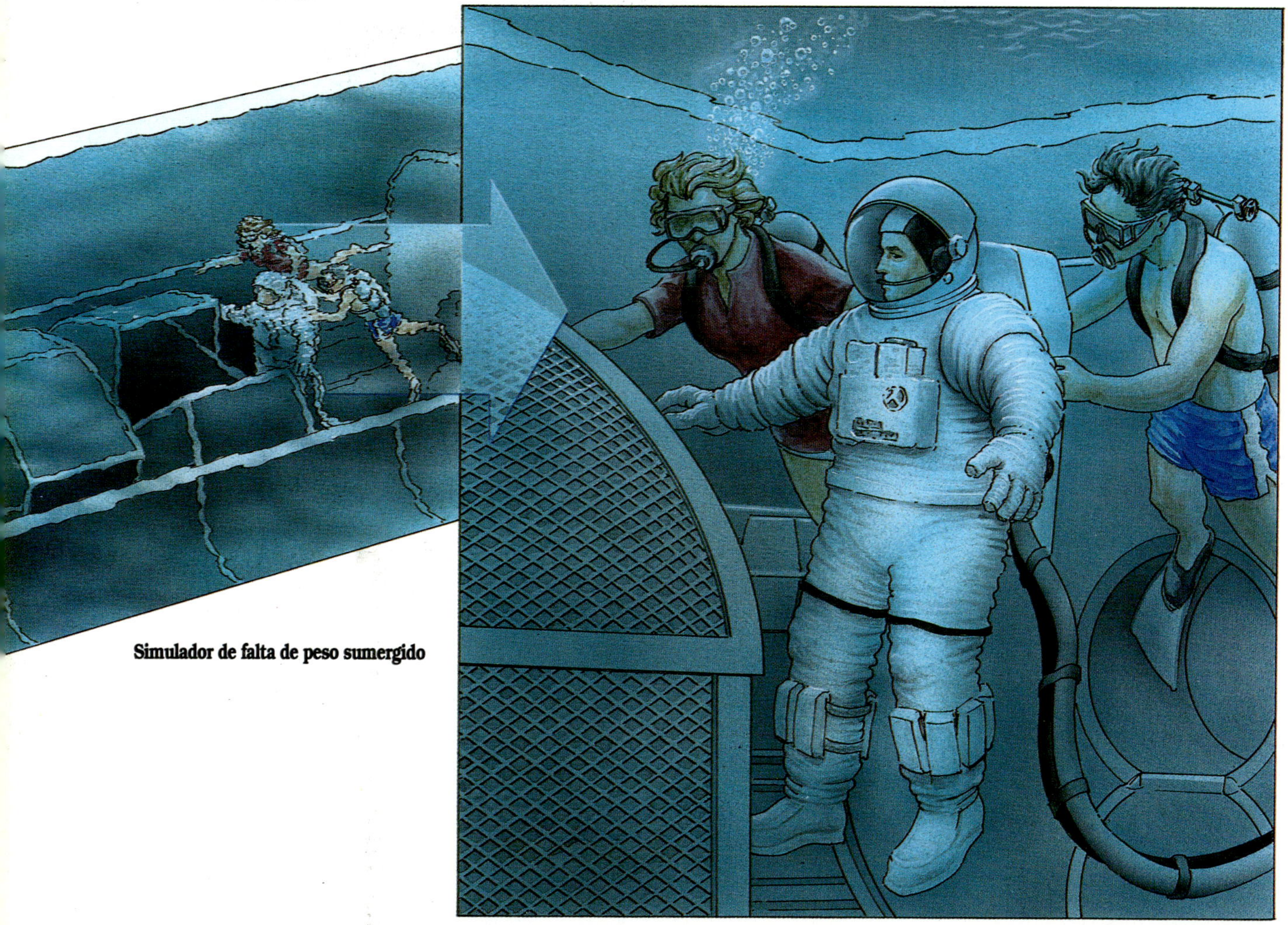

Simulador de falta de peso sumergido

¿Adónde viajan las sondas espaciales?

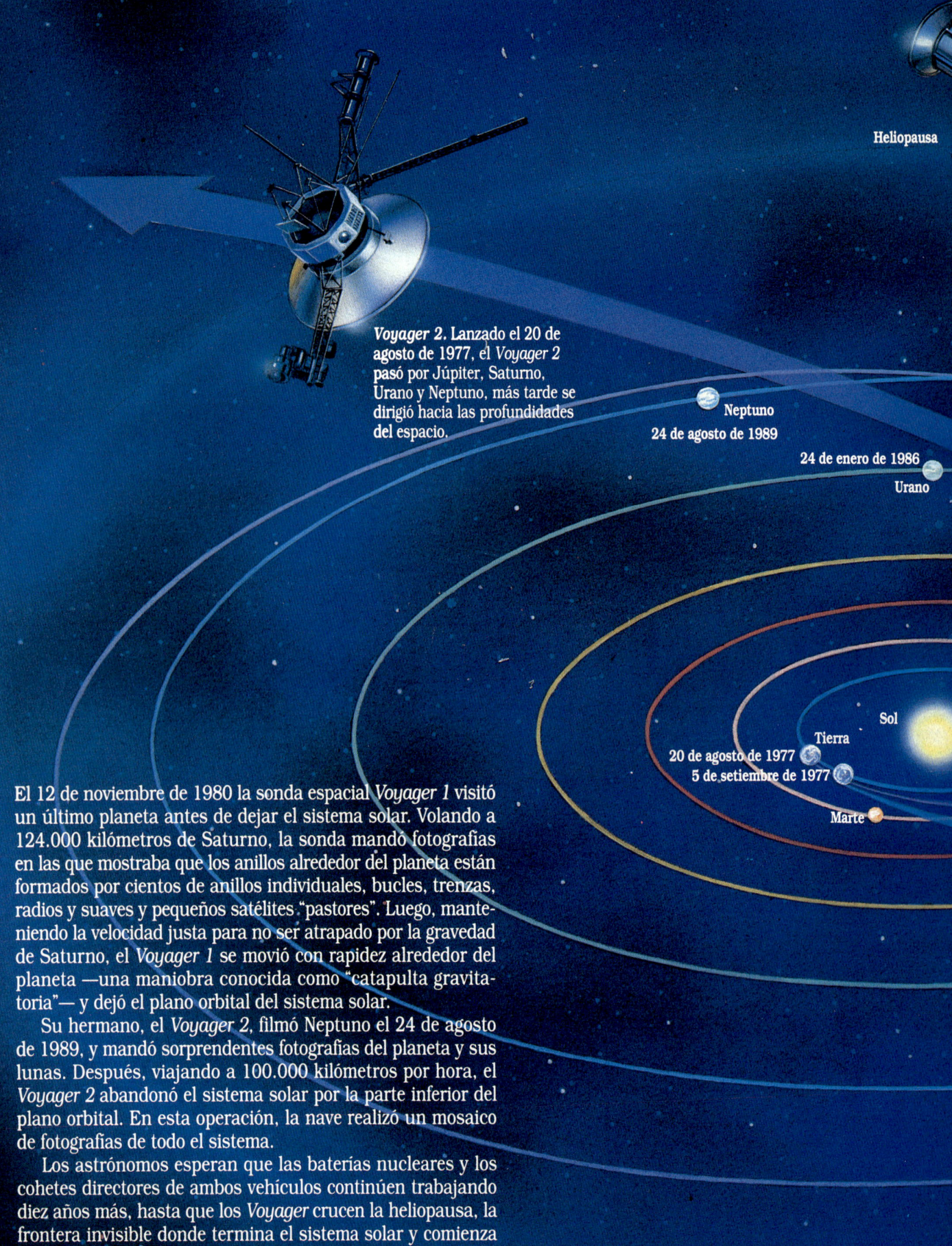

Voyager 2. Lanzado el 20 de agosto de 1977, el *Voyager 2* pasó por Júpiter, Saturno, Urano y Neptuno, más tarde se dirigió hacia las profundidades del espacio.

Heliopausa

Neptuno
24 de agosto de 1989

24 de enero de 1986
Urano

Sol
Tierra
20 de agosto de 1977
5 de setiembre de 1977
Marte

El 12 de noviembre de 1980 la sonda espacial *Voyager 1* visitó un último planeta antes de dejar el sistema solar. Volando a 124.000 kilómetros de Saturno, la sonda mandó fotografías en las que mostraba que los anillos alrededor del planeta están formados por cientos de anillos individuales, bucles, trenzas, radios y suaves y pequeños satélites "pastores". Luego, manteniendo la velocidad justa para no ser atrapado por la gravedad de Saturno, el *Voyager 1* se movió con rapidez alrededor del planeta —una maniobra conocida como "catapulta gravitatoria"— y dejó el plano orbital del sistema solar.

Su hermano, el *Voyager 2*, filmó Neptuno el 24 de agosto de 1989, y mandó sorprendentes fotografías del planeta y sus lunas. Después, viajando a 100.000 kilómetros por hora, el *Voyager 2* abandonó el sistema solar por la parte inferior del plano orbital. En esta operación, la nave realizó un mosaico de fotografías de todo el sistema.

Los astrónomos esperan que las baterías nucleares y los cohetes directores de ambos vehículos continúen trabajando diez años más, hasta que los *Voyager* crucen la heliopausa, la frontera invisible donde termina el sistema solar y comienza el espacio interestelar. A la deriva en el espacio, los dos vehículos gemelos necesitarán más de 20.000 años para alcanzar el sistema Alfa Centauro, las estrellas más cercanas al Sol.

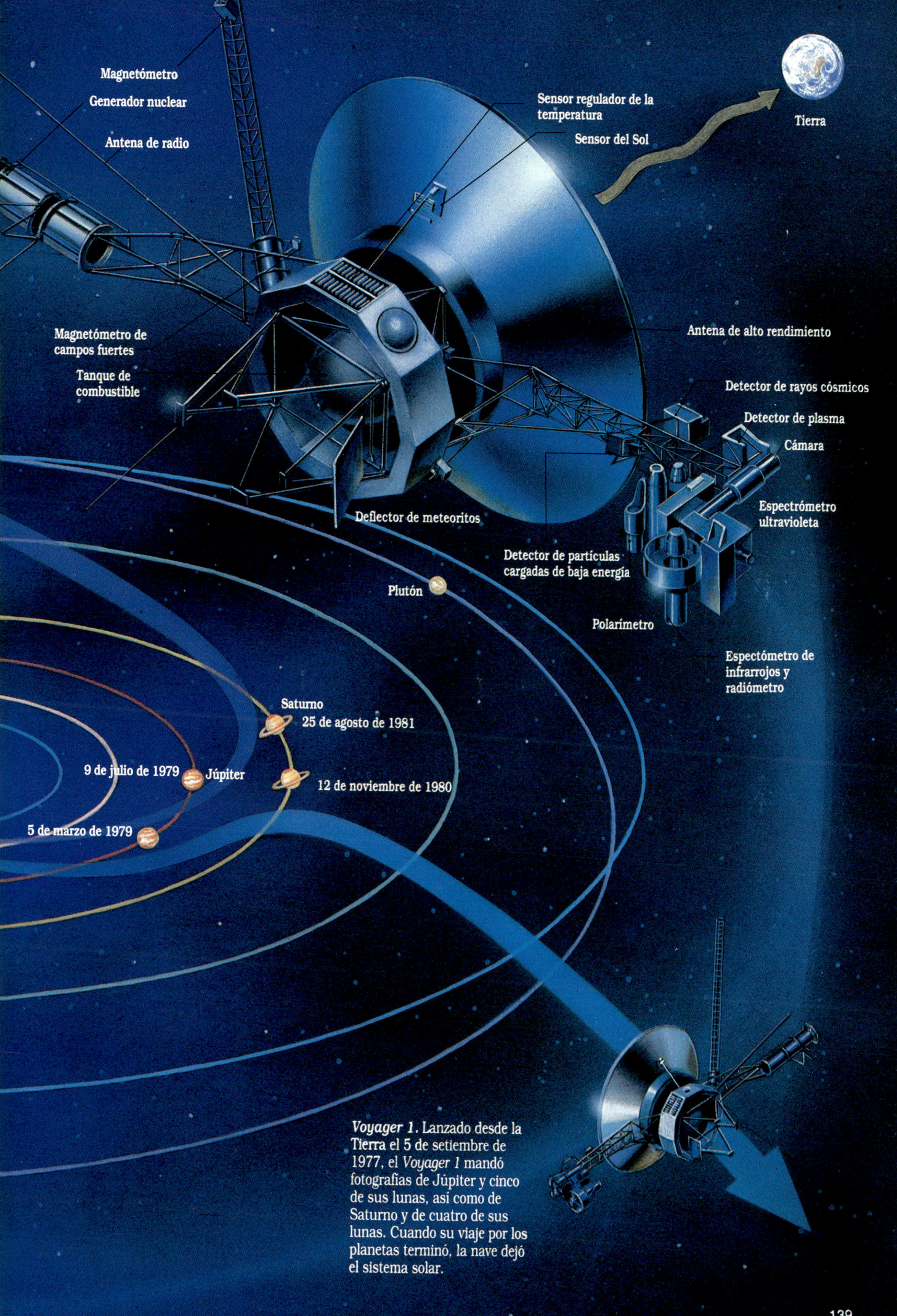

¿Cómo se vería la colonización del espacio?

Por décadas, las colonias en el espacio han sido el principal pilar de la ciencia ficción. Pero con el crecimiento de la población mundial a un ritmo alarmante, la idea de un segundo hogar en el espacio pronto podría cambiar de un futuro fantástico a una urgente necesidad. Varios científicos visionarios han dibujado ya planos para hábitats fuera de la Tierra. En estas páginas se muestran dos de los diseños más factibles.

Para recrear la sensación de la gravedad de la Tierra, ambos diseños hacen girar las colonias alrededor de un eje central, la fuerza centrífuga resultante actuaría con suavidad sobre los ocupantes, presionándolos contra las paredes exteriores. La forma de rosquilla conocida como toro —parecida a una rueda de bicicleta de dos kilómetros de ancho flotando en el espacio—, podría albergar más de 10.000 colonos. El gigantesco cilindro a la derecha podría reunir de 200 a 300 veces este número.

Ruedas en el cielo

El diseño en forma de toro *(abajo)* representa un aro tubular conectado a un centro por radios. Unos paneles reflectantes y un espejo inclinado suministran luz y calor.

Colonia del espacio

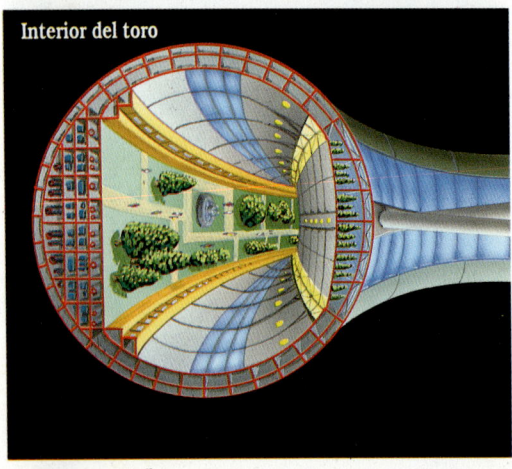
Interior del toro

■ **Un cilindro en el espacio**

Granjas en el espacio

Transbordador espacial con carga y colonos

Esta colonia espacial cilíndrica de 32 kilómetros de largo, ideada por el físico Gerard O'Neill, proporcionaría espacio habitable para dos o tres millones de habitantes. Lagos, granjas y ciudades ocuparían tres tiras a lo largo de la longitud del cilindro. Durante el "día", los espejos reflejarían la luz del Sol dentro de la colonia a través de ventanas colocadas entre las tiras. Por la "noche", los espejos cubrirían las ventanas y bloquearían la luz del Sol.

Con la estructura girando alrededor de su eje, el borde exterior sería el suelo. Cuando los colonos, miran hacia "arriba" o hacia el eje, los edificios, ríos y montañas en la pared opuesta parecerían colgar del cielo.

¿Pueden los humanos llegar a otros planetas?

Los cohetes lanzados desde la Tierra consumen la mayor parte de su combustible para escapar de la gravedad del planeta, lo que hace inviable poderlos utilizar para viajar a otros planetas. Sin embargo, un vehículo espacial lanzado desde una plataforma en órbita alrededor de la Tierra necesitaría muy poco empuje para lograr la velocidad de escape.

Los científicos están buscando la manera de proporcionar este empuje. Una posibilidad es un motor alimentado por iones, es decir, por átomos que han ganado o perdido un electrón o más.

Así como el motor de un ciclomotor no puede subir colinas pero mantiene un consumo bajo por carreteras llanas, un motor de iones no sería útil para el lanzamiento pero podría llevar cargas pesadas a través de la débil gravedad del espacio con pequeños "sorbos" de combustible. Alrededor de 250 kilogramos de metal cesio, por ejemplo, pueden transportar un vehículo espacial de 1.500 toneladas a través del espacio interplanetario durante dos años.

Estación espacial en una órbita baja alrededor de la Tierra

Carga

Nave espacial movida por iones

Radiador de calor

Paneles solares

Interior de un motor de iones

Un motor de iones utiliza electricidad para producir empuje. En el primer paso del proceso, el combustible fluye hacia un ionizador, donde una carga eléctrica separa los electrones de los átomos del combustible. Esto produce iones —átomos con una carga eléctrica positiva— y electrones libres, que tienen carga negativa. En el segundo paso, una pantalla doble electrificada atrae y repele después violentamente los iones, arrojándonos fuera del motor y empujando el vehículo hacia delante. En el tercer paso, unos neutralizadores expelen los electrones en el camino de los iones. Los electrones y los iones se recombinan en el espacio, evitando que la propia nave espacial se cargue eléctricamente.

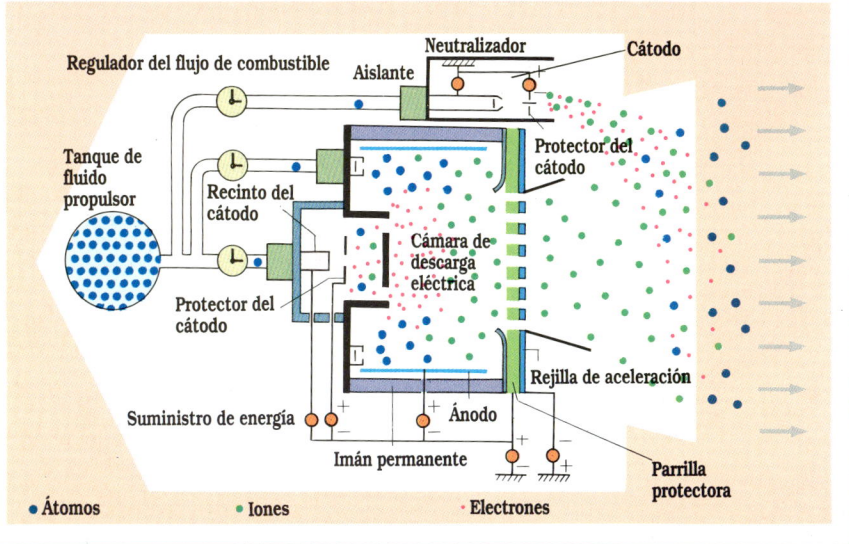

Un transportador impulsado por iones

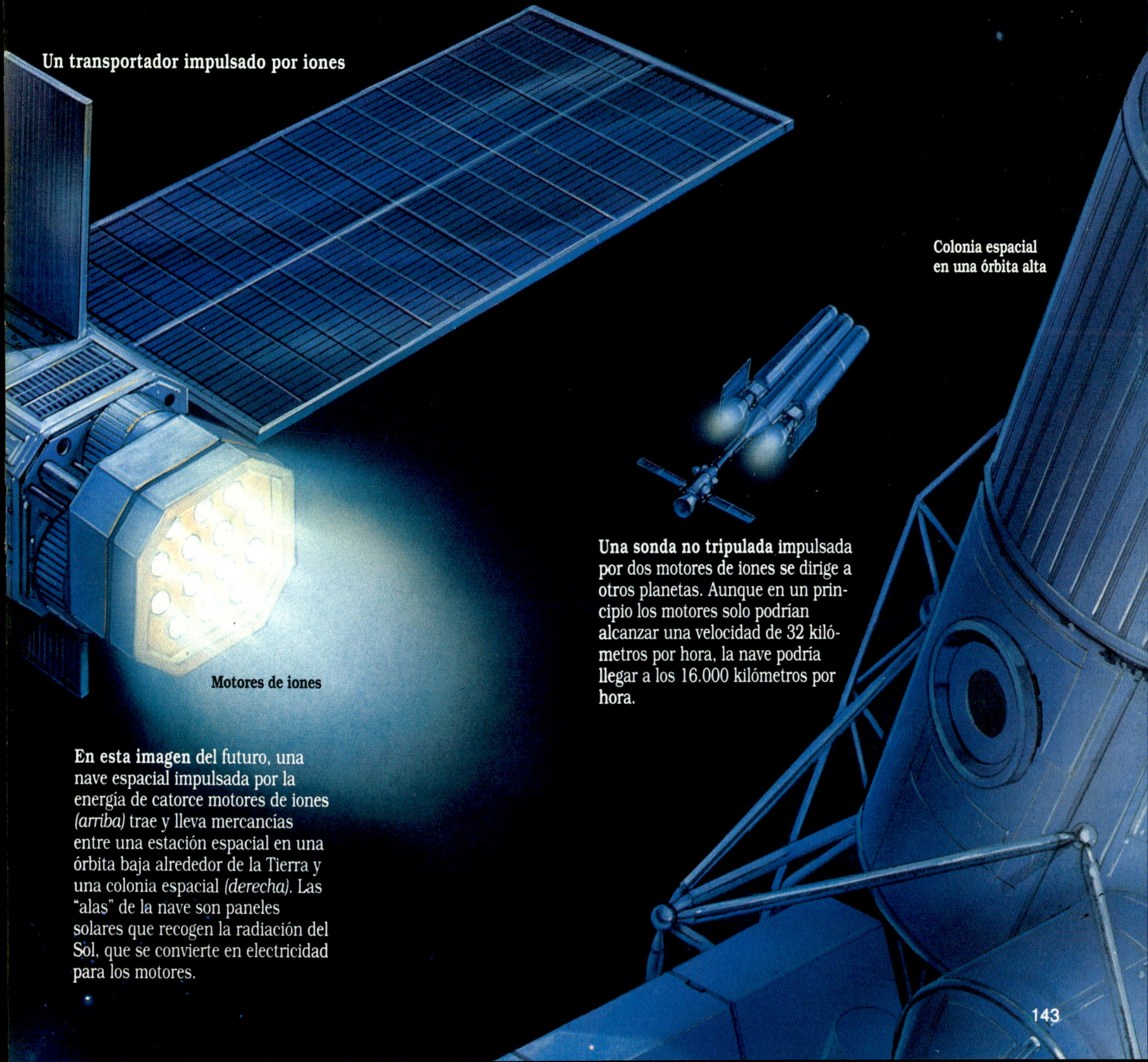

Colonia espacial en una órbita alta

Motores de iones

Una sonda no tripulada impulsada por dos motores de iones se dirige a otros planetas. Aunque en un principio los motores solo podrían alcanzar una velocidad de 32 kilómetros por hora, la nave podría llegar a los 16.000 kilómetros por hora.

En esta imagen del futuro, una nave espacial impulsada por la energía de catorce motores de iones *(arriba)* trae y lleva mercancías entre una estación espacial en una órbita baja alrededor de la Tierra y una colonia espacial *(derecha)*. Las "alas" de la nave son paneles solares que recogen la radiación del Sol, que se convierte en electricidad para los motores.

¿Cuál será el siguiente paso?

En 1986, menos de tres décadas después de que el primer satélite artificial fuese puesto en órbita alrededor de la Tierra, comenzó una nueva era en la exploración del espacio con el lanzamiento de la estación espacial rusa *Mir* (en ruso, "paz"). En 1988, cuando una tripulación de dos personas regresó de la *Mir* después de estar 366 días en el espacio, la plataforma espacial había demostrado que los humanos pueden vivir en el espacio durante el tiempo que dura un viaje interplanetario. Un viaje de ida y vuelta a Marte, por ejemplo, llevaría al menos 14 meses.

Un viaje de este tipo sería un gran reto logístico. En el espacio se consume 1 kilogramo de oxígeno, 0,6 kilogramos de comida y 3 kilogramos de agua cada día, por lo que una tripulación de cinco miembros que viajara a Marte necesitaría más de 8 toneladas de suministros solamente para vivir. Los científicos del espacio sugieren por tanto dividir la misión en dos partes. Una nave de carga sin piloto transportaría la comida, el combustible y el equipo de exploración a Marte, donde se encontraría en órbita con una segunda nave que llevaría la tripulación humana. Desde esta base, que podría crecer hasta el tamaño de una estación espacial *(abajo)*, los astronautas podrían explorar Marte y seguir más lejos.

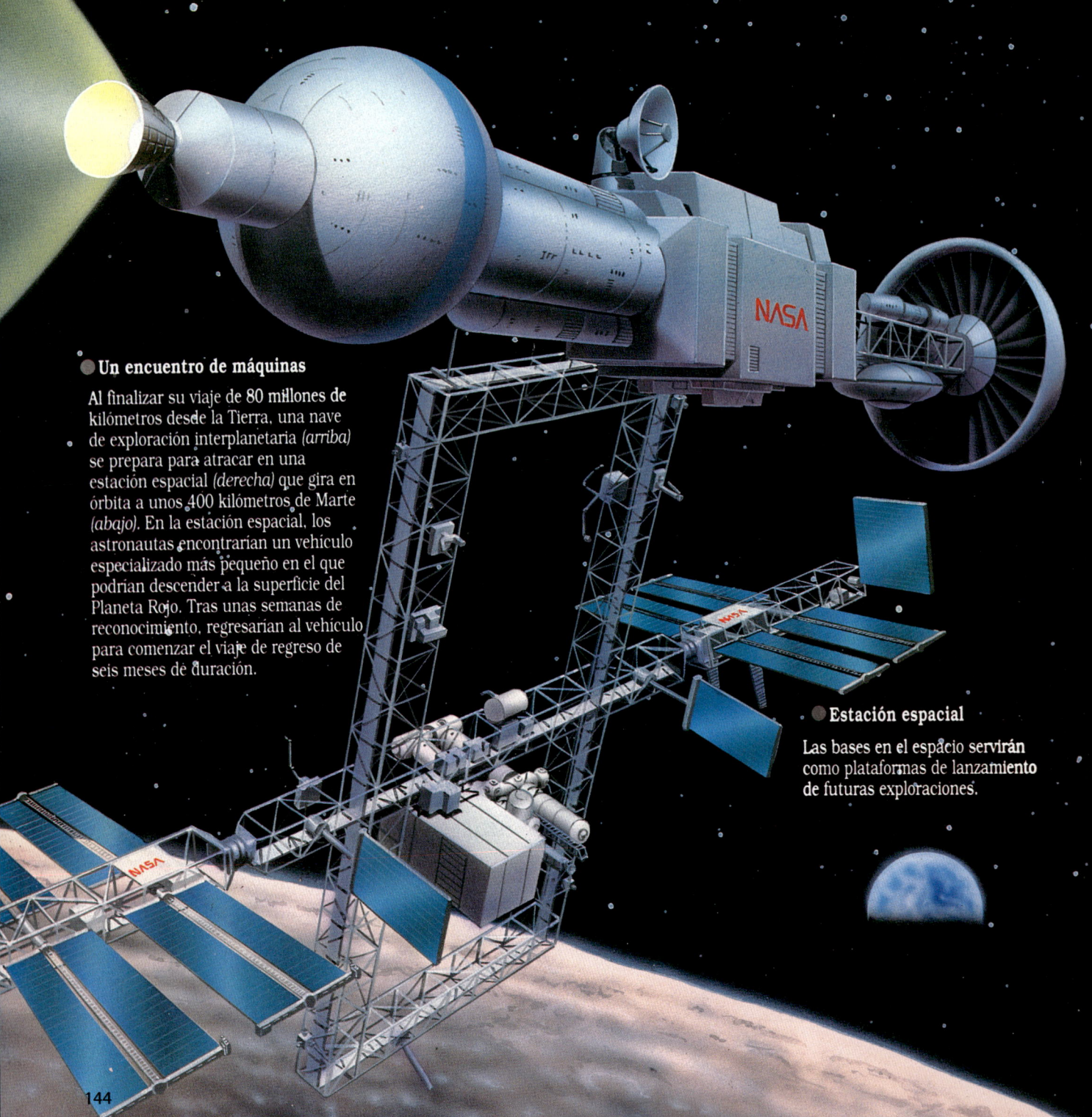

● **Un encuentro de máquinas**

Al finalizar su viaje de 80 millones de kilómetros desde la Tierra, una nave de exploración interplanetaria *(arriba)* se prepara para atracar en una estación espacial *(derecha)* que gira en órbita a unos 400 kilómetros de Marte *(abajo)*. En la estación espacial, los astronautas encontrarían un vehículo especializado más pequeño en el que podrían descender a la superficie del Planeta Rojo. Tras unas semanas de reconocimiento, regresarían al vehículo para comenzar el viaje de regreso de seis meses de duración.

● **Estación espacial**

Las bases en el espacio servirán como plataformas de lanzamiento de futuras exploraciones.

Glosario

Acreción: Proceso por el que la materia se funde por colisión y gravedad y forma un objeto mayor. Se cree que los planetas se formaron por acreción en la nebulosa solar.

Afelio: Punto más lejano de un objeto en su órbita alrededor del Sol.

Agujero negro: Gran cantidad de materia que se ha colapsado, logrando una densidad tan alta que nada, incluida la luz, puede escapar de su atracción gravitatoria. Estrellas con masa varias veces superior a la del Sol terminan su vida en un agujero negro.

Año luz: Unidad de distancia astronómica equivalente a la distancia que la luz recorre, en el vacío, en un año, es decir, 9,5 billones de kilómetros.

Apogeo: Punto más lejano de un objeto en su órbita alrededor de la Tierra.

Asteroides: Pequeños objetos de roca que giran en órbitas alrededor del Sol en un amplio cinturón entre Marte y Júpiter, conocidos también como planetas menores.

Atmósfera (unidad de presión): Unidad de presión que equivale a la presión del aire al nivel del mar sobre la superficie de la Tierra. Las presiones en los planetas y en otros objetos se miden por múltiplos o fracciones de esta unidad básica. En unidades SI la presión se mide generalmente en pascals; una atmósfera es igual a 101.300 pascals.

Aurora: Luz producida cuando partículas energéticas del viento solar cargadas eléctricamente quedan atrapadas por el campo magnético de un planeta y chocan con los gases atmosféricos cerca de los polos magnéticos del planeta.

Basalto: Tipo de roca formada por lava volcánica, que se encuentra comúnmente en la Tierra, y probablemente en Marte.

Big Bang (Gran Explosión): De acuerdo con la teoría que lleva su nombre, es la explosión que tuvo lugar hace aproximadamente 15.000 millones de años, dando comienzo a la expansión del universo.

Big Crunch (Gran Colapso): Colapso que le sucederá al universo si hay masa suficiente y por tanto la fuerza de gravedad necesaria como para detener la expansión del universo y provocar su condensación, formando una gran bola de fuego.

Campo magnético: Región en la que una brújula respondería al magnetismo del cuerpo. El débil campo magnético de la Tierra puede hacer oscilar la aguja de una brújula. En los cuerpos astronómicos, el campo puede ser más de un millón de veces más fuerte. El magnetismo es una de las principales fuerzas de la naturaleza.

Carga: Material que lleva una nave espacial y que tiene que ver con el propósito del vuelo y no necesariamente con su conducción.

Coma: Región de gas y polvo que rodea el núcleo de un cometa y que forma su cabeza visible.

Cometa: Pequeño cuerpo de hielo y polvo que gira en órbita alrededor del Sol, normalmente en una órbita alargada; cuando se aproxima al Sol, el hielo se evapora y forma una cabeza y una cola.

Constelación: Grupo de estrellas que parece formar un dibujo y delimita una zona en el cielo, tal como se ve desde la Tierra. Hay 88 constelaciones que dividen el cielo.

Corona: La capa exterior de la atmósfera solar compuesta de gases calientes cuyos átomos han perdido sus electrones; la corona solar se expande continuamente a partir del Sol para convertirse en el viento solar. La corona es visible solamente durante un eclipse total o mediante un telescopio solar especial llamado coronógrafo. También recibe este nombre la parte más exterior de la atmósfera de un cometa, que se extiende millones de kilómetros a partir del núcleo.

Corteza: Capa sólida de la superficie de una luna o un planeta.

Cráteres: Hendidura en la superficie de los planetas y las lunas producidas por el impacto de meteoritos, o depresión alrededor de la abertura de un volcán.

Deuterón: Partícula que contiene un protón y un neutrón, fruto de una reacción de fusión nuclear.

Diagrama de Hertzsprung-Russell: Gráfica de la relación entre brillo y tipo espectral (o temperatura de la superficie) de las estrellas.

Disco de acreción: Disco que gira muy rápidamente y que está formado por gases calientes y el polvo que es arrastrado al interior de una estrella, un agujero negro o una estrella de neutrones.

Eclíptica: Trayectoria anual que recorre el Sol respecto de las estrellas. También el plano de órbita de la Tierra.

Efecto Doppler: Cambios aparentes en la longitud de onda de la luz y en las ondas sonoras, dependiendo de si la fuente se acerca o se aleja del observador.

Eje: Línea imaginaria trazada entre los dos polos de un cuerpo celeste, alrededor de la que gira el cuerpo.

Electrón: Partícula cargada negativamente que normalmente da vueltas en órbitas alrededor del núcleo del átomo pero que puede ser liberada por un proceso de ionización.

Empuje: Fuerza que propulsa un cohete o un vehículo espacial.

Enana blanca: Pequeña y densa estrella que ha consumido todo el combustible de su núcleo y brilla solamente porque ha retenido parte de calor. Cuando la estrella pierde su calor residual, se convierte en una enana negra.

Enana negra: Lo que queda finalmente de una estrella enana blanca después que ha consumido toda la energía calorífica residual.

Espectógrafo: Instrumento que puede ser acoplado a un telescopio para grabar imágenes fotográficas de un espectro. Una de las herramientas más importantes de los astrónomos utilizada para estudiar objetos celestes.

Espectro: Secuencia de los colores, o frecuencias, del arco iris que se forma cuando la luz visible es separada en sus componentes. Va desde el rojo de larga longitud de onda hasta el morado de corta longitud de onda; a menudo cruzado con líneas de absorción o de emisión.

Espejo electromagnético: Intervalo de frecuencias de radiación electromagnética, desde la baja frecuencia (ondas de radio de larga longitud de onda, pasando por la radiación infrarroja, la luz visible y los rayos ultravioleta) hasta la alta frecuencia (rayos X de alta frecuencia y corta longitud de onda y rayos gamma).

Fisión nuclear: División de un núcleo que da como resultado la liberación de grandes cantidades de energía.

Fuerza centrífuga: Fuerza imaginaria que parece tirar de un objeto apartándolo del centro de una trayectoria circular.

Fuerzas de marea: Fuerzas que resultan de las diferentes atracciones gravitatorias en lados opuestos de un objeto.

Fusión nuclear: Combinación de dos núcleos atómicos para formar un núcleo más pesado, liberando una gran cantidad de energía como producto intermedio. En las estrellas, los núcleos de hidrógeno se fusionan para formar helio.

Galaxia: Conjunto de estrellas, gas y polvo que puede contener cualquier cantidad, desde millones a cientos de miles de millones, de estrellas, unidas entre sí por la gravedad mutua de sus componentes. Nuestra galaxia es la Vía Láctea.

Gravedad: Fuerza responsable de la atracción de las masas entre sí; una de las fuerzas fundamentales de la naturaleza.

Grupo Local: Formación de unas treinta galaxias en los alrededores inmediatos de nuestra Vía Láctea que se mantienen unidas por la mutua atracción gravitatoria.

Helio: El segundo elemento más abundante en el universo. Consta de dos protones y dos neutrones. El helio se produce en las estrellas cuando los átomos de hidrógeno sufren la fusión nuclear; se originan átomos de helio y grandes cantidades de energía.

Hidrógeno: El elemento más abundante del universo. El hidrógeno neutro contiene un electrón y un protón. El hidrógeno ionizado son átomos de hidrógeno cargados positivamente, ya que se han desprendido los electrones. El hidrógeno molecular es una molécula de dos átomos de hidrógeno.

Hidrógeno metálico: Forma de hidrógeno que se produce bajo altas presiones, como sucede en el núcleo de los planetas, donde se cree que tiene propiedades similares a las del mercurio. El agua metálica se cree que se forma bajo extrema presión.

Ion: Átomo que ha perdido o ganado uno o más electrones. Un ion positivo de un elemento tiene menos electrones en órbita alrededor de su núcleo que un átomo neutro; un ion negativo tiene más.

Kelvin: Escala de temperatura que establece el 0 en el cero absoluto grados (–273,15 grados Celsius).

Lente gravitatoria: Objeto con gran masa, como por ejemplo una galaxia, que se halla entre la Tierra y un objeto distante, a menudo un quásar. El campo gravitatorio de la lente desvía la luz del objeto distante y produce dos o más imágenes aumentadas y distorsionadas del objeto distante.

Lente objetivo: Lente o sistema de lentes en un telescopio refractor que manda la luz al foco.

Líneas de absorción: Líneas oscuras en un espectro que se producen cuando se absorbe la luz entre la fuente, por ejemplo, una estrella, y el observador. Cada elemento químico absorbe luz a una determinada longitud de onda.

Líneas de campo magnético: Líneas de fuerza magnética que van desde un polo magnético a otro en los planetas, pero se desvían en el Sol, en las regiones activas, produciendo las manchas solares.

Líneas de emisión: Líneas brillantes en un espectro que se producen cuando gases muy calientes alrededor de la fuente emiten luz a longitudes de onda específicas.

Luminosidad: Brillo de una estrella definido como la cantidad de energía total que la estrella irradia en cada segundo.

Magma: Roca fundida formada bajo la superficie de un planeta o luna.

Magnetómetro: Instrumento utilizado para medir la fuerza y la dirección de un campo magnético.

Magnitud: Brillo de un objeto con relación a los otros objetos. La magnitud aparente se refiere al brillo de un objeto visto desde la Tierra, mientras que la magnitud absoluta aplica al brillo de un objeto a una distancia específica desde la Tierra.

Manchas solares: Manchas oscuras sobre la superficie del Sol causadas por distorsiones en las líneas del campo magnético. El número de manchas oscila en un período de once años.

Manto: Capa de un planeta entre el núcleo y la corteza.

Meteoroides: Pequeños cuerpos metálicos o rocosos que están en órbita alrededor del Sol. Una vez entran en la atmósfera de la Tierra, se llaman meteoros; cuando golpean la superficie de un planeta, se les conoce como meteoritos. Micrometeoroides son partículas de polvo interplanetario que viajan a grandes velocidades.

Movimiento propio: Cambio de posición en el cielo de una estrella con respecto a las otras, visto desde la Tierra, provocado por el movimiento de la estrella a través del espacio. Cuanto más cerca está la estrella de la Tierra, más grande parece ser su movimiento propio.

Nebulosa: Nube de gas y polvo interestelar; a menudo el lugar de donde se originan las estrellas, o los restos de una estrella que se está muriendo.

Neutrino: Partícula subatómica sin carga, con poco o ninguna masa; un producto intermedio en los procesos de fusión nuclear que suceden en las estrellas.

Neutrón: Partícula sin carga, con una masa similar a la de un protón, que se halla en el núcleo de todos los elementos, excepto el hidrógeno.

Nodos: Los dos puntos de la órbita de un objeto celeste donde cruza un plano de referencia. Cuando un objeto en órbita alrededor del Sol cruza el plano, tal como el plano ecuatorial del Sol o el plano de la eclíptica, pasa por el nodo ascendente cuando viaja del sur al norte. Cuando cruza el plano moviéndose de norte a sur pasa a través del nodo descendente.

Núcleo: Centro de un átomo compuesto de protones y neutrones rodeado de electrones en órbita a su alrededor. Centro de un cometa formado por roca helada. Región central de una galaxia. Región central de un cuerpo celeste. En las estrellas, las reacciones de fusión nuclear se producen en el núcleo. En los planetas, normalmente el núcleo está compuesto de materia densa, caliente y sólida.

Nucleosíntesis: Formación de elementos más pesados que el hidrógeno y el helio por reacciones nucleares.

Ocular: Lente de aumento que los astrónomos utilizan para ver las imágenes producidas por las lentes o los espejos principales que recogen la luz en un telescopio.

Ondas de choque: Fuerte aumento de la presión, la densidad y la temperatura que se desplaza como una onda a través de un medio; las ondas de choque suceden cuando una perturbación no puede dispersarse lo suficientemente rápido y empieza a acumularse.

Ondas gravitatorias: Forma de radiación que predijo la teoría general de la relatividad: se produce cuando objetos de gran masa se aceleran o perturban, como con agujeros negros vibrantes o supernovas.

Órbita: Camino que recorre un objeto dando vueltas alrededor de otro y que viene determinado por las leyes de la gravedad y del movimiento.

Ozono: Forma inestable de tres átomos del elemento oxígeno, que normalmente se presenta como una molécula de dos átomos. En la atmósfera de la Tierra absorbe los rayos que entran de la peligrosa radiación ultravioleta.

Paralaje: Medida de distancia interestelar. Movimiento aparente de una estrella relativo a las estrellas del fondo con un período de seis meses; cuando más cambia su posición, más cerca está la estrella.

Partícula: La parte más pequeña de la materia; las partículas elementales que están dentro de los átomos, como electrones, protones, y neutrones. El componente más pequeño de un gas, átomo y molécula; o las formas más pequeñas de materia sólida en el espacio; partículas de polvo interestelar interplanetario.

Partícula elemental: Parte más pequeña componente de la materia y de la energía.

Partículas cargadas: Unidades básicas de materia, tales como electrones y protones que son responsables de todas las reacciones eléctricas y químicas. Tienen una carga o positiva (+) o negativa (–); cargas iguales se repelen y cargas distintas se atraen.

Partículas exóticas: Partículas que sólo pueden existir por sí mismas bajo condiciones de extrema presión, como durante el Big Bang y en el núcleo de estrellas de neutrones.

Partículas subatómicas: Toda partícula más pequeña que un átomo; desde componentes atómicos, tales como protones, hasta partes de protones.

Perigeo: Punto en la órbita de un objeto alrededor de la Tierra en el que se aproxima más a ella.

Perihelio: Punto en la órbita de un objeto alrededor del Sol en el que se aproxima más a él.

Planeta: Cuerpo grande que se encuentra en órbita alrededor de una estrella debido a la gravedad, y que sólo brilla con luz reflejada.

Planetesimales: Pequeños cuerpos primitivos que estaban en órbita alrededor del Sol recién formado en la nebulosa solar; los bloques que al unirse constituyeron los planetas.

Plasma: Gas compuesto de partículas cargadas; se le considera el cuarto estado de la materia, conjuntamente con los gases, los líquidos y los sólidos.

Polarímetro: Instrumento que mide la polarización (o dirección de la vibración) de la luz.

Positrón: Partícula que tiene la misma masa que un electrón, pero una carga eléctrica igual y opuesta (positiva).

Proto-: Prefijo que indica que un objeto no ha completado su proceso de formación, tal como la prototierra, una protoestrella y un protosol.

Protón: Partícula cargada positivamente con una masa que es alrededor de dos mil veces la masa del electrón, normalmente se encuentra en el núcleo del átomo.

Radiación electromagnética: Flujo de energía que se produce cuando los cuerpos cargados eléctricamente —como los electrones— se aceleran. Viaja a la velocidad de la luz y puede ser considerada bien como una onda o como partículas conocidas como fotones.

Rayos cósmicos: Partículas cargadas que se mueven con una velocidad cercana a la de la luz; se cree que son producto de explosiones de supernovas y otros sucesos violentos.

Reflector: Espejo usado para recoger y enfocar radiación; un tipo de telescopio que utiliza espejos para recoger y enfocar la luz.

Refractor: Lente usada para enfocar la radiación; telescopio que utiliza lentes para recoger y enfocar la luz.

Revolución: Movimiento en una trayectoria curva alrededor de un centro.

Rotación: Giro alrededor de un eje o un centro.

Secuencia principal: Región diagonal en el diagrama de Hertzsprung-Russell que incluye el 90% de todas las estrellas.

Sistema solar: El Sol, los planetas, los asteroides, los cometas, y otros cuerpos que están en órbita alrededor del Sol.

Superfluido: Líquido que no ofrece resistencia al fluir, que incluso puede fluir hacia arriba. Un superfluido de neutrones se cree que existe en el núcleo de las estrellas de neutrones.

Supernova: Explosión violenta de estrellas con una gran masa al final de su vida, la cual multiplica el brillo de la estrella por un factor de cientos de millones.

Tipo espectral: Clasificación de las estrellas basada en temperatura superficial, o espectro.

Velocidad de escape: Velocidad mínima que se requiere para que un objeto pueda vencer la atracción gravitatoria de un objeto celeste.

Viento solar: Flujo continuo de partículas cargadas, originando en la corona solar, que fluye hacia fuera desde el Sol a través del sistema solar.

Publicado por:
TIME LIFE, LATINOAMÉRICA

Vicepresidente Time Life Inc.: Trevor E. Lunn
Vicepresidente de marketing y operaciones: Fernando A. Pargas

Time-Life Warner España, S.A.
Directora general: Angela Reynolds
Adjunta a dirección: Jeanine Beck

Versión en español:
Dirección editorial: Joaquín Gasca
Producción: GSC Gestión, servicios y comunicación
  Barcelona (España)
Equipo editorial: Antón Gasca Gil, Jesús Villanueva Oria,
  Alejandro Recasens, Dolores Hernández
Traducción: Josep-Lluís Melero i Nogués, Joaquín Lacueva,
  Maite Melero Nogués, Misericòrdia Ramon Joanpere, Joana
  Maria Seguí Aznar, Teresa Riera Madurell, Mercè Rafols
  Seagues
Asesoramiento científico: Doctora Teresa Riera Madurell,
  licenciada en Matemáticas, doctora en Informática,
  vicerrectora asociada de la Universidad de las Islas Baleares
Doctor Santiago Alcoba Rueda, catedrático de Filología
  Española, Universidad Autónoma de Barcelona
Doctor Ángel Remacha, doctor en Medicina, Hospital de la
  Santa Cruz y San Pablo
Doctora Misericòrdia Ramon Joanpere, doctora en Biología,
  profesora de la Universidad de las Islas Baleares, decana de la
  Facultad de Ciencias
Josep-Lluís Melero i Nogués, biólogo, Zoológico de Barcelona
Joaquín Lacueva, biólogo, Zoológico de Barcelona

Time Life Inc. es una filial propiedad de THE TIME INC. BOOK COMPANY

TIME-LIFE es una marca registrada de Time Warner Inc. U.S.A.

Asesor científico: Doctor Shing Fung, astrofísico del NASA Goddard Space Flight Center, Greenbet, Md.

© 1994 Time Life, Latinoamérica

Título original: *Space & planets*
ISBN: 0-8094-9650-X (Edición en inglés)
ISBN: 0-7835-3370-5 (Edición en español)

Ninguna parte de este libro puede ser reproducida de ninguna
  forma o por ningún medio electrónico, incluidos los
  dispositivos o sistemas de almacenamiento o recuperación de
  información, sin previa autorización escrita del editor, con la
  excepción de que se permiten citar breves pasajes para
  revistas.

Impreso en Chile por Cochrane S. A.